本书由山东社会科学院研究基金资助出版

农户贷款行为研究：以山东为例

李　岩◎著

中国社会科学出版社

图书在版编目（CIP）数据

农户贷款行为研究：以山东为例/李岩著．—北京：中国社会科学出版社，2017.6

ISBN 978－7－5203－0640－9

Ⅰ．①农…　Ⅱ．①李…　Ⅲ．①农户贷款—研究—中国
Ⅳ．①F832.43

中国版本图书馆CIP数据核字(2017)第134094号

出 版 人	赵剑英
责任编辑	卢小生
责任校对	周晓东
责任印制	王　超

出　　版	中国社会科学出版社
社　　址	北京鼓楼西大街甲158号
邮　　编	100720
网　　址	http://www.csspw.cn
发 行 部	010－84083685
门 市 部	010－84029450
经　　销	新华书店及其他书店

印刷装订	北京明恒达印务有限公司
版　　次	2017年6月第1版
印　　次	2017年6月第1次印刷

开　　本	710×1000　1/16
印　　张	16.75
插　　页	2
字　　数	246千字
定　　价	70.00元

凡购买中国社会科学出版社图书，如有质量问题请与本社营销中心联系调换
电话：010－84083683

序　一

一直以来，农村金融在农村经济发展中都处于核心地位，是农村经济发展运行的杠杆，在服务“三农”和社会主义新农村建设中起着不可估量的作用。近年来，随着国家惠农富农政策的出台，农村金融改革发展取得了明显成效，农村金融服务环境得到一定改善，金融服务覆盖面有所扩大。但是，新时期在推进农业现代化和新农村建设过程中，农村金融改革发展还存在很多问题，与新时期“三农”事业发展的要求相比，还存在很大差距，其中，农户信贷仍然是我国农村金融体系中最薄弱的环节之一。

农户作为我国农业的基本生产经营单位，既是新型农业经营主体的成员，也是推进农业现代化和新农村建设的组织基础。重视农户在推进农业现代化和新农村建设的基础地位和作用，着力促进农户经济发展，其核心问题是增加农民收入。要增加农民收入，除全面落实国家惠农富农政策之外，还需进一步深化农村金融改革。目前，最迫切的任务就是破解农户贷款难题。

基于此，李岩的《农户贷款行为研究——以山东为例》一书为上述问题进行了较有建树的抛砖引玉。该书是在他的博士学位论文的基础上修改而成。该书依据农村金融、行为金融学和信息不对称理论，综合运用实证与规范、数理和计量分析，实地调查等研究方法，借助山东省辖内农户贷款 6 年的追踪调研资料，全面、系统地探讨了农户贷款需求、贷款流程、贷款行为特征及其规律、农户贷款可得性和不良贷款等问题，并根据研究结果提出了相关政策性建议。

研究发现，一是我国农村金融市场是典型的二元结构，金融机构对农户贷款的垄断现象显现，其贷款行为表现出“羊群效应”。由于存在严重的信息不对称，农户贷款成本较高。二是农户贷款需求较为旺盛，需求数量和金额逐年增加，但生产经营性与生活消费性贷款需求交织，以及混合性贷款需求差别较为明显；农户贷款需求中家庭纯收入、资产状况、户主年龄等是影响其贷款的重要因素。三是农户贷款流程较以前有所规范，但相对仍较烦琐，一般流程尚需 3 周左右的时间；农户贷款可分为信用贷款和保证贷款。农户贷款利率的制定影响因素较多，执行比较混乱；农户信用评定是农户贷款的首要条件。四是不同区域、资产和类型的农户贷款存在较大差异，6 年追踪调研数据中四个核心要素（授信金额、贷款金额、贷款次数、平均贷款金额）变化明显，表现出按一定速率逐年上升的趋势。五是农户贷款可得性具有“极化”现象，有明显的“嫌贫爱富”效应、呈现出典型的“马太效应”。六是农户不良贷款受年份、行业和用途等影响因素较大，并具一定典型特征：人情社会下的农户不良贷款率远高于国际警戒线，不良贷款率有明显的区域差异，金融机构内控管理机制不健全、员工素质参差不齐和农村信用环境较差是主要影响因素。为提高农户贷款可得性，研究提出，一是从信贷政策方面向贫困农户倾斜；二是消除金融机构的信贷垄断；三是增加农户的投资机会；四是深化农村产权制度改革、着力营造农村金融生态环境。诸多研究结论切实，有针对性提出的相关政策性建议具有新意，值得一读。

当然，农户贷款行为问题作为一个极具现实意义的研究课题，虽然多年来已经受到学术界的关注，也在诸多学者们的不懈努力下取得了大量的成果，诸多研究成果已被政府有关部门作为农村金融改革的依据，但就我国农村金融现实态势的复杂性以及正在经历的深化变革进程中，使有关农户贷款行为问题的研究正在趋于深入，许多研究结论或对策建议依旧存在争论或须实践的检验。同样，该书中也有许多尚待深入研究的层面和不足，期待各位同人多加指正与完善，作为他的导师之一，期待着他进一步深入研究与探讨。

王家传

2017 年 1 月　山东济南

序　二

农户是中国农村经济的微观基础。中国的基本国情决定了农户无论是过去、现在还是未来，都将在农村社会经济发展中起到十分特殊而重要的作用。因此，深刻把握农户经济行为特征，特别是农户贷款行为的基本特征，并由此研究其对农户的有效金融需求将会产生何种影响，将是今后中国农村金融改革和发展的重要依据。

李岩同志在攻读博士学位期间，我是他的指导老师。他的研究方向是农村财政与金融，长期以来，他对农村金融中的农户贷款行为进行了大量的研究，更重要的是，他长期以来在农村信用社一线工作，与农户的接触广泛而深入，对农户贷款行为有着直接接触和深刻把握，并有心收集了连续六年的农户贷款数据。这些难能可贵的一手数据和作者对农村金融的深刻理论思考的有机结合促成了本书的形成。

本书是一本多学科交融的著作。理论基础和方法上均涵盖经济学、心理学和社会学。作者在详细介绍农村金融机构贷款流程的基础上，借助山东省辖内农户贷款六年的追踪调研资料深入分析了不同农户的贷款需求、贷款行为特征及其规律、农户贷款可得性和不良贷款等问题。根据理论研究和实证分析结论，作者围绕农户贷款行为的基本特征，在反思过去农村金融改革和当前农村金融政策设计不足的基础上，指出今后中国农村金融改革政策的调整方向，并由此提出相应的政策建议。该书的分析具体采用了归纳和演绎、实证和规范、定性和定量相结合的研究方法，使整个研究层次分明，自成系统。

该书立足中国农村经济和金融改革过程中农户行为的基本事实，从理论上分析了农户贷款行为及其特征，并进行了经济学分析和解释，为探索中国未来农村金融发展方向和深化农村金融改革提供理论基础；另外，运用翔实的农户调查数据，建立计量经济模型对理论分析进行相应的实证检验，为构建自下而上的农村金融改革路径提供经验依据，研究具有重要的意义。

兰庆高

2017 年 1 月　辽宁沈阳

目　录

第一章 导言

第一节 研究的背景、目的和意义

自2004年以来，“中央一号文件”连续13年把焦点放在“三农”问题上，“三农”问题的核心之一是农村金融的发展问题，而农村金融发展的最重要问题便是解决好农户的贷款问题。2012年，中国银监会发布了《农户贷款管理办法》，这一管理办法的发布，对于指导金融机构规范发展农户贷款业务、提高农户贷款的可得性、增加农户经济福利具有重大的指导和实践意义。农户贷款问题成为制约农村金融健康发展的关键问题。

一 研究背景

（一）农户贷款难是长期以来农村金融领域的热点问题

农户贷款难是长期以来农村金融领域的普遍现象和热点问题。虽然农户贷款对农业现代化、城镇化以及城乡发展一体化具有明显的推动作用，但是，我国只有27%的农户能从正规渠道获得贷款，在有金融需求的农户中，大约40%以上不能获得正规信贷支持（童馨乐等，2011）。农户贷款难的主要表现形式是信贷约束。信贷约束在中国农村广泛存在，严重妨碍农户有效接近当地金融资源，使经济发展水平低的农村地区陷入资金外逃和经济发展落后的恶性循环，严重阻碍农户脱贫和农村经济的发展（王志军，2007；何德旭等，2008；许圣道等，2008）。徐少君等（2009）、隋艳颖等（2011）运用微观调研数据也得出了相似的结论。国内外学者费德（Feder et al.，1989）、曹力群（2001）、周天芸等（2005）和朱喜等（2006）研究发现，与正规金融机构通过其灵活的贷款机制相比，这些金融机构所发放的农户贷款以短期的生产经营性小额贷款为主，发放贷款主要依据农户的偿还能力，因此并不一定需要抵押或担保，且期限灵活，手续简单。程郁等（2009）研究表明，由于农村信用社内部管理制度尚不完善，导致客户经理在放贷过程中存在大量的“寻租”行为，形成以贷款垄断、人情关系、权钱交换等为基础的信贷配给，从而导致了农户贷款难的问题。农户贷款难成为农村金融领域中的不争事实。

（二）农村金融市场的竞争格局初步形成，并有日趋激烈的态势

为从根本上解决农户贷款难问题，政府不断出台各种政策，其中最具影响力的举措是竞争机制的引入。中国银监会在2006年12月31日正式批准中国邮政储蓄银行开业，并将设立专门的农村金融服务部门，面向“三农”开展信贷业务，为农村金融引入竞争机制，彻底打破农村金融市场中农村信用社“一枝独秀”的局面。2007年11月，中国农业银行在国内7个省份分别启动了面向“三农”的金融服务试点业务，这标志着中国农业银行已经开始重返基层农村市场。2007年3月，首批村镇银行在国内6个首批试点省份诞生。2005年，小额贷款公司在5个试点省份成立。以上金融机构均可以向农户发放贷款，至此农村金融市场的竞争格局已初步形成，并有日趋激烈之势。

（三）把握农户贷款行为特征及规律是赢得农村金融市场的关键

随着农村金融市场竞争性的不断加剧，信贷市场正在悄悄发生变化。钟春平等（2010）对安徽省近300名农户的调查研究发现，大多数农户贷款需求是可以得到满足的，并不存在严格的信贷约束。其调查数据表明，约63%的农户申请贷款并成功；只有约19%的农户觉得太麻烦，没有去申请；约18%的农户没有贷款需求。有效贷款需求满足率达73.8%，因此，农户存在信贷约束的观点并不成立。李岩等（2013）以山东省正规金融机构的农户贷款数据为依据，对正规信贷约束的现状和影响因素进行研究，结果表明，农户正规信贷约束程度极低，申请贷款的农户有95%能获得授信额度，只有不足5%的农户受到完全信贷约束，8%的农户会受到部分信贷约束，值得注意的是，

有 50% 以上的农户申请贷款并获得批准，最终却没有将资金贷出。这些有限的研究结果暗示着农村金融市场原有的供求关系正在悄悄发生变化——由供不应求向供大于求转换。因此，未来的农村金融市场竞争会更加剧烈，谁把握了农户谁就会赢得市场，把握农户贷款行为特征及规律是赢得农村金融市场的关键。

（四）农户贷款行为的系统研究缺失

目前对农户贷款行为的研究主要集中在贷款金额、贷款用途、贷款期限、贷款利率、贷款频率、贷款担保方式和信贷约束等微观方面，且都是基于横截面数据的分析。但是，要想真正深入了解农户的贷款行为需要全面系统地挖掘其行为特征和规律，而这方面的研究目前尚属空白。而这正是未来赢得农村金融市场的重中之重。

总之，在我国农村金融二元结构框架下，加快农村经济发展必然要保持农村金融的持续健康发展，必然要解决好农户贷款问题。然而，农户贷款行为已悄然发生变化。因此，本书在总结、借鉴已有相关研究成果的基础上，以山东省农户六年的跟踪调研数据为依据，研究农户贷款行为特征及规律，从而全面提升金融服务水平，促进农户贷款持续健康发展。只有这样，才能使我国农村金融真正成为解决“三农”问题的核心动力，有效地促进城镇化和农业现代化发展。

二　研究目的

本书以山东省农户贷款行为为研究对象，通过运用农村金融理论、行为金融学理论、信息不对称理论等多学科的知识体系，采用描述统计与实证分析相结合的方法，对山东省农户贷款行为特征及规律进行研究。以期实现以下目的：

（1）通过对农户连续六年的生产经营性贷款需求、生活消费性贷款需求、混合性贷款需求进行分析，以期了解山东省农户有效贷款需求的总体特征及发展规律。

（2）通过运用面板数据和 HLM 模型等计量经济模型对不同区域、不同富裕程度、不同类型农户贷款行为进行分析并比较其差异性，以实证分析为农户贷款行为研究提供支持，以期发现农户贷款行为特征及变化规律。

（3）针对农户贷款可得性问题，以山东省农户的调研数据为依据，探析问题的成因和解决方法，为提高和改善农村金融服务、优化和规范农户贷款行为提供参考。

（4）针对农户不良贷款问题，以山东省农村信用社的不良贷款数据为依据，从供给体制、信贷员、经营环境和社会环境方面出发，深入剖析农户不良贷款的成因，为降低农户不良贷款，优化农村金融机构资产提供建议。

三　研究意义

随着我国农村经济市场的不断发展，农户贷款需求不断变化，农户贷款行为的变化也日益明显。深入了解和把握农户贷款行为特征及规律，将成为调整农村金融市场结构、制定农业和农村发展政策，有效地促进农村经济健康可持续发展，全面推进城镇化建设的重要环节。因此这一研究的意义在于：

（一）理论意义

第一，从理论上为研究农户贷款行为提供新的思路。本书选择山东省农户贷款行为进行研究，将经济学、金融学、行为金融学等相关理论运用到对农户贷款问题的研究中，既对上述理论研究范围进行拓宽和丰富，又通过对山东省农户连续六年的追踪研究，为农户贷款行为的研究提供了新思路。

第二，为其他学科的研究提供启示和借鉴。农户贷款行为研究借鉴金融学、农村金融学、行为金融学等学科的研究思路和方法，试图以全新的视角全面揭示农户贷款行为的特征及规律。这一多学科交融性研究必将进一步丰富相关学科的研究思路。

（二）现实意义

本书对正确引导农户贷款行为，完善农村正规金融机构供给以及增强农户自我发展能力，提高农户经济发展水平并促进山东省农村经济增长具有重要的现实意义：一是有利于推动农村正规金融机构供给体系的完善，通过全面剖析六年来农户贷款需求的发展变化，为农村正规金融机构明确目标客户群体，并针对不同特征农户调整和完善农村金融产品和服务提供依据。二是有利于深入把握农户贷款行为特征及规律，对山东省农户贷款行为进行比较分析不仅能全面把握农户贷款行为的总体特征，还有利于翔实了解农户贷款行为的发展趋势，有针对性地引导和规范农户贷款行为。三是有利于深入剖析农户贷款可得性中存在的问题，以山东省东部、中部、西部地区的典型农户为例，深入解析农户贷款可得性问题及原因，提出可行性建议，对促进山东乃至全国的农村金融发展有重要的借鉴意义。

第二节　国内外研究动态综述

一　国外研究动态综述

（一）相关理论回顾

国外最具有代表性的农户经济行为理论有理性小农学派、组织生产学派和黄宗智的历史学派。

1. 理性小农学派

理性小农学派以经济学家西奥多·舒尔茨、波普金和弗兰克·艾利思等为代表。他们沿用西方形式主义经济学关于对人的假设，认为农民是绝对理性的，农民的经济行为是不断追求利润最大化。理性小农学派认为，传统农业的生产要素和生产技术是长期不变的，农民只是维持一种简单的再生产，其供给和需求在该模式下处于长期的均衡状态。农民在生产要素配置、生产方式选择、农业技术使用等方面均充分考虑边际成本的收益问题，由于农业投资收益较低，导致传统农业发展停滞不前，更无法激励农民对农业积极投资。对于传统农业的改造，需要引进现代生产要素，其中，对农民人力资本的投入和创建现代农业的激励机制是农业经济增长的原动力。同时，该学派在农户作为“经济人”的前提下，详细分析了农户贫困的主要根源，指出发展中国家的成就不是由于初始条件的差异而产生，应从每个国家政策的差异进行相关解释，不恰当政策是导致农户贫困的根源，而并不应归咎于初始的外在条件。

2. 组织生产学派

组织生产学派以恰亚诺夫、波兰尼、斯科特等为代表。该学派认为，小农家庭农场中由于农业经济活动的土地、劳动与资本三要素与资本主义农场不同，因此，两者的运行机制与规律也完全不同。小农家庭农场的运行机制的主要决定因素是劳动的供给与消费的满足，并非对市场利润最大化的追求，这是家庭劳动经济专有的规律，因此，与雇佣劳动经济区别较大，从而把对小农经济的认识由感性上升到理性。农户家庭生产的投入与产出无法分割，家庭需要和付出劳动的辛苦程度是其劳动力投入的决定因素，其在生产目标上追求并非利润与成本之间的均衡，而是消费需求与劳动付出之间的均衡。因此，只要农户消费的满足感大于劳动辛苦程度，就会认为继续投入劳动是有利的决策，甚至降低劳动效率或以亏损为代价，直至达到均衡。

恰亚诺夫认为，农民家庭农场在从古代农业向现代社会经济制度的发展过程中，有其长期存在的必要性和合理性；农业土地大规模的集中是一个长期的过程，而小农经济的生产经营模式比土地大规模集中经营更有优势，这一观点在世界各国尤其是发展中国家得到了较好验证。波兰尼分析了工业革命的大转型带来的经济和社会的巨大变化，对农户行为从哲学和制度层面进行分析解释，认为市场经济很难有效快速发展小农经济。科斯特基于对东南亚农民的研究提出“道义经济”的理论。他认为，由于农户奉行“安全第一”的生存原则，因避免经济灾难而不会冒险去最大限度地增加其平均收益。这种思想导致农户会为了追求稳定的收益而放弃对利润最大化的追求。

3. 历史学派

历史学派以黄宗智为代表。他仔细分析了我国明清以来华北地区和长江三角洲地区农村的社会经济史，并提出不同于以上两学派的观点，即典型的“拐杖”逻辑。他认为，农业家庭收入和非农佣工收入是构成中国农户家庭收入的两个部分，农民的农业家庭收入可以看作人的两条腿，非农佣工收入起到一个拐杖的作用，只有在腿行走不方便时，拐杖才会有使用价值。同时他认为，中国由于农业人口过多，农业长期以来一直存在“过密化”的问题，因此，劳动力出现较多剩余现象，而这部分剩余劳动力则是通过被雇用的形式附庸于农业经济之上，并被称为“半无产化”。另外，由于中国农户没有相对于边际劳动投入的边际报酬的概念，即使在边际报酬极低的情况下也会追加劳动力的投入，即没有意识到以劳动密集投入的形式增加总产出时，存在边际劳动生产率和边际报酬递减的趋势，农户总是认为劳动力投入能增加产出，由此导致在农用土地不足的生存压力下农户对劳动力的投入过高，甚至边际收益为零。这就是黄宗智提出的著名“过密化”学说。最后，他指出，中国乡村经济应该走工业化、农业现代化的道路，否则就会因“过密化”而陷入停滞的被动局面。

（二）农户贷款行为的文献综述

在发达国家，由于金融服务体系比较健全，农村金融深化程度较高，市场竞争比较充分，因此，农户贷款行为主要表现为从正规金融机构获得贷款资金的行为。但是，由于发展中国家现代金融与传统金融并存导致“二元”结构现象，农户贷款行为产生差异较大，因而引起大量国外学者、科研机构和相关农业经济组织的关注和探析，其研究内容主要为农村金融市场“二元”结构、农户贷款行为特征和农户信贷约束等方面。

1. 农村金融市场“二元”结构

关于农村金融市场“二元”结构，美国经济学家罗纳德·麦金农（R. I. Mckinnon）和爱德华·肖（E. S. Show）在20世纪70年代第一次提出在发展中国家的农场金融市场存在典型的“二元”结构，即现代金融市场和传统金融供给组织并存，此后许多学者对此观点非常认可。拉维（Ravi）通过对印度的北方邦和喀拉拉邦两地区农村金融市场多年的研究和对比后认为，两地区的银行和合作社可以为农户提供信贷服务。两地区银行的特性同质化较强，银行体制和经营方针均由印度国家农业和农村发展银行制定，因此其体制和运营模式不仅受国家农业和农村发展银行的总体方针影响，同时还受当地区域环境影响，带有明显的地方特色。

阿克拉姆（Akram，2008）等通过对巴基斯坦的研究指出，该国农村金融市场“二元”结构明显，虽然贷款70%以上由正规信贷机构（农业发展银行、妇女银行、金融公司、合作社等）提供，但非正规金融机构是农户融资的重要补充。由于农业的弱质性，其生产效率低、风险高和贷款违约率高等原因，正规金融组织或部门无法满足农村金融市场的贷款需求（Von Pischke，1983；Gonzalez - Vega，1984），因此，许多有信贷需求而无法从正规农村金融机构获得贷款的农户只好选择非正规信贷机构。拉维（2003）通过对农村非正规信贷市场供给主体的研究发现，其供给主体主要有高利贷者、私人合作金融、商人、地主、雇员和亲戚朋友；这些供给者因自身的特点能满足不同农户的借贷需求，放贷者基于对农户信息的充分了解，借贷抵押方式或抵押替代方式较多，借贷灵活方便，因此受到众多农户的欢迎。

2. 农户贷款行为特征

（1）贷款渠道。农户贷款渠道的选择主要取决于当地金融供给体系的发展程度。拉维（2003）通过研究发现，印度北方邦30%的农户贷款来自正规金融组织，而在喀拉拉邦这一比例则高达80%。泽勒（Zeller）在1990—1992年通过研究马达加斯加地区的农户发现，有96.3%的受访农户具有从非正规金融组织借款的经历，具有从正规金融部门获得贷款经历的农户占69.3%，两者经历均占63.4%。农户选择不同融资渠道主要依据不同的贷款用途。在印度，用于购买农用机具（拖拉机、收割机、播种机等）等生产用途的贷款农户会优先选择正规金融机构，而用于生活消费（食物、住宿、教育等）等生活用途的贷款农户则优先选择非正规金融机构（Ravi，2003）。但是，在马达加斯加情况则不一样，正规金融机构发放贷款总额的78%是用于生产经营性需求（农机、养殖、生产投入等），而非正规金融机构贷款总额的64%则用于生活消费性需求，如教育、疾病、交际等（Zeller，1994）。

（2）贷款方式。贷款方式主要有信用贷款和担保贷款，由于信用贷款风险性较大，因此，目前发达国家和发展中国家的农户贷款主要是担保贷款，担保贷款又分为抵押担保和保证担保。由于农户贷款的供给方在放贷过程中都会要求抵押品以降低风险，但对农户而言，向正规金融机构或部门申请贷款时多数无法提供放贷方要求的抵押品（Hoff and Stiglitz，1990；Conning，2005），因此，许多农户在无法从正规金融机构贷款后会转向非正规金融机构贷款。因此，抵押担保贷款不能被普通农户接受，而保证担保贷款却成为农户贷款的主要方式，其延伸的联户联保贷款更受农户青睐。联户联保的贷款形式在马达加斯加颇受欢迎，77%的农户通过该形式从正规金融部门获得贷款（Zeller，1994）。尤其是尤努斯教授在创办格莱美银行之后，其模式受到发展中国家农户的追捧。格莱美银行通过以小组联户联保的形式向辖内农户发放小额贷款，因为小组成员之间彼此更为了解，更清楚对方的信誉和还款能力，如若小组内任何一个成员出现违约现象，其他成员都将受到连带担保责任的不良影响。

（3）贷款额度和用途。由于发展中国家发展差别较大，因此不同地区农户的贷款额度和用途均差别较大。泽勒（1994）研究发现，马达加斯加农户从正规金融市场贷款平均额为59.6美元，从非正规金融市场贷款平均额为11.9美元，正规金融部门平均借款周期为226天，非正规金融部门为65天。但也有其他学者研究指出，正规借贷和非正规借贷的额度差别不大，其原因是非正规金融组织在信息收集、还款能力评估、贷款需求等方面有优势，而且可以通过信息筛选寻求替代抵押品；另一个选择非正规金融的原因是借贷灵活，鲍彻（Boucher，2005）认为，由于非正规金融组织比较容易获得当地的信息，更方便与农户签订更符合农户需求的合约，因此，农户会首选非正规金融机构借贷，而不愿向正规金融组织贷款（Guirkinger，2008）。在贷款用途方面，拉维（2003）通过研究发现，农户借款用途主要分为生活消费性用途（耐用消费品和日常消费品）和生产经营性用途（农机具和商业投资），且这些用途在不同地区存在较大差异。阿克拉姆等（2008）在对巴基斯坦农户贷款的研究中发现，其用途依次是：农业生产、购买农业用地、购买拖拉机、农田水利设施、牲畜、其他农业投资；同时他们还指出巴基斯坦农户贷款中，用于农业生产的占45%，用于购置拖拉机的占8.5%，用于购置土地的占6.1%。这一结果与Qureshi等（1996）学者的研究结论基本一致。

（4）贷款违约率。贷款违约是所有金融机构最关注和头痛的事，在发展中国家，由于农户有效抵押普遍不足，因此农户贷款违约率普遍较高。泽勒（1994）通过研究马达加斯加农户贷款，发现非正规金融部门和正规金融部门到期违约率分别为22%和20%，延长一个月后，两种渠道贷款的违约率依旧高达7%和6%。

（5）贷款交易成本。农户贷款过程中的交易成本受到学者的重点关注，康宁（Conning，2005）通过研究发现，由于正规金融机构执行国家的低息或贴息政策，而非正规金融组织的贷款利率通常执行规定利率的上限，甚至是高利贷，因此交易成本相对较高。但也有一些学者持相反的观点：认为非正规金融市场的交易成本并不高。泽勒（1997）通过研究发现，印度非正规金融市场的信贷要比正规金融市场的贷款交易成本低一些，尤其是从亲戚朋友那里获得的借贷资金。Guirkinger（2008）通过对秘鲁七年正规和非正规金融部门的借贷数据分析发现，非正规金融部门的交易成本仅有正规金融部门的25%左右。

（6）农户贷款的影响因素。农户贷款的影响因素较多，国外主要从以下几个方面研究。泽勒（1994）通过运用Probit模型分析了农户是否贷款的影响因素，结果显示，性别是影响农户向正规金融机构申请贷款的重要因素，但该因素在非正规金融机构信贷中却不明显；收入来源也是影响农户申请贷款的重要影响因素，而贫困农户更倾向于选择非正规金融市场；拉维（2003）通过构建随机效用的均衡排序模型，发现印度农户通过银行贷款的比例受农场土地面积、家庭总收入和受教育水平的影响较大，且成正比，而作为贷款供给机构则恰恰相反。

3. 农户信贷约束

在农村金融市场中，由于发展中国家农村“二元结构”现象，导致农户信贷约束现象大量存在。鲍彻等（2008）认为，信贷约束包括供给型约束和需求型约束两大类，供给型约束产生的主要原因是金融部门的信贷配给，需求型约束产生的主要原因是信贷合约的交易成本或风险成本过高，使借款需求者放弃借款。

（1）供给型信贷约束。斯蒂格利茨和韦斯（1981）最早将信息不对称引入供给型信贷约束分析，认为信息不对称引发的信贷市场逆向选择是导致信贷门槛提高、供给约束产生的重要原因。农村信贷市场存在更为严重的信息不对称，高昂的选择成本是导致农村金融市场供给不足的重要诱因。Affuso（2006）研究了不对称信息条件下信贷市场的逆向选择和信贷配给问题，其研究表明，在有抵质押贷款条件下，贷款额度将由所提供的抵押品价值来确定。Mohieldin 和 Wright（2000）对埃及的经验研究表明，农户正规信贷市场的供给型约束主要受到农业收入比重、拥有土地面积、家庭规模等因素的影响；非正规信贷市场约束主要受到是否拥有工资收入、家庭资产数量等因素的影响。

（2）需求型信贷约束。贝达斯（Baydas，1994）从需求方面分析了引发信贷约束的诸多因素，认为过高的交易成本是信贷申请者自动放弃信贷申请的一个重要原因，而这通常与农户信贷需求者所处的农村制度环境和其风险认知密切相关（Petrick，2005）。阿克拉姆等（2008）对信贷约束现象进行了分析，这些约束导致农户选择非正规金融市场借贷；正规金融信贷市场中农户需要为贷款支付行贿费用，另外，调查数据表明，9%的受访农户认为，贷款程序过于烦琐。保尔森（Paulson，2006）运用泰国农村的金融数据，对于形成农户创业所面临的金融约束原因做了研究，他们发现，泰国农户所受金融约束主因是道德风险，自身道德风险较大导致信贷约束较为严重。

二　国内研究动态综述

国内学者对农户贷款行为的研究，首先是建立在其他国家经典理论之上，其次再结合中国的实际情况，不断进行探索和总结。目前主要有农户贷款需求及影响因素、农户贷款可得性及影响因素、农户贷款行为特征等方面。

（一）农户贷款需求及影响因素

国内学者对农户贷款需求的研究结论差别较大，农户贷款需求的变化较大，影响因素较多。宋磊等（2006）对山东泰安地区农户信贷需求进行实地调查发现，农户对资金的“有效需求”不足及农村金融机构对资金的“有效供给”不足造成农户“需求不足”。王静和贾丹花（2009）通过对陕西省200户农户的调查，发现当地农户的借贷资金需求较为旺盛，农户借贷意愿强烈。而钟春平等（2010）通过对安徽省农户进行调查，运用Logistic模型得出，农户融资更主要的问题是农户贷款需求较低。韩俊等（2007）利用1962户农户调查数据，从另一个视角分析得出，农户家庭收入、生产经营特征和家庭特征是农户借贷需求行为的决定因素。马晓青等（2012）通过对江苏、山东和四川三省986户样本农户的问卷调查数据进行统计分析，发现中国农村金融市场存在严重的信贷需求抑制现象，且农户信贷需求抑制程度从东部到西部呈递增的趋势。易小兰（2012）于2010年8月通过调查江苏、山东和甘肃三省农村正规金融机构的农户贷款需求得出，不同地区的农户，其正规借贷需求不同。

在农户贷款需求结构方面，黄祖辉等（2007）通过对820户农户借贷行为调查，分析表明，样本地区大部分农户对正规和非正规信贷的需求均以消费性为主。周宗安（2010）利用调查资料及2005—2008年《山东金融年鉴》和《山东统计年鉴》的相关数据分析得出，农户贷款的主要目的是商业活动、消费支出等非农生产活动，非农产业农户是主要用户，农户贷款需求以小额为主（5万元以下）。顾宁等（2012）基于东北地区518户样本农户调研数据，采用离散选择模型对农户信贷需求结构进行分析，结果表明，贷款资金主要投向基本消费领域即以消费性信贷为主。易小兰等（2013）通过对多地区农户的调查研究得出，农户贷款需求多样化，其需求金额增大，农村正规金融机构的信贷产品无法满足农户实际贷款需求。

在农户贷款需求影响因素方面，杨伟坤等（2009）通过对438户农户贷款需求调查表明，影响农户贷款需求的主要因素为家庭收入水平、家庭收入类型、经营的土地规模、户主的文化程度、年龄和身份。易小兰（2012）通过调查东部、中部和西部农村正规金融机构的农户贷款情况，发现对农户正规贷款需求有正向影响的是农户借贷政策的认知程度、家庭生产经营总支出等，有负向影响的是家庭总收入。赵允迪等（2012）通过河北省唐山、石家庄、承德和沧州4个市

573户农户的问卷调查数据分析得出，农户年龄、收入、家庭支出、家庭劳动力人数等是影响农户借贷需求的主要因素。惠献波（2013）运用二元 Logistic 回归模型，对河南省农户土地承包经营权抵押贷款潜在需求进行分析认为，正规信贷经历、主要收入来源、性别和年龄对农户土地承包经营权抵押贷款意愿有显著影响。

（二）农户贷款行为研究

农户贷款行为主要包括贷款来源、贷款金额、贷款利率、贷款期限、贷款用途和贷款频率六个方面。

1. 贷款来源

由于我国农村金融市场的“二元”格局非常明显，因此农户贷款亦呈现出“二元”性。多数学者认为，我国农户借贷资金主要来自非正规金融机构，来自正规金融机构贷款的比例较低。何广文（1999）通过调查发现，中国农户借贷渠道主要来自非正规金融机构。曹力群（2000）调查研究发现，银行、信用社等正规金融机构提供的贷款在农户借贷总额中所占比例较低，不足25%。屈小博等（2005）、侯旭丹（2006）、李晓明等（2006）、李颖等（2008）、汪婉莉等（2008）、杨伟坤等（2009）、马晓青和黄祖辉（2010）等均得出非正规金融借贷是解决农户资金不足的重要渠道。朱喜（2006）通过对中国农户抽样调查数据，发现由于正规金融机构贷款供给不足，非正规金融机构在满足农户贷款需求方面起到重要的作用。王静和贾丹花（2009）通过实地调查发现，农户的借贷需求以亲朋好友借贷为主，高利贷现象非常少见。王丽萍等（2007）通过对248户农户的借贷行为分析发现，民间借贷是农户资金不足时的首要选择，但有息民间借贷和正规金融机构贷款比例逐年提高。李江（2004）从农业文化的视角，分析认为农户融资渠道依次为内部融资、熟人借贷、合作组织、民间私人金融组织、正规金融组织。而刘洁和秦富（2009）通过调查得出不同的观点，认为农户的借款渠道首选是正规金融机构（占比55.66%）。李延敏等（2010）通过调查发现，农户融资渠道依次为亲戚、正规金融机构、朋友。丁志国等（2011）基于804户样本农户的调查数据分析认为，农户融资渠道会首选非正规金融机构，其次是正规金融机构，最后是非正规金融机构和正规金融机构都有的融资路径。陈鹏和刘锡良（2011）通过对全国10省2万户农户的调查研究，认为我国农户倾向于通过自我积累的内源融资来扩大生产规模，在融资选择上没有显著差别，正规金融机构信贷需求与民间互助性金融需求相互替代。马晓青等（2012）通过对986户农户调查并运用Probit模型进行分析，发现户主年龄越大、承包土地面积越多、家庭人均资产越高，农户对非正规融资渠道的偏好就越强；家庭人均收入越高，农户对正规融资渠道的偏好就越强。

2. 贷款金额

国内学者认为，农户贷款以小额贷款为主，但贷款金额存在不断增加的趋势。史清华和陈凯（2002）通过比较1996年与2000年农户贷款金额，发现农户贷款金额上升趋势明显。李春（2005）通过调查也发现，农户借贷水平随着农村经济的发展而呈不断上升趋势。李晓明和何宗干（2006）通过对1000户农户调查发现，农户借贷金额较小，多数农户借贷金额在3000元以下，5000元以上金额所占比重较低。万江红等（2006）通过调查发现，农户的借贷金额主要集中在1万元以下。李延敏等（2006）对农户借贷行为按区域进行了比较分析，结果显示，农户借款规模呈现东部—中部—西部梯级递减的格局，而且借贷水平和借贷用途的差异也是梯级递减的格局。张晓艳等（2007）对陕西省民间借贷问题研究得出农户单笔借贷金额多数不超过5000元。汪婉莉等（2008）通过分析农户的借贷金额发现，农户在正规金融机构获得的平均贷款金额为5626.08元，而非正规借贷金额仅有2331.77元。杨林娟等（2008）调查发现，农户年平均借贷金额不足1万元，其中有1/3的资金来自信用社贷款。刘洁和秦富（2009）通过调查发现，多数农户未来一年内借款金额集中在5000—50000元，但贷款金额需求并不旺盛。罗芳和李平（2009）通过调查发现，农户从正规机构获得的借款金额主要在1万—3万元，而非正规机构则是2000—3万元。李延敏等（2010）通过分析山东省农户数据得出，农户借贷金额以5万元以内为主，但较往年额度已有较大提高。隋玉琴（2012）通过对全国银行业金融机构涉农贷款分析认为，农户贷款额度已有较大幅度提高，但普遍存在信贷规模供给不足。

3. 贷款利率

农村正规金融市场的贷款利率受到人民银行和银监局的多重监管，而非正规金融市场的借贷利率差别较大，因此，对非正规金融市场的借贷利率研究较多。许多学者认为，民间借贷以无息借贷为主，而有息借贷的利率往往较高。朱守银（2003）、霍学喜等（2005）、李晓明等（2006）、张元红等（2012）通过调查分析认为，民间借贷发生频率较高，但借贷利率多数较低，高利贷现象鲜有发生。李春（2005）对浙江 10 村农户研究发现，民间借贷付息程度和付息面均较高，且变化程度较小。也有一些学者持不同观点，认为高息借贷在民间是普遍现象。温铁军和曹力群（2001）通过调查认为，农户民间借贷中无息借款比重较低，高利率比重较高。同时也有学者认为，民间借贷有隐性利息，叶敬忠等（2004）、孙学敏和赵昕（2007）通过调查研究发现，非正规借贷是依靠血缘和友情而形成的关系型信用为基础的，虽然从形式上看多数不存在利息，但借款人因觉得欠了“人情债”而存在隐性利息，该隐性利息甚至高过借贷利息。罗芳等（2009）以新疆兵团农户调查发现，由于政策性因素导致兵团正规金融机构的生产性贷款平均利率明显低于全国平均水平，仅为 8.3%，而且也低于非正规借贷的平均利率。丁骋骋和邱瑾（2012）通过对温州民间借贷利率监测数据分析得出，农村民间借贷利率期限结构存在递增形、“U”形、倒“U”形和波浪形等多种形状，长期利率低于短期利率成为经济下行时期一种持续的常态。随着我国贷款利率市场化改革，近年来，也有学者对农户正规金融机构贷款利率进行研究。易小兰和钟甫宁（2011）通过对江苏省、山东省和甘肃省农村信用社研究分析发现，如果放开农户贷款利率，三省农户经济福利变动将有显著差异：在江苏省为负，在山东省与甘肃省为正。

4. 贷款期限

农村正规金融机构通常对贷款期限有严格的限定，并没有因为农户贷款需求期限的改变而改变；但在农村非正规金融市场上，契约完成程度不高，贷款期限等要素不全或不明确。在正规金融机构贷款期限方面，多数学者认为，其贷款期限与农户需求期限严重不搭配。杨爱文（2006）通过分析农户小额信用贷款供求状况，认为农户小额贷款的设计仍局限于传统农业的资金需要，没有依据现代农业生产的角度来设计，因此造成农户资金需求时间与小额信贷所要求时间错配。周宗安（2010）通过对山东省1320户农户的调查分析认为，由于农户的生产周期和贷款期限不匹配，资金周转不过来，致使贷款逾期甚至不良。罗英杰（2012）通过对314户农户信贷调查分析得出，农户期望贷款期限在1—3年的占73.8%，而实际贷款期限占35.7%，1年及1年以下的占64.3%，信贷产品期限难以适应农户的实际需求。小额信用贷款的周期难以满足农户的经营需要。

在非正规金融借贷期限方面，多数学者认为，贷款期限并不明确。李晓明等（2006）、张晓艳等（2007）通过调查发现，民间借贷手续普遍较为简单，借贷契约期限并不明确。侯旭丹（2006）发现，民间借贷契约非常灵活，一般不设定固定期限，无息借贷则更为灵活。汪婉莉等（2008）发现，农户借贷延期归还现象普遍，而且契约中往往没有明确期限。但也有学者认为，随着农户法律意识的加强，农户借贷的规范性正逐步增强，借贷纠纷下降趋势明显，多数农户借贷签订书面协议，并且有明确的责任约定（黎红梅等，2008）。

5. 贷款用途

对于农户贷款用途，国内学者将贷款用途分为生产经营性用途和生活消费性用途。许多学者认为，农户生活消费性借贷比例高于生产经营性借贷。侯旭丹（2006）认为，农户借贷的用途多样化，而且生活消费性借贷比例远高于生产经营性借贷。李晓明等（2006）也发现，农户的借贷用途以非生产经营性为主，生产经营性用途的仅占15.3%。黄祖辉等（2007）通过对贫困地区农户调查发现，大部分农户对正规和非正规信贷的用途均以生活消费性为主。刘洁等（2009）通过调查分析发现，农户期望的借款用途中生活消费性借贷所占比例为68.36%，生产经营性借贷用途比重为55.69%。周宗安（2010）通过对山东省农户调查发现，农户借款的最主要目的是商业活动、消费支持等非农生产活动，山东省东部、中部、西部地区非农生产借贷用途占比均在60%以上。

由于农户借款用途之间的可转化性较强，也有许多学者得出相反结论。李春（2005）通过调查发现，浙江省农户借贷用途以生产经营性为主。同样，万江红等（2006）通过调查也发现，农户借贷用途中用于购买生产资料的投资所占比重较大，农户生产经营性借贷用途占多数。黎红梅等（2008）认为，农户的借贷用途主要是生产经营，其中用于农业生产资料的比重就达到45.3%，而且用于经营性投资的比例逐年提高。但是，张晓艳等（2007）通过数据分析却持不同结论，认为农户生产经营性和生活消费性用途所占比重差别不大。也有学者对不同发展程度地区的农户贷款用途进行比较。黄祖辉等（2007）通过对我国贫困地区农户贷款用途分析发现，大部分农户对正规和非正规信贷的用途均以生活消费性为主。马晓青和黄祖辉（2010）通过对比江苏省苏北、苏中、苏南地区农户贷款用途发现，苏北、苏南农户贷款多用于生活消费，而苏中农户贷款多用于生产经营，即贫困与富裕地区农户贷款用于生活消费，富裕程度居中的农户贷款用于生产经营。

6. 贷款频率

对于农户贷款频率，正规金融机构由于手续烦琐而导致贷款频率偏低，尤其是大额贷款频率更低，但非正规金融机构的农户贷款频率较高，尤其是贫困地区农户贷款频率更高。在正规金融机构的农户贷款频率方面，陈晓明（2009）对山东发达地区农户贷款进行研究，发现农户贷款频率普遍较低，尤其是富裕地区农户的大额贷款频率更低。马晓青和黄祖辉（2010）通过对江苏农户贷款频率研究发现，苏北农户贷款频率较高，苏中次之，苏南最少，即越发达的农户地区贷款频率越少。朱青（2010）通过对农户小额贷款特征研究发现，农户贷款的频率较高，尤其是贷款额度越低的农户贷款频率越高。王定祥等（2011）通过全国15省份1156户贫困地区农户抽样调查发现，由于贫困型农户从正规金融机构贷款的可得性较小，其贷款的频率则更少。

在非正规金融机构的农户贷款频率方面，刘西川（2007）通过分析贫困区域农户非正规信贷特征发现，农户因正规金融机构的信贷约束只能通过民间借贷获得资金，而且借贷频率较高，借款频率主要受农户的家庭特征和收入特征影响。张建杰（2008）通过对397户农户调查发现，农户非正规信贷发生率与其社会资本水平的提高成反比，而与户均信贷规模成正比。张兵和张宁（2012）基于江苏省1202户农户的调查数据，采用多项Logit模型和Heckman两阶段选择模型分析发现，非正规借贷频率比正规借款频率明显偏高，扩大了农村金融市场的服务对象，并在功能上存在一定的互补性。

（三）农户贷款可得性及影响因素

农户贷款需求是农户贷款的前提，但能否获得贷款才是农户、政府、学者关注的焦点。由于农户贷款数据牵涉到银行保密规定，而且对农户调查也较为困难，因此，关于农户贷款可得性及影响因素的研究并不多，且主要集中在以下两个方面：

1. 关于农户贷款可得性的研究

颜志杰等（2005）通过对全国农户抽样调查分析显示，近年来，农户贷款的可得性并没有得到明显改善，非正规信贷依然是主要来源。冯旭芳（2007）和褚保金等（2008）将农户贷款行为分为四种情况，并定量分析农户获得贷款支持的决定性因素和主要因素。以上学者从需求的角度研究农户贷款可得性，也有学者从供给的角度进行研究。赵峦等（2010）基于全国农户调查面板数据的倍差法分析认为，农信社改革引致贫困村农户的贷款可得性下降，对于非贫困村，第一批试点省份改革改善了农户贷款可得性，但第二批试点省份改革对农户贷款的可得性没有显著影响。易小兰（2012）通过对江苏、山东、甘肃三省农户分析发现，要提高农户正规贷款的可得性，首先政府与供给机构应根据农户不同的贷款需求提供不同的金融产品和扶持政策，其次应完善农户信用评估机制，创新农户贷款担保方式。

2. 关于农户贷款可得性影响因素的研究

颜志杰等（2005）采用统计分析和计量分析的方法分析认为，农户贷款可得性受户主年龄、家庭的财产状况、非农就业人数等因素影响显著。冯旭芳（2007）通过对贫困农户贷款可得性的实地调查显示，农户获得贷款支持的决定性因素为户主个体特征、家庭基本特征、农户耕地面积。丁志国等（2011）通过对804户农户调查分析得出，农户获得贷款的概率与农户家庭人均土地面积、家庭人均住房面积、工资性收入、家庭成员学历、教育支出及生活支出成正比，与种植业收入成反比。易小兰（2012）采用Tobit模型对江苏等三省农户进行回归分析发现，家庭净资产和家庭总收入对农户贷款可得性影响较大，且作用为正，而贷款规模虽对农户正规贷款可得性影响较大，但作用为负。范香梅（2012）则从社会资本的角度考察其对农户贷款可得性的影响因素，理论分析表明，社会资本有助于提高农户贷款的可得性，但实证中发现抵押在总体上降低了农户贷款的可得性，而社会资本能增加农村地区的贷款规模。

三 国内外研究动态评论

国内外学者的研究发现，尤其是农户经济行为理论和发展中国家农村金融市场“二元”结构论的逐步完善，为研究农户贷款行为奠定了坚实的理论基础。随着农村金融问题研究的层层深入，我国学者在借鉴国外经验的基础上也进行了有益性尝试，由最初的统计分析到计量模型的大量运用，由最初的供给视角发展到需求视角，在研究区域上的选择也更具科学性和代表性。但是，综观国内外已有研究，不足之处仍很明显。

在研究区域方面，由于调查样本限制，农户贷款行为多以局部研究为主，或者是贫困地区、富裕地区的个案研究，总体来讲，系统性、全面性的研究较少。

在数据类型方面，多数学者以某一时间点的农户贷款横截面数据进行研究，纵向数据研究极少，尤其是近几年的农户贷款数据。

在研究思路方面，对我国农户贷款行为的研究主要通过对农户贷款意愿的调查数据，围绕其特征进行描述和实证分析影响农户贷款行为的因素。然而，这种贷款意愿仅是农户的一些想法，并非真实发生的贷款行为，必然与实际贷款行为存在较大偏差，也很难真实反映出农户贷款行为的特征及影响因素。另外，随着农村经济的发展，农户在贷款需求和贷款行为方面已经发生较大变化，尤其是基于正规金融机构的农户贷款，其授信金额、贷款金额等已发生较大改变，不把握其贷款行为特征及规律则很难制定出有效的农村金融政策；而且对于农户贷款可得性多从需求型信贷约束方面进行研究，鲜有学者从金融机构的供给角度去探求分析，大多对贫困农户贷款可得性进行研究，鲜有学者对富裕农户贷款可得性进行探求分析。

在研究方法方面，已有农户贷款行为的实证研究中，大多基于横截面数据，用 Logistic 或 Probit 模型对贷款需求及影响因素进行分析，而基于追踪数据，用 HLM 模型（多层线性模型）对农户贷款行为特征及规律进行分析，深入揭示不同类型农户贷款行为的特征及发展规律的系统研究尚属空白。

鉴于以上四个方面，作为农业大省的山东省农户贷款需求及行为有何特征？其发展规律又是如何？农户贷款可得性中比较突出的问题都有哪些？这些问题的研究对更好地认识和解决山东省以及全国范围的农户贷款问题，推动农村经济发展具有重要作用，同时也是本书研究的根本出发点。

第三节　相关概念界定

一　关于农户

以往的研究中对农户有诸多的定义和描述，但对农户的认识并不一致，并存在争论。在国内，农户即农民家庭，是由血缘关系组合而成的一种社会经济组织。农户的概念有三种含义：一是农户以从事农业为主的家庭；二是农户居住在农村的家庭；三是农户不享受国家福利待遇，政治地位相对低下的家庭（李延敏，2005）。本书基于山东省调研数据口径的需要，农户的概念选用第二种含义。

二　贷款、信贷和借贷的联系与区别

贷款是正规金融机构按一定利率和归还条件有偿出借货币资金的一种信用活动形式。广义的贷款是指贷款、承兑、信用卡等出贷资金的总称；狭义的贷款通常仅指金融机构的贷款业务。本书的贷款是指

狭义的贷款。信贷是以偿还为条件的价值运动特殊形式，是债权人按一定利率把货币贷出给债务人使用的信用活动。广义的信贷是以所有权与使用权相分离，以有条件让渡为特征的价值运动形式。狭义的信贷通常仅指金融机构的贷款业务。借贷一般而言包括两个方面：一是向人借用钱物；二是将钱物借给他人，由此可以看出借贷是将钱物借入或借出的一种经济活动。因此，可以看出狭义的贷款与狭义的信贷意思基本相同，即两个概念可以替换，广义的贷款和广义的信贷有一定差别，但有时也可以替换；狭义的贷款与借贷差别较大，或者说贷款只是借贷活动中的一部分。本书的贷款均指狭义的贷款，即正规金融机构的贷款业务，且贷款和信贷可以相互替代。

三　农户贷款

本书中农户是居住在农村的家庭，贷款是指狭义的贷款，因此农户贷款是指农户为满足某方面的需求而向正规金融机构借款，并签订借款金额、借款利率、借款用途、还款时间等内容的契约的经济活动。中国银监会 2012 年印发的《农户贷款管理办法》中也对农户贷款做出了类似定义，即农户贷款是指银行业金融机构向符合条件的农户发放的用于生产经营、生活消费等用途的本外币贷款。在本书的研究中，由于调研时间是 2007—2012 年每年的 12 月，调研对象是传统村庄的农户，因此所研究的农户贷款供给单位只有农村信用社一家。原因为：一是中国农业银行因网点收缩，一般只在县城和发达乡镇设立，因此农户贷款已经名存实亡；二是中国邮政储蓄银行 2007 年刚刚成立，那时尚未全面推广农户贷款；三是小额贷款公司等机构尚未开设或无力覆盖农区农户贷款业务。因此，本书所研究的农户贷款均指从农村信用社发放的农户贷款。

第四节　研究思路和方法

一　研究思路

本书以山东省农户贷款行为为研究对象，首先根据已有研究基础，对研究区域及农户样本特征进行分析；其次在此基础上分别运用一般统计分析、方差分析、Logistic 模型和多层线性模型等计量模型对不同特征农户的贷款需求、农户信用评级、农户贷款行为及其影响因素、农户贷款可得性、农户不良贷款进行分析；最后，在以上研究的基础上，提出引导农户贷款行为、解决农户贷款问题的政策建议。

根据研究思路，对山东省农户贷款行为的特征及其规律研究的技术路线如图 1－1 所示。

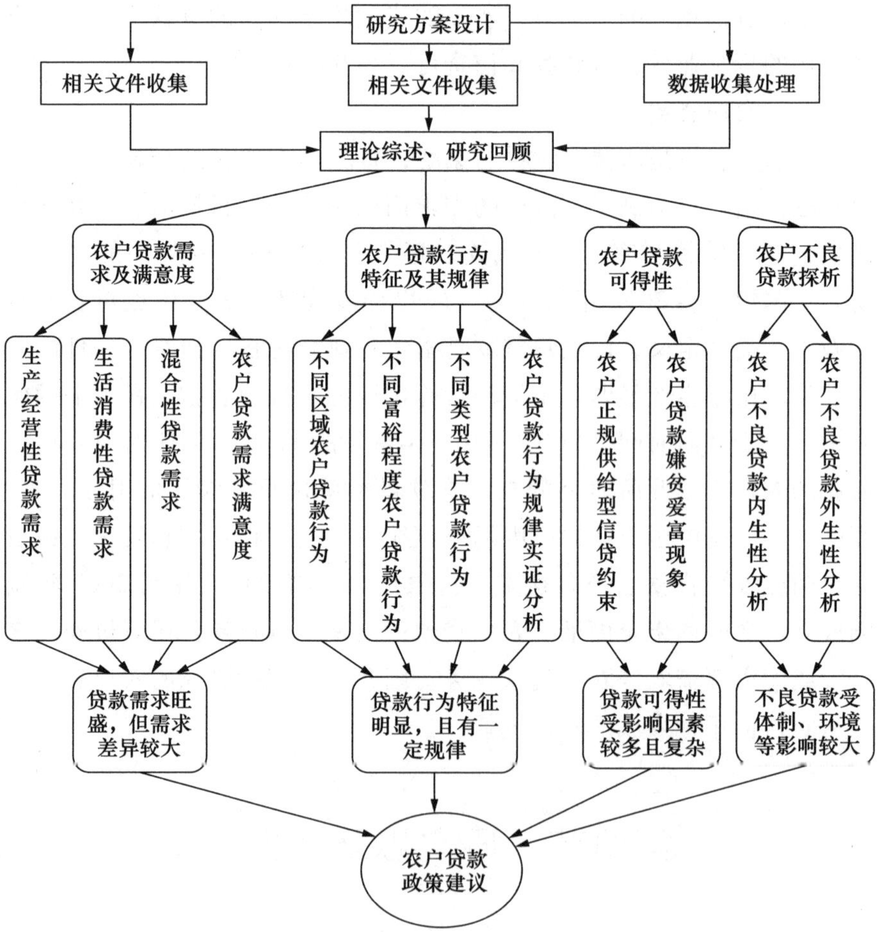

图 1－1　对山东省农户贷款行为的特征及其规律研究的技术路线

二 研究方法

运用经济学、金融学、行为经济学等多学科交叉知识，对山东省农户贷款行为进行研究。分析方法如下：

（一）描述统计

本书中采用均数、最大值、最小值、百分比和标准差等一般描述统计指标对研究对象进行初步分析。

（二）方差分析

方差分析，用于两个及两个以上样本均数差别的显著性检验。本书运用该方法分析了第三章中农户贷款需求及其影响因素，第四章中农户贷款行为特征及其影响因素，第五章中农户贷款可得性与供给型信贷约束。

（三）模型建构

本书采用多种计量经济模型，主要有：

1. Logistic 模型

本书第三章中，运用 Logistic 模型分析了农户贷款需求的影响因素，本书第六章中，运用 Logistic 模型分析了供给型信贷约束的影响因素。

2. 随机效应模型

本书第五章中，运用面板数据中随机效应模型分析了不同区域、不同富裕程度和不同类型农户贷款行为的影响因素。

3. 多层线性模型

本书第五章中，运用多层线性模型分析了农户贷款行为的发展规律及其影响因素。

本书中数据分析用到的软件有 Excel、SPSS19.0、Frontier 4.1、Stata12.0 和 Mplus5.0 五种。

第二章　农户贷款行为的相关理论基础

农户贷款行为不仅牵涉金融方面，也牵涉农户行为方面，因此，对其研究主要有三种相关理论：一是农村金融相关理论；二是行为金融学理论；三是信息不对称理论，而且这一问题的出现和解决也离不开社会学理论和政府作用等相关领域，因此，本书需要涉及的理论较多。本章对上述三种相关基础理论进行阐述，建立研究起点，便于后续研究深入。

第一节　农村金融理论

在发展中国家，农村金融的二元结构致使信贷约束现象普遍存在，因此，农户贷款需求长期得不到有效满足。为建立一种有效的农村金融体系，来满足农村经济主体的贷款需求，农业信贷补贴论、农村金融市场论和不完全竞争市场论先后占据农村金融理论的主流位置。

一　农业信贷补贴论

20 世纪 80 年代以前，农村金融理论界占主流地位的一直是农业信贷补贴论。该理论假设是：在发展中国家，农户的储蓄能力较差，基本没有储蓄资金，农村资金严重匮乏，而且由于农业的低收益性、弱质性，商业银行不愿将农户作为放款对象。因此，为发展农业经济和解决农村贫困问题，政府有必要将扶持资金注入到农村，同时建立相应的专业金融机构来有效配置资金。由该理论可以看出，对农业或农户的贷款利率必须低于其他产业，只有这样，才能有效地提高农业回报率。另外，政府应当加大对农村的扶持力度，通过具有政策性功能的金融机构向农村注入大量低息资金，防止非正规金融以高息阻碍农业发展。

农业信贷补贴论是一种贷款供给先行的金融战略，但事实上，在发展中国家即使贫困农户也有储蓄，因此其假设前提不正确。而且亚洲国家的经验表明，只要有相应的激励机制和储蓄机会，许多贫困农户就会进行储蓄。许多国家实施该理论后的结论显示，低息贷款政策不能达到预期收入再分配目标，一是由于贷款用途容易替换，低息贷款很多由生产性用途转为消费性用途，对促进农业生产活动作用微乎其微；二是低息贷款的补贴并未让穷人多受益，而较富裕的农户受益较大。由此可以看出，该理论不适合构建一个有效率的农村金融体系，其更适用于农村金融市场机制失灵的地区。

二　农村金融市场论

20 世纪 80 年代以后，农业信贷补贴论渐渐为农村金融市场论取代。该理论强调市场这只“看不见的手”的作用，极力反对国家政策对农村金融市场的扭曲作用，认为农户以及贫困阶层农户有储蓄能力，不用向农村注入大量资金（张晓山、何安耐，2002）。低息政策阻碍农户向金融机构存款，将严重抑制农村金融发展。如果过度依靠外部资金，将导致不良贷款率增加。由于农村资金的机会成本较高，为了满足不同风险程度农户贷款需求，非正规金融的高利率能够被认可。因此，该理论认为，农村内部的金融中介发挥着重要作用，必须鼓励储蓄才能使其得以发展。一是存款利率由市场决定，但实际利率不能为负，鼓励农户储蓄是其发展的关键；二是为了鼓励储蓄，平衡资金供求，存款利率必须由市场决定，且实际存款利率不能为负；三是实现农村金融机构可持续发展，无须向其制定特定目标贷款；四是高利率在非正规金融机构有一定的合理性，能有效弥补正规金融市场的不足。

农村金融市场论适用于相对发达的农村经济市场，而且在保持农村金融的协调可持续发展方面意义重大。但该理论也有其局限性，发展中国家农村金融市场较为特殊，竞争性金融不能发挥其优势作用，离开政府的干预和组织很难建立和维持市场运作秩序框架，因此该理论局限性较大。

三　不完全竞争市场理论

20世纪90年代以后，东南亚金融危机显示，市场机制并不是万能的，在发展中国家政府如果不在一定程度上干预和稳定金融市场，整个金融市场将会因为投机者操控而陷入混乱。因此，政府和学者认为，若要在农村金融理论方面建立稳定有效率的金融市场，必须配套非市场因素的政策性措施。此时不完全竞争市场理论逐渐占据主流位置。该理论认为，发展中国家的农村金融市场不是一个完全竞争的市场，尤其是信息不对称造成金融机构无法充分掌握借款人的情况，进而无法建立一种有效的金融市场。为了弥补市场缺陷，政府应通过建立农户个人征信体系等措施适当介入农村金融市场，而且在此过程中只能作为市场的有益补充。该理论认为，应通过制度建设，促进农村金融市场竞争，在竞争性农村金融市场不能发挥作用之时，政府才可以进行有益补充，政策性融资工具如补贴、政府担保、农户个人征信体系等可以发挥辅助性的作用；但政府的作用只能是建立与维持市场秩序框架，起辅助性的促进作用。该理论是目前主导性的农村金融理论，受到众多国家政府和学者的认可。

三种农村金融理论的主要区别概括如表2－1所示。

表2－1　　　　农村金融领域三种代表性理论的主要区别

	政府干预	利率管制	对金融机构的管制	贷款资金的筹集	专业贷款的有效性	对非正规金融的评价
农业信贷补贴论	必要	实行低利率管控	必要	从农村外部注入	有效	弊大于利
农业金融市场论	不必要	自由市场利率	不必要	从农村内部集资	无效	有效
不完全竞争市场理论	市场失效时必要	放松管制	应逐渐放松管控	主要从内部筹集，不足部分政府提供	方法适当时有效	政府应适当引导

第二节　行为金融学理论

一　行为金融学概论

行为金融学主要结合心理学等学科的理念，对投资者在投资过程中出现的、无法用传统理论解释的系统性偏差和非正常现象进行解释的一种理论。该理论最大的成就是挑战和质疑了传统有效市场假设和资产定价模型。行为金融学认为，投资者是有限理性的，投资者的行为极其复杂，他们受心理、情绪等各种因素影响，并不能做出准确、完全、理性的判断，进而否定了有效市场理论的前提假设条件。

二　行为金融学理论发展的历程

行为金融学的发展经历了初始、发展和完善三个阶段。

（一）初始阶段

古斯塔夫·莱邦和麦基（Gustave Lebon and Mackey，1896）在其著作《乌合之众》和《大疯癫：非同寻常的大众幻想和全民疯狂》中首先提出了投资者群体行为的理论，凯恩斯（Keynes，1936）提出股市"选美竞赛"理论，最早研究心理预期在投资者决策中的作用，而珀雷尔（Purrell，1951）将实验方法运用于研究投资模型与投资者的心理行为特征；斯洛维克（Slovic，1972）发表了《人类判断的心理学研究对投资决策的意义》，该文详细分析了影响投资者投资行为的各种心理因素，珀雷尔和斯洛维克的研究使行为金融学逐渐成为一门独立的学科。

（二）发展阶段

卡内曼和特沃斯基认为，风险态度、心理账户和过度自信等是形成认知偏差的主要因素，由此提出认知偏差理论，并在此基础上，两位学者在20世纪70年代末期提出展望理论，这是行为金融学的代表理论之一。

（三）完善阶段

在理论界接受行为金融学理论的同时，该理论在研究与运用的过程中逐渐形成比较完善的理论体系和框架。如萨尔（Thale，1999）

首次提出“羊群效应”的概念，“羊群效应”对股票市场上的羊群行为的衡量形成了一系列的模型和指标，Nofsinger 和 Sias（1999）提出的 NS 检验法等来检验“羊群效应”；而 Chang 等（2000）提出的横截面绝对离散误差来检验股票市场存在的羊群效应。理论界不断提出新的理论和研究方法来完善行为金融学理论。如舍夫林和斯塔特曼（Shefrin and Statman，1994）构建行为资产定价模型，该模型认为，投资者分为信息交易者和噪声交易者。此外，舍夫林和斯塔特曼（1999）提出行为投资组合理论，该理论以马科维茨（Markowitz）的现代资产组合理论（MPT）为基础。

三 行为金融学的展望理论

Kahneman 和 Tversky（1979）的展望理论近年来成为决策领域的主流理论。展望理论是在传统期望理论的基础上提出的，并对传统期望效用理论做了几点重要修正：（1）展望理论认为价值的决定者不是最终财富量，而是相对于一定参照点的损失和获益；（2）主张用决策权重代替概率；（3）假定在对决策问题正式“评估”之前有一个“框定”和“编辑”的过程（汪祚军等，2010）。预期理论的数学表达式为：

$$V = \sum_{i} \pi(p_i) \cdot v(x_i)$$

其中，$\pi(p_i)$表示决策权重，是对客观概率的非线性转换，是一个倒“S”形函数。$\pi(p_i)$ 高估小概率而低估大、中概率。$v(x_i)$ 表示效用函数，是一个“S”形函数，在参照点以上为凹形，在参照点以下为凸形。

展望理论能圆满地解释阿莱斯（Allais）悖论、框架效应、风险规避以及损失规避等一系列现象。

第三节 信息不对称理论

自 20 世纪 70 年代以来，由于信息不对称理论对现实中的许多问题能做出更好的解释，因此其应用越来越广。随后该理论在金融市场等方面又显示出强大而完美的解释能力，因此被众多金融学家所采用。在金融领域，该理论是指金融交易在不透明的前提下进行，致使一方参与人掌握信息比较充分，而另一方参与人信息相对匮乏，具有信息优势的人可以凭信息优势获利。

同样，在农村金融市场上也存在严重的信息不对称现象。由于农村金融机构往往并不全面知晓农户的经营状况、还款意愿和贷款用途等，因此很难确定能将贷出的资金安全按时全部收回，根据银行放贷谨慎性原则将被迫筛选借款人，从而造成信贷约束，农户贷款陷入困境。在解决信息不对称问题方面，一些学者做了尝试，认为多人组合贷款能够解决该问题，并提高农村金融市场的效率（Laffont Jean，2000；M. Ghatak，2000）。在农村金融市场中，如果信息不对称问题得不到较好的解决，将导致严重的逆向选择和道德风险，进而影响到金融市场机制的正常运行，对市场的均衡状态和效率都将起到负向作用。

一　逆向选择

阿克罗夫利用“二手车市场”模型首先对逆向选择理论进行了分析。梅耶森则认为，逆向选择问题是指交易双方中拥有信息弱势的一方会做出反向的选择。逆向选择在农村金融市场上是指容易造成不利结果的高风险农户往往是最容易贷到款的人。Ghatak、Tsaael 等（1999）通过建立经济模型分析发现，多人小组贷款能够有效地解决逆向选择的问题。

在一般情况下，农户比农村金融机构更具有信息优势，农户作为资金的使用者对项目的安全性、回报率等较为了解，而贷款人却对项目信息了解相对较少，从而形成农村金融市场的信息不对称。从理论上讲，农村金融机构在放贷时，会根据贷款项目制定一个贷款利率。对农户来说，对高风险高利润的项目愿意支付高利息，低风险低利润的项目愿意支付低利息。但由于信息不对称，最终拥有高风险项目的农户因支付更多的利息而更容易贷到款，低风险项目的农户逐渐退出信贷市场，导致农村信贷市场不断萎缩（何广文、李树生，2008）。

二　道德风险

道德风险本来是指从事经济活动的人不仅最大限度地增加自身效用，而且也做出不利于他人的行动。金融中道德风险是指资金使用者未按照事先合同约定，从事高风险的投资活动，进而有可能会增加资金风险的行为。在农村金融市场，贷款供给者所面临的道德风险不仅较大，而且非常普遍。

当交易双方签订契约后，由于信息不对称，代理人会根据自己的信息优势采取机会主义行为，进而损害委托人的利益。而机会主义动机是成本和费用外化逃避经济责任的行为，它是道德风险产生的首要前提。在我国农村金融市场，农户同样具有严重的机会主义动机，但是，由于农村金融机构无法有效全面了解农户及相关项目信息，因此，农户在贷款过程中存在较大的道德风险。农村金融机构向农户发放用于低风险项目的贷款后，其最终用途可能从事其他高风险活动，因此很有可能导致贷款无法按合同约定归还。比斯科、斯蒂格利茨（1995）认为，在多人组合贷款下，由于小组成员之间可以进行有效监督，从而共同约束单个成员从事风险性较大项目，因此，在解决农户贷款中的道德风险问题方面比较有效。

第三章　农户贷款需求及满足程度

农户贷款需求是指农户在为满足生产经营或生活消费等各种物质需要而产生的对资金的融入需求，是金融需求的一个方面。不同类型和不同时期的农户贷款需求的内容及特征均呈现明显不同，其影响因素也存在一定差异。关于农户贷款需求的研究，主要可以分为两个方面：一是从农户的视角研究农户贷款需求的特点及影响因素；二是从农村金融市场的视角研究农户金融需求的满足情况。但是，从农户不同贷款需求类型和不同时间的视角去探析农户贷款需求特征及其影响因素的分析并不多，对农户贷款需求满足程度进行深入调查分析的更少见。本章在追踪调查山东省农户的基础上，首先对研究区域进行介绍，其次界定有效农户贷款需求的含义，再次对农户六年的不同贷款需求进行比较分析，再次分析农户贷款需求的影响因素，最后深入调查分析农户贷款需求的满足程度。

第一节　研究区域介绍

一　山东省农村地区的经济特征

鉴于中国特殊的农地制度，山东省作为农业大省，其农村经济呈现出众多小农经济的特点。农业生产的基本经济制度和农村经济的基本特征严重影响着农户贷款需求和农户贷款行为。

（一）基本经济制度

农村土地制度是农村经济制度的基础和核心。该制度安排不仅关系到农村经济发展特征，而且会形成一整套正式的和非正式的行为约束规则，有限理性的农户必须遵循该约束条件。山东省现行的农地集体所有和农村家庭承包经营的农地制度与我国整体的农村土地制度一致，是经过了私有化、农村集体化、人民公社化后形成的。

家庭联产承包经营责任制的主要内容有：（1）土地等基本生产资料集体所有，农户家庭分散劳动和独立经营，即实行土地所有权与使用权的“两权分离”，土地以外的生产资料基本上归农民个体所有，以家庭为单位组织农业生产经营；（2）在收益分配上实行土地产出“交够国家的，留足集体的，剩下都是自己的”，即通常所说的“包干分配”，但土地的处置权归集体所有；（3）集体与农户双方的权利与义务通过承包合同约定，在合同约定之外，农户才有生产经营的自主权。

根据相关法律政策规定和承包经营的实际过程，家庭联产承包责任制下，山东农村土地的分配呈现以下几个特点：（1）平均化。农户家庭土地承包权利凭借集体成员权而获得，不是市场化方式得到。农村集体成员的农户均有承包土地的权利，因此农地不得不按农村人口和人地比例进行平均分配。（2）细碎化。根据平均分配的农地承包经营原则，农地被划分为狭小的地块，而且按照土地好坏搭配的原则平均分配给农户。农户所分到的土地并不集中，因而使农户无法进行规模化生产，只能采取因地制宜的分散化经营模式。山东省人均耕地面积为 1.21 亩，低于全国 1.38 亩的平均水平，而且这 1.21 亩也往往分成几块种植。（3）缺乏稳定性。家庭承包经营责任制的基础是村集体成员权，而村集体成员权可能因为婚丧嫁娶等各种原因造成的人口变化而发生变动。虽然党的十八届三中全会明确提出，农民土地承包经营权长期不变，但是，农村集体为保持稳定、减少矛盾一般都要对土地进行调整，这就成为农村各种社会矛盾的根源。

家庭联产承包制自实行以来，作为我国农村土地的基本政策不断得到保障和强化。原因在于其实施初期符合农业生产的特点，能够适应不同生产力水平的需要，同时制度绩效明显。林毅夫（1994）研究表明，在 1978—1984 年的农业总增长中，家庭联产承包责任制的贡献率为 46.8%，大大高于提高农产品收购价格和降低农用生产要素价格等其他因素的贡献。但是，自 1985 年以来，这种制度的绩效开始下滑，农业的增长势头有所降低。尤其是进入 20 世纪 90 年代后期，农业的效益甚至出现下降趋势。随着家庭联产承包责任制的制度潜能由释放到消散，农业发展受农地制度变革的激励影响逐渐降低，尤其是制度框架的原有设计无法满足农业规模化和现代化发展的要求。而且由于农地收益性降低，农户兼业化程度逐渐较高，农民进城打工成为我国一大特色，非农收入已成为众多农户主要收入来源，这些变化在山东省表现较为明显。

（二）基本特征

家庭联产承包责任制作为我国基本的农地制度，导致目前小农经济仍然在山东农村中占主要地位。成思危（2005）对我国小农经济的基本特点进行了归纳总结，本书结合他的研究成果以及山东农村经济的最新变化，对农村经济特征做了如下总结：

1. 以农户为基本单位

2002 年我国颁布的《农村土地承包法》明确规定国家实行农村土地承包经营制度，农户被确定为农村土地承包经营权的主体。党的十八届三中全会也提出，土地承包权长期不变，实行“增人不增地、减人不减地”的政策，承包权可继承，因而使农户成为农村地区生产和消费的基本单位。

2. 以个体所有制为基础

农户家庭成员个体通过承包合同取得土地的长期使用权，并不同程度地拥有农机、农具等其他生产资料。而且除宅基地外，地上建筑物如房产等其他生活资料也属于私人所有。2015 年年底，山东省农村基本实现农地和宅基地的确权颁证，私有财产观念更加深入人心，农民对物权的归属更为敏感。目前，相关部门正积极探索农村土地集体所有权、农户承包权、土地经营权“三权分置”的有效实现形式。按照国家统一部署，研究制定土地经营权证书的监制、颁发和管理办法，为实现土地经营权流转和抵押担保提供鉴证。开展土地经营权抵押、担保试点，探索建立抵押资产处置机制。

3. 平均农业生产规模很小

山东农户数量巨大，按照目前的农地制度，每户通常只能耕种几亩土地，随着农业机械化的不断发展，农户生产耕种更易完成。由于农户生产规模很小，其农地收益和抵抗风险能力较差，仅仅依靠土地可能会陷入贫困，甚至破产。因此，许多农户纷纷采取兼业和进城务工的方式以提高抗风险能力。

4. 区域差距较大

不同区域的资源禀赋和经济社会发展水平差异导致农村经济的差异很大。山东东部沿海地区和一些城市周边区域，农村城镇化和农民非农化程度已经很高，出现了专业化分工和规模化经营，尤其是在蔬菜种植、牲畜养殖等方面专业化和规模化程度较高，也有许多农户尤其是年轻农户选择放弃土地，进入工厂打工或在城里从事体力劳动，最终在城镇定居；但是，在山东西部贫困地区，许多农户仍以传统农业生产方式为主，不愿离开土地，虽然前几年也有众多农户进城打工补贴家庭生存所需，但是，随着农村经济条件的好转，已有部分农户不再外出打工。而山东中部地区情况恰好介于东部和西部情况的中间位置。

5. 对亲友关系比较重视

农户由于家族、血缘、朋友等之间的交叉关系，非常重视这种乡村社会资源的发展和维护，亲友之间的互助及人情往来比较频繁。即使是进城务工和经商的农户，也会组织老乡会等活动以便保持密切联系，相互帮带和解决困难，因而建立一种以身份识别的风险共担机制。这种关系会形成各种非正式规则，对农村的经济运行产生影响，对农户贷款行为产生积极的作用。

二　样本区域主要特征

农户贷款需求与其所处区域、农户整体特征和生产生活特征密切相关。本节就研究区域的基本情况、农业人口占比及农民人均纯收入进行六年追踪调查，分析样本区域农户的代表性。

山东省位于我国东部沿海地区，黄河下游，京杭大运河中北段。从北至南分别与河北、河南、安徽、江苏四省接壤。山东省陆地总面积约16万平方公里，海域面积约17万平方公里。共设有济南、青岛、潍坊、菏泽等17市137县（市、区）。山东省以山地、丘陵为骨架，平原盆地相互交叉的地形大势。泰山为全省最高点，海拔1545米。黄河三角洲一般海拔不超过10米，为全省最低处。境内地型以平原、盆地约97920平方公里，占全省总面积的64%，山地丘陵约53397平方公里，占34.9%；河流、湖泊1683平方公里，占1.1%。截至2012年年底，全省人口为9684.87万，其中，城镇人口为5078.18万，农业人口为4606.69万。全年生产总值50013.2亿元，比上年增长9.8%。人均国内生产总值51768元，比上年增长9.2%。其中，第一、第二、第三产业增加值分别为4281.7亿元、25735.7亿元和19995.8亿元，分别增长了4.7%、10.5和9.8%；分别占8.6%、51.4%和40.0%。全年粮食总产量为4511.4万吨，比上年增长了1.9%。全省农村居民人均纯收入为9446元，略高于全国农民人均纯收入水平，比上年增长13.2%，人均生活消费支出为6776元，增长了14.8%。本书选取山东省西南部曹县、中部济阳、东部高密地区的农户为调研对象，其位置、农业人口占比、农民人均纯收入具有较强的代表性（见图3－1和图3－2）。

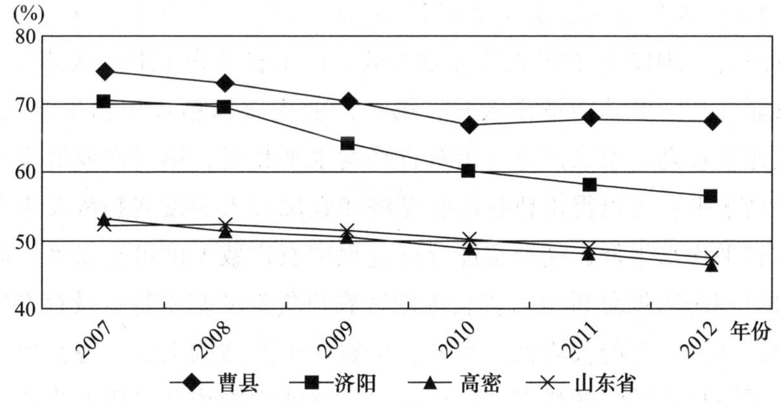

图3－1　样本县域农业人口占比六年变化

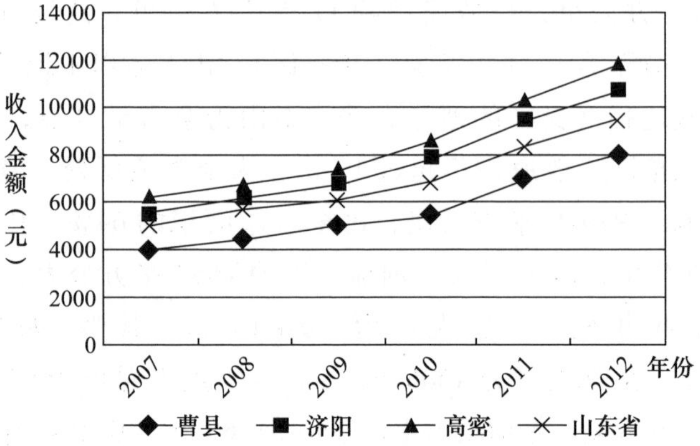

图3－2　样本县域农户人均纯收入六年变化

（一）曹县情况

曹县位于山东省的西南部，全县面积1974平方公里。下设27个乡镇，1180个行政村。截至2012年年底，全县总人口158.58万，其中农业人口107.40万，全年实现生产总值213.93亿元，三次产业比例为15.56∶55.35∶29.09。农业全年农林牧渔业实现总产值60.91亿元，比上年增长6.20%。农村居民人均纯收入8072元，增长15.46%；人均生活消费支出6120.35元，增长17.71%。曹县是国家级贫困县，2012年农民人均纯收入低于山东省平均水平。该县是传统的农业大县，劳动力输出大县，第一产业主要以粮食作物生产为主，而且比重较高，第二产业与山东省平均水平相近，第三产业低于山东省平均水平。可以得出曹县综合经济和农民收入等发展趋势及水平较山东省平均水平低，结合实证分析过程中农户数据的可获得性，以曹县农户调研数据分析山东省贫困地区农户贷款的基本特点及存在突出问题，具有一定的代表性。另外，从农业生产结构上讲，曹县农业在华北平原具有较强的代表性，可基本上反映中国华北贫困农户贷款的基本特征。

（二）济阳情况

济阳位于山东省的中部，全县总面积1076平方公里。下设10个镇、街道，814 个行政村（社区）。截至 2012 年年底，全县总人口 55. 67 万，其中农业人口 31. 56 万，全年实现生产总值 199. 3 亿元，三次产业比例为 22∶51∶27。农业全年农林牧渔业实现总产值 85. 8 亿元，比上年增长 8. 51%。农村居民人均纯收入 10749 元，增长 18. 8%；人均生活消费支出 5658. 85 元，增长 17. 73%。由于济阳属于济南市管辖，受省会经济影响，近几年农户收入增长较快，2012 年农民人均纯收入略高于山东省平均水平。该县离济南较近，农户兼业行为普遍，第一产业主要以种植、养殖业为主，第二产业与山东省平均水平相近，第三产业则低于山东省平均水平较多。可以得出济阳综合经济和农民收入等发展趋势及水平较山东省平均水平略高一点，结合实证分析过程中农户数据的可获得性，以济阳农户调研数据分析山东省中等发达地区农户贷款的基本特点及存在突出问题，具有一定的代表性。另外，从农业生产结构上讲，济阳农业在中国北方具有较强的代表性，可基本上反映中国北方中等发达地区农户贷款的基本特征。

（三）高密情况

高密位于山东省的东部，全县总面积 1527 平方公里。下设 10 个镇、街道，1 个经济开发区，960 个行政村（社区）。截至 2012 年年底，全县总人口为 87. 63 万，其中农业人口为 40. 57 万，全年实现生产总值 445. 8 亿元，三次产业比例为 10∶59∶31。农业全年农林牧渔业实现总产值 88. 5 亿元，比上年增长 5. 4%。农村居民人均纯收入 11774 元，增长 13. 35%；人均生活消费支出 6362. 87 元，增长 15. 18%。高密在山东东部较发达区域，农民整体收入水平较高，其 2012 年农民人均纯收入明显高于山东省平均水平。该县工业化水平较高，农业普遍成为农户的兼业产业，第一产业主要以非粮食种植、养殖为主，第二产业高于与山东省平均水平相近，第三产业与山东省平均水平相差不大。可以得出高密综合经济和农民收入等发展趋势及水平较山东省平均水平高出许多，结合实证分析过程中农户数据的可获得性，以高密农户调研数据分析山东省较发达地区农户贷款的基本特点及存在突出问题，具有一定的代表性。另外，从农业生产结构上讲，高密农业在中国较发达地区具有较强的代表性，可基本上反映中国北方较发达地区农户贷款的基本特征。

通过对研究区域的分析，发现目前山东省农户收入水平较全国略高，农户的生产水平与全国相仿，尤其是其东部、中部、西部的高密、济阳、曹县与我国东部、中部和西部情况类似，有较强的代表性。东部高密地区经济较为发达，农业生产经营现代化程度较高，属于典型的东部沿海富裕农业区域；中部济阳经济发展一般，因靠省会济南较近，受其影响农业和工业都有一定程度的发展，但整体实力不强；西南部曹县是我国贫困县，农业人口众多，农业生产单一，农民收入较低，属于典型的农业贫困区域。而且从农业人口占比和农民人均纯收入来看，三地区差别较为明显，2007—2012 年发展变化较大，能代表不同发展程度的农村地区状况。

第二节　农户有效贷款需求的含义

农户贷款需求的含义较为广泛，不同学者对农户有效贷款需求的含义认识不同。本书从农户贷款的供给和需求两个方面来阐述有效农户贷款需求的含义，并对贷款需求有效性进行分析。

一　农户贷款供需的可能性边界

资金匮乏始终是农业、农户和农村发展面临的关键问题，因此贷款一直被视为促进农户财富积累和农村经济社会发展的重要手段。但在目前农村正规金融市场上，只有以农村信用社为主力军的少数金融机构向农户发放贷款，而且农村信用社服务的贷款客户区域有限，由图 3 - 3 可以看出，农村信用社服务客户区域为 N—Q—F—G—P—M—R 区域，该区域以内理论上为农村信用社可以服务的农户群体，区域以外则为无效需求服务区。

经济学中需求是在一定的时期，在既定的价格水平下，消费者愿意并且能够购买的商品数量。同样，农户贷款需求是在一定的贷款利率下，农户愿意并且能够贷到的资金。从该定义中可以看出，N—

Q—F—G—P—M—R 以外区域因没有正规金融机构提供供给，所以应被视为无效贷款需求。

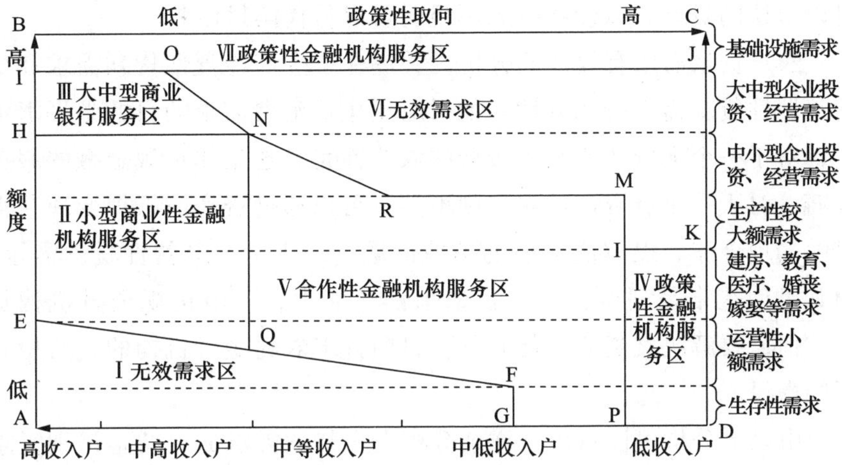

图 3-3 农村信用社服务客户区域

对农户贷款难问题，应当有以下基本判断：一是对农户贷款需求应客观公正地进行分析，金融机构不是必须满足所有的贷款需求，只有符合相关条件的有效需求才能给予支持，如果这类需求得不到满足，才能被称为农户贷款难。二是由于国家对金融的管控，金融机构之间竞争并不充分，贷款难是我国各类经济主体普遍存在的现象，城市中的中小企业甚至大型国有企业都存在。三是农户贷款难是二元经济结构在工业化发展后期各种矛盾集中表现的形式之一，是过去长期扭曲的农村和农业政策而导致农村经济问题在金融上的映射。

二 农户贷款需求有效性分析

通常，农户贷款被认为是一种要素，和其他要素一样，贷款供给增加也会导致生产及收入增加。但是，由于一笔贷款关系到当前资源和未来资源之间的交换，因此就涉及一个契约问题，如果贷款交易发生在不利环境之中，那么所签订的契约就无法兑付，因而存在风险。尤其是贷款发放给无效的贷款农户，不仅增加贷款人收回贷款的难度，而且会因资源转移的无效性而造成资源浪费。

从上述意义上说，农户有效贷款需求必须满足以下两点：一是农户应具有偿还能力，即未来的收入足够偿付贷款本息；二是具有相应可以抵偿的资产，以便在收入不足时可以替代偿付债务。

农户贷款需求有效性的分析，关键在于生产经营性贷款需求和生活消费性贷款需求的两分性。如果对于生活消费需求的目的是平滑消费，对于一个无资产或收入较低的农户而言，这是非正规金融的服务范畴；对于一个有资产的农户则不然，可以通过资产的抵押变现获得足够的现金流，以解决当前的消费问题。对于生产经营性贷款需求，因其可创造未来现金流，具备未来偿还能力，可由正规金融机构提供，但需要解决其贷后监督问题，目前许多农村金融机构的贷后检查形同虚设。

由以上分析可以看出，详细分析农户贷款需求的目的是辨别需求是否有效的关键。对于有些贫困农户，其可能存在贷款需要，但是，由于不具备偿还实力，这不是有效的贷款需求；对于有些富裕农户，其偿还能力没问题，但由于需求金额较大，超出了金融机构的供给权限，这也不是有效的贷款需求；对于有些普通农户，其贷出款后借给别人使用，严重不符合贷款用途要求，这更不是有效贷款需求。因此，本书认为，农户有效贷款需求是农户以生产经营性或生活消费性用途为目的，预期未来能够按时偿还本息，有意向或已向正规金融机构申请借款的行为。

三　山东农户信贷融资分析

随着农村金融改革的不断深入和发展，以及国家多项大力支持“三农”发展的惠农政策的相继出台，现在农户已经成为农村经济发展中的微观主体，在“农业现代化”中发挥着重要的作用，但是，令人不容忽视的是，他们也是农村中的弱势群体，长期以来，由于我国都是一种小农生产格局，大多数农户的思维和生产生活习惯受到抑制，基本心态就是维持温饱生活状态即可，保持住现状就好，但是，在具体的农业过程中，由于季节性以及天气状况的影响，抑或是由于暂时性的农户资金短缺，致使一部分农户家庭开支出现赤字，有了信贷需求的愿望。在山东省，通过实地调查问卷分析，农户的信贷需求呈现多样化，具有不同特征。

（一）山东省农信社农户贷款状况概述

2015 年，既是中国“十二五”计划实施的最后一年，又是中国经济发展进入新常态的起始之年，但同时也是山东省经济和社会在发展过程中下行压力较大的一年，复杂的新形势和严峻的挑战摆在全省人民面前，加快农业现代化进程，满足农户的贷款需求，是解决“三农”问题的核心任务。随着中国农村经济的发展，以及城镇化水平的不断提高，通过调查发现，山东省各县域农户的生产活动并不仅仅局限于日常的田间劳作耕种，许多农民更倾向于打工或创业，而且在国家惠农政策的支持和引导下，家庭农场、农民专业合作社和农业龙头企业的数量也在不断增多，对发展资金的需求日益增加。另外，随着农户消费需求的不断升级，农村婚丧嫁娶方面的开支越来越大，许多农户也期望能获得消费贷款。满足农户的贷款需求，对于提高农户的资金投入以及收益水平有着重要的意义，同时对启动农村市场和扩大内需也有着重要的意义，能极大地促进农村现代化的发展和农村经济的发展，能更好地解决“三农”问题。

通过对近年来山东省农户信贷状况调查数据整理分析，结果显示：截至 2014 年 4 月末，全省农村信用社各项存款余额达到 12006 亿元，成为省内首家存款超万亿元的金融机构。各项贷款余额 7998 亿元，存、贷款余额均稳居省内银行业金融机构首位。提供全省 80%以上的农户贷款和近 40% 的小微企业贷款。涉农贷款余额、增加额连续九年居全省金融机构和全国同行业第一位。2013 年各项收入和利润分别达到 860 亿元和 172 亿元，分别是改革之初的 9 倍和 172 倍，经营效益连创新高。全省统算资本充足率由 -8% 提高到 10. 86%，拨备覆盖率达到 179%，资本实力不断壮大，风控能力显著增强。十年来，全省农村信用社累计上缴税金 356. 8 亿元，2013 年上缴税金 92 亿元，是改革之初的 17 倍，社会贡献度持续提高。

以山东省农村金融综合改革创新试点作为契机，山东省农村信用联社进一步加大信贷的投放力度，在服务新型农业现代化、农村金融主力军以及支农资金主渠道中不断发挥着关键作用，不断积极支持特色高效农业和现代畜牧业的发展，重点满足生态农业示范区、农产品种植基地以及加工组织、农民专业合作社等信贷资金需求，大大增强了农村信用社的核心竞争力并提升了自身的金融服务能力。虽然作为现代农村经济核心的农村金融机构，农村信用社在促进山东农村经济发展中起着越来越重要的作用，做出了突出贡献，但是，与建设金融强省的目标要求相比，金融机构对农业现代化的发展起到的支撑作用发挥得还远远不够。在山东省，农村信贷仍存在不可忽视的金融抑制现象：金融支农功能弱化、金融资源外流、信贷业务和贷款发展增势相对趋于缓慢、资源配置效率低下、农村贷款利率总体水平偏高等。农户的信贷需求不能得到有效的满足，农村现代化进程依然受到制约和影响，主要体现在以下五个方面：

1. 农村金融机构支农能力弱化

目前，我国现有的正规农村信贷渠道主要有四大类，即商业银行、政策性银行、合作金融机构和邮政储蓄，具体又包括六大类金融机构，即农业发展银行、邮政储蓄银行、农村商业银行、农村信用合作社、中国农业银行和农村合作银行。据调查，山东省的金融组织体系还不够完善，虽然金融机构网点数量比较多，但大多都集中在中心城市，向县域延伸的不够，而且中国银行、中国工商银行、中国建设银行和中国农业银行四大国有商业银行，逐渐退出农村市场，农业发展银行也更是逐渐淡出对农村金融发展的支持领域，山东省的农村金融信贷服务机构以农村信用社为主，邮政储蓄银行为辅。这是因为，农户在信贷过程中，存在高风险性、高成本性以及弱补偿性等特点，商业银行在对农户贷款的过程中，边际成本比较大，盈利空间很小，许多国有商业银行在农村地区大量撤并金融机构，限制信贷管理权限，转移投资项目，将发展重心逐渐从农村地区向中心城市和发达经济区转移。而主要的农村金融机构如中国农业发展银行、中国农业银行和农村信用合作社，整体实力都相对较弱，作为农村金融商品供给主体的中国农业银行，也已经逐渐开始进行基层机构收缩和撤并的改革；作为农村最主要的金融机构的农村信用合作社，发展过程中面临的问题更多，存在产权不清、内部组织结构不健全、管理效率低下、结算手段比较原始等状况。另外，在市场经济商业化的导向下，农村信用社为了实现自身利益的最大化，已经和服务“三农”的宗旨相背离，对农户有选择性地发放贷款，这就导致没有一定储蓄存款的一般农户很难获得贷款，大大阻碍和抑制了农村农业经济的健康有序发展；而一些新发展起来的小额信贷公司，自身发展时间较短、组织制度不完善，人员素质参差不齐、业务面相对较窄，所以，目前山东省的农村信贷服务仍以农村信用合作社为支撑。综观山东大部分农村地区的实际情况，虽然存在各式各样的金融服务机构，但是，由于农村地区的农户外出打工人员居多，其最主要的金融服务需求是存款和汇兑，而不需要更高层次的金融服务，因此导致了农村地区金融机构数量逐渐减少，业务不断呈萎缩趋势，网点覆盖率较低，分布区域不均衡。因此，在实际信贷过程中，现行的信贷制度和农户的信贷需求之间还有很大的距离，农户的信贷需求得不到满足是一个亟待解决的问题。从总体发展的情况来看，农村金融机构相对缺乏，有效的农村金融服务供给主体缺位，信贷供给不足，支农功能弱化。

2. 农村资金大量外流

结合山东省的发展实际情况，农村金融机制在运行过程中长期存在严重的资金“外流”现象，有限的农村资金通过现有的农村金融机构大量流出农村，这无疑加大了农户信贷缺口。根据山东省的农村金融机构布局安排，当前农村信贷金融服务机构主要有农村信用合作社、邮政储蓄银行和小额信贷公司，国有商业银行等金融机构的退出，为农村信用社的经营发展创造了良好的外部条件，但是，有关数据显示，农村信用合作社则是农村资金外流的重要渠道。由于放款力度的收缩，国有商业银行在撤并之时，收存了县级分支金融机构的大量闲置资金，再加上农村邮政储蓄金融机构对资金的吸存，山东省农村信用合作社的存贷款余额差距进一步加大。农村信贷资金的大量净流出使农村信贷缺少资金支持基础，而且农村信用合作社的经营规模普遍比较小，吸收到的有效资金很有限，在经过了几次大的金融调整以后，累积了许多的呆账坏账，极大地加重了其经营的困难程度。从设立金融机构的本质上说，农村信用合作社属于合作性质的金融机构，其主要的服务对象是农村合作社的内部成员，为广大农村农户提供金融服务，保证所需资金在农村农户内部的有效循环，发挥农村金融市场中的主力军作用。但是，从农村信用合作社实际的发展过程来看，由于其经营目标多样化、管理体制发生变化以及金融体制改革不到位等方面的原因，虽然农村信用合作社为广大农村农户提供了大量的金融服务，但是，农村信用合作社在农村吸收的存款并没有全部用于支持“三农”建设，而是以各种形式大量流出了农村，流向广大经济发达地区和中心城市。

3. 县域金融机构资源配置率低

山东省是一个人口大省，农村人口占比较高，城乡二元经济结构明显。城乡二元经济结构指以社会化大生产为主要特征的城市经济和以小生产为主要特征的农村经济并存的经济结构。在山东省，城市经济主要是以现代化的大工业生产为主，农村经济则主要是以典型的小农经济为主要特征，城市的基础设施相对农村比较发达，由于农村人口众多，人均消费水平远远低于城市水平。在这种城乡二元结构的影响下，农村金融机构的经营状况长期处在账面不良贷款多、服务和吸收存款质量差、金融效益低和风险高的艰难处境中，在农村信用合作社这些县域金融机构中表现更为明显。在和中国农业银行脱离代管关系时，中国农业银行有意识地把风险贷款转嫁给农村信用合作社，同时农村信用合作社在并入城市信用合作社和农村基金会时，也吸入了部分不良资产。从 20 世纪 90 年代初开始，农村信用合作社的经营就更多地受到地方政府的行政干预，长期承担着支农的重任，背负着乡镇企业改革的巨额成本；为抑制通货膨胀，响应国家号召和政策，对居民储蓄存款实行保值补贴，但是，贷款利率却没有相应地得到提高，由此保值补贴又成为农村信用合作社的沉重包袱。在政策性包袱和不良贷款的双重压力下，农村信用合作社的发展长期处于严重的资不抵债的艰难境地。另外，由于不能得到充分的投资回报，广大农民也不愿意投资入股于农村信用合作社；而地方政府的财力有限，也不能大量投入资金，因此，农村信用合作社的资本金得不到补充。再加上自身的法人管理机构不完善，没有建立起科学的治理体制，难以真正贯彻经济核算，风险资产多，不良贷款整体仍然保持在较高水平上。因此，从整体来说，山东省的县域金融机构基本上是处于一种微利经营状态，盈利能力比较弱，资产质量都比较差，资源配置率比较低，持续发展能力受到严重影响，严重制约着农村金融机构健康良性发展。

4. 农户贷款利息偏高

山东省的自然村落比较多，分布较广泛，农户的生产经营不仅受到自然条件、农产品的生产周期的制约，而且生产的农产品还面临着市场需求变化的影响，贷款成本比较高，风险也很大。在缺乏有效竞争的农村金融市场中，农村信用合作社实际处于金融信贷垄断地位，直接掌握了农村金融市场的贷款定价权，在追求利润最大化的动机驱使下，农户的贷款利率水平普遍上浮 80%—120%。为改善农村金融经营环境，促进农村金融机构的发展，贷款利率水平逐步被放开，农村信用合作社不断扩大其贷款利率浮动空间，自主定价贷款利率档次，增加了利润，一度扭转了长期利润低的困境。虽然根据国家政策的相关规定，信贷部门的基准利率只能在 1—3 倍范围内浮动，但是，实际的贷款利率往往是在最高上浮水平，较之基准利率水平仍有很高的利差，这就增加了农户的贷款成本以及农业的经营成本，与当前山东省“大而强、富而美”核心原则、促进农民增收，尤其是与国家的宏观经济政策——建设社会主义新农村是不相适应的，同时对农村信用社自身长期稳健发展也是不利的。

山东省是一个经济大省，省内东西部发展差别较大，尤其在传统的西部农业地区，农村信用合作社的农业贷款利率的定价水平更高，这是因为在欠发达的农村，农村信用合作社的历史包袱沉重，自身对存款的吸引能力比较弱，只能通过扩大存款和贷款的利差来改善财务状况，贷款利率的上浮，间接地减少了农村农业发展资金的投入额，增加了农户贷款筹资的成本，直接影响到农户的收益和信贷需求。农户在融资过程中，一般是以农村信用合作社为主体，融资渠道相对比较狭窄，容易受到区域资金短缺的影响，但是，利率的具体上浮幅度一般都是由农村信用合作社来决定的，作为农户只能被动接受贷款利率价格。由于缺乏有效的担保物，根据我国《担保法》的规定，农户的住房和土地不允许被作为抵押物去金融机构申请贷款，一些有经济能力的农户害怕担保承担的后果和责任，又不愿意充当担保人，致使农户在贷款时更加的困难和窘迫。

5. 农村金融工具种类单一

目前，农户居民能够参与金融交易的商品主要是存款和贷款，尤其是以短期贷款为主，交易手段比较落后，金融工具种类单一，农村金融市场的发展严重滞后，金融服务产品供给严重不足，虽然有股票、国库券、金融债券等交易的机会，但是，农户真正能够参与的机会是很难获得的。而且处于农村信贷主体地位的农村信用合作社所能够提供的信贷商品，也仅仅只有多家农户联保贷款、小额担保贷款、存单质押贷款三种，且对农户的贷款额度都在 5 万元以下，期限在一年以内，放贷成本较高，收益却比较低，贷款前后的手续管理工作比较烦琐，很难满足农业经济多元化的要求，更不能满足农户按照自己的融资偏好来贷款的需求，这些都促进了农村金融服务产品供给不足、服务质量和服务效率低的状况的形成。

（二）山东省农户贷款层次需求分析

随着当前山东省农村经济水平的快速发展，农户的贷款层次需求体现出多样性和层次性等新的特征，在基于马斯洛的需求层次理论分析的基础上，从贷款需求的新特征出发，对当前农户的贷款需求进行层次分析，对有效解决农户“贷款难”问题有着重要意义。1943 年，美国著名的心理学家马斯洛在一篇名为“人类激励理论”的文章中，提出了阶梯式的基本需求层次理论，该理论认为人的需要是有层次的，根据需要程度以及需求发生的先后顺序，按照层次逐级递升的顺序和需要的内容，把人的基本需求划分为五个层次，即第一层是生理需要；第二层是安全需要；第三层是社会需要，包括人际交往的需要和归属与爱的需要；第四层是尊重需要，包括人的自尊和对他人的尊重；第五层是自我实现需要。马斯洛在分析人的需要时认为，人人都有需要，某一层次的需求得到满足以后，另一层更高级的需求才会出现，在多种需要未获得满足之前，一般来说，首先满足迫切的需求，此需求得到满足以后，较高一层次的需要才会显示出其应有的激励作用。通过研究分析，马斯洛和其他的众多行为心理学家都认为，在一个国家或地区的特定时期，大多数人的需要层次结构是与这个国家或地区的经济总体发展水平、科学技术发展水平、文化程度和人民群众接受教育的程度密切相关。在一些不太发达的国家或地区，最原始、最基本的生理需要和第二层的安全需要中，占据主导地位的人数比例比较大，而更高层次的需要占据主导地位的人数比例比较小；在一些经济发展水平发达的国家或地区，这种状况则恰恰相反。根据马斯洛的需求层次理论观点可以知道，人在不同的发展阶段需求是不同的，既是一个由低层次的需求到高层次需求的递进过程，也是一个从物质需求到精神需求的递进过程，比较客观、准确地揭示了人类需要产生的客观规律，一经提出就被广泛用于各行各业，所以，该理论也适用于分析农户的信贷需求层次。根据马斯洛的需求层次理论和农户自身的经济情况等的不同，可以把山东省农户的信贷需求具体分为以下三个层次：

1. 生存性贷款需求

对于大多数农民来说，生存性贷款需求就是指满足农户的传统农业生产和生存性需要的贷款需求。传统的农业生产所获得的收入，在当前和未来很长一段时间内，将依然会是农户收入的主要来源，也是农户的生活保障。在中国，虽然农村土地改革制度几经变迁，但是，在山东省的大多数农村中小农传统的作业习惯仍然存在，农户比较安于目前自给自足的小农生产，依靠着自己承包的小片土地维持着一个家庭的生活。随着农村农业产业化的不断深入推进和发展，山东省农户们的家庭经济收入水平也在逐渐提高，农户的小额贷款需求逐渐收缩，农户开始着手去改变自己的生活条件，如改善住房条件。与此同时，大部分农户的农业收入在家庭总收入的比重逐渐下降，一般的农户维持农业生产所需要的资金支出占家庭总开支的比重日益降低，此时农户贷款多用于家庭的大型支出。所以，能够满足农业生产和生活性的贷款是农户的第一层次贷款需求。

2. 发展性贷款需求

发展性贷款需求指满足农户子女教育和生产经营需要的贷款需求。在满足农户的传统农业生产和生存性需要的贷款需求以后，这部分农户一般都脱离了贫困，并具备了一定程度的经济基础和抗风险的能力。作为农村家庭中的子女，农户父母的期待和预期都比较大，支持子女接受各种教育，所以，对于子女的教育支出比较大。子女的教育支出主要包括直接成本和机会成本。直接成本即农户父母对子女完成某种级别的教育的全部资金支出，如学费、书籍费、住宿费、伙食费等直接支出。机会成本即为子女由于入学就读而不得不放弃的其他收入。一般来说，接受的教育程度越高放弃的收入也就越多，即机会成本越高。在发展性贷款需求层次中，生产经营是指小规模生产经营或者以市场为导向的产业化经营，为了增加自己的收入，越来越多的农户不断培养市场观念，走上了农业产业化的道路，这是农民增收的重要途径，也是调整农业产业结构的重要手段，帮助农户实现盈利收益最大化。在农业产业化的生产中，种植高附加值的农业经济作物是农户们的首选，但是，高附加值的经济作物必然会增大对资金的需求量，因为生产经济型作物需要高质量的种子、更多的化肥和农药等，而且有些像水果类的经济作物的生产周期比较长，回收效益的时间比较长，因此，伴随着农业产业结构调整的农业产业化就会产生强烈的金融资金需求，资金需求的规模较大。

3. 特殊性贷款需求

特殊性贷款需求是指与农户正常生产和生活无关的贷款需求。这些特殊性的贷款需求主要是指一些突发性的事件，往往具有发生时间偶然性、资金需求规模不定、融资时间弹性小等特点，比如自然灾害、死亡、疾病和婚嫁随礼等方面。突发性的特殊贷款需求通常会打破农户们的正常现金流，如自然灾害可能导致农户财产的损失和收入的降低，会引发一定的贷款需求；家庭成员的死亡在给农户带来巨大悲痛的同时，也很大程度上增加了农户的开支；疾病也会减少农户的收入和劳动力的缺乏；邻居亲戚朋友的生老病死、新房建成、结婚生子、寿诞生日等都可能给农户带来一些不可预测的开支。一般来说，比较小的突发事件产生的特殊性贷款需求，农户利用自己平日的积蓄和当期的收入就可以应付，但是，面对大额的支出就会导致贷款需求，而且时间性上要求比较高。

（三）山东省农户融资偏好

农户的融资渠道主要有资助性的国家政策贷款的国家信贷；有亲朋邻里之间互助支持的亲友信贷；有商业银行的商业性贷款；以及地下交易的民间贷款的高利贷四个方面。虽然存在着这四种融资渠道，但是山东省农村依然普遍存在着贷款难的现象，最主要的原因就是农户不愿意借贷或农户借贷数额少，在调查的数据中，有超过半数的被调查农户认为存在借贷困难，仅仅有一小部分农户能够做到资金需求的满足。对于有信贷需求的农户来说，除要满足银行等金融机构的贷款条件外，还需要具有为获取贷款所必要的偿还能力。这与金融机构自负盈亏的市场地位是相符合的，银行等金融机构为了降低金融风险，减少因为呆账坏账带来的损失，极为看重农户的贷款能力，但是，农户能够证明其具有偿还能力的担保物很少，农户所拥有的土地承包经营权、房屋等是不具有可抵押条件的，而且农作物的未来收益具有不确定性，也不能充当质押物，所以，很少有农户能达到这些条件的要求。即便如此，还是有一部分农户能借到资金，但是，是需要具备其他条件的，不少农户认为，要有社会关系和人脉关系，如果在银行没有熟人，就应当是当地干部，还要请客送礼。这样，农户更加不愿意和金融机构打交道；仅凭借自身良好信用获取贷款的仅占少数，信用借款在当前农村并不普遍。总之，贷款成本过高、手续烦琐成为部分调查农户不愿意去借贷的一个主要原因。

针对我国农村地区金融抑制现象的存在，不少学者从农户微观融资需求的视角出发，分析了农户的融资偏好。其中根据山东省的实际情况，许多学者分析得出：由于小农生活方式的存在，农户偏向于“内源性融资”。即农户一般不倾向于借款，首先用非农收入增添家庭流动资金；其次则是友情借贷和国家信贷支持解决教育和生活借贷；最后在迫不得已时诉求于高息借贷。对于普通农户来讲，大多数商业性贷款门槛高，农户自身又缺少抵押物，即使获得贷款用于项目经营，也难以支付高额利息，这些原因都将导致普通农户对商业贷款望尘莫及。

第三节　农户贷款需求分析

随着农村市场经济体制的建立与完善、农户多元化生产经营的发展以及农村产业结构调整的加快，农户信贷需求范围不断拓宽（周宗安，2010）。然而，以往对于农户贷款需求的研究，大多学者以农户贷款需求及影响因素为例展开，认为农户贷款需求受到严重抑制（程郁等，2009；马晓青，2012），其影响因素主要有农户个人特征、家庭特征、生产经营特征等（顾宁、范振宇，2012；赵允迪等，2012）。中国农村经济经过改革开放的快速发展，农户贷款需求的用途已经有了较大变化，以往的研究很难准确反映我国农户的真实贷款需求及用途。实际上，我国农户贷款需求可分为三类，即生产经营性贷款需求、生活消费性贷款需求及两者兼有的混合性贷款需求。本章通过对2686户农户连续六年的贷款需求调查数据进行一般统计分析和方差分析，以期考察农户贷款需求的特征及规律。

一　样本的选择及其基本情况

为使样本更具有代表性，根据山东省各地农村经济的发展程度及金融市场环境，选择东部、中部和西部的高密市、济阳县和曹县三个地区进行问卷调查。高密地区农村金融市场相对发达，而曹县则相对落后，济阳情况居中。自2007年12月起从每个地区按照农村人均纯收入情况随机抽取1个乡镇，同样再从该镇随机抽取4个村的农户进行调查，且每年12月调查一次，连续六年直至2012年。调查人员有作者、农信社的信贷员、村会计人员，且事前经过统一培训，通过上述方法，发放调查问卷3160份，最终得到有效调查问卷2686份，其中高密市835份，济阳县914份，曹县937份。调查主要考察农户每年的融资总需求、贷款需求、生活消费性贷款需求及农户特征等基本情况。在收回的调查问卷中，作者、信贷员和村会计人员又对每份问卷做了仔细研究，综合农户情况对其所填写数据的真实性、有效性进行分析，尤其是农户贷款需求的有效性；例如，有重大不良记录的农户贷款需求视为无效，填写大额贷款需求但家庭一贫如洗的农户降低其需求金额。通过以上严格仔细的筛选，以期调查问卷更科学合理地反映出农户真实有效的贷款需求变化，最终使得到的数据与实际情况更相符。

在三个地区中，高密市地区经济发达，其样本村的人均纯收入最高，2012 年为 12133 元，分别为曹县和济阳的 1.82 倍和 1.26 倍。另外，高密市的农业人口数为 41 万，农业人口占 46.59%，在三地区中占比最低；而且人均耕地面积 1.03 亩，在三地区中最少。济阳地区情况居中，无论是农民人均纯收入，还是耕地面积、农业人口占比都介于高密和曹县之间。曹县是传统的农业大县，农业人口众多，经济欠发达，属于国家贫困县。所选样本中的农民人均纯收入与所在地区差别较小，且与经济发展水平相符（见表 3-1）。

表 3-1　样本地区 2012 年基本情况

地区	总人口数（万）	农业人口数（万）	人均耕地面积（亩）	人均纯收入（元）	样本人均纯收入（元）
高密	88	41	1.03	11774	12133
济阳	56	32	1.32	10749	9607
曹县	159	107	1.75	8072	6658
山东	9685	4607	1.21	9446	

资料来源：数据依据 2013 年《山东统计年鉴》和笔者调查整理所得。

二　农户贷款总需求及其变化情况

六年间农户贷款总需求不断变化，需求户数和金额均有较大增加，但不同经济发展区域间的需求差别较大。

（一）农户贷款需求户数及其占比不断增加

在 2007 年所调查的 2686 户农户中，有 759 户农户有贷款需求，需求占 28.26%；而在 2012 年有贷款需求的农户则达到了 942 户，占 35.07%（见表 3-2）。说明在六年的时间内，农户贷款总需求户数增加较快，户数增加 183 户，较 2007 年增加 24.11%，占比增加 6.81 个百分点，尤其是在 2009 年和 2011 年，需求户数增加较其他年份明显，这可能是受国家经济宏观调控的影响。

表 3-2　　山东农户六年贷款户数和金额变化情况

单位：户、%、万元

地区	总户数	2007 年贷款需求				2008 年贷款需求				2009 年贷款需求			
		有需求	比例	总需求金额	平均每户需求金额	有需求	比例	总需求金额	平均每户需求金额	有需求	比例	总需求金额	平均每户需求金额
高密	835	265	31.74	1626.65	6.14	282	33.77	1786.72	6.34	301	36.05	1969.46	6.54
济阳	914	253	27.68	1446.21	5.72	258	28.23	1595.32	6.18	285	31.18	1691.25	5.93
曹县	937	241	25.72	1221.76	5.07	244	26.04	1346.21	5.52	261	27.85	1466.23	5.62
总体	2686	759	28.26	4294.62	5.66	784	29.19	4728.25	6.03	847	31.53	5126.94	6.05

地区	总户数	2010 年贷款需求				2011 年贷款需求				2012 年贷款需求			
		有需求	比例	总需求金额	平均每户需求金额	有需求	比例	总需求金额	平均每户需求金额	有需求	比例	总需求金额	平均每户需求金额
高密	835	305	36.53	1998.23	6.55	322	38.56	2215.46	6.88	335	40.12	2362.87	7.05
济阳	914	289	31.62	1723.45	5.96	306	33.48	1913.76	6.25	312	34.14	2033.39	6.52
曹县	937	262	27.96	1479.23	5.65	289	30.84	1692.91	5.86	295	31.48	1783.55	6.05
总体	2686	856	31.87	5200.91	6.08	917	34.14	5822.13	6.35	942	35.07	6179.81	6.56

资料来源：根据调查数据整理所得。

农户贷款需求户数的增加，说明随着农村经济的发展，农户贷款需求旺盛，越来越多的农户意识到农户贷款对其自身发展的重要性，由多年前的耻于贷款慢慢转变为接受农户贷款，而且有贷款需求户数的占比越来越高。同时，农户贷款需求的户数可能受宏观经济影响较大，因此需要有关政策部门的实时追踪和宏观调整。

（二）农户贷款需求金额及每户平均金额不断增加

在 2007 年所调查的 2686 户农户中，贷款需求总金额为 4294.62

万元，平均每户需求金额为5.66万元；而在2012年贷款需求总金额为6179.81万元，平均每户需求金额为6.56万元（见表3－2）。说明在六年的时间内，农户贷款总需求金额增加较快，金额增加1885.19万元，较2007年增加43.90%，平均每户需求金额增加0.9万元，尤其是在2009年和2011年，平均每户需求金额的增加较其他年份明显，这可能是受国家经济宏观调控的影响。

农户贷款需求金额的增加，说明随着农村经济的发展，农户贷款需求旺盛，平均农户贷款需求金额已经大于5万元，小额农户贷款已经无法有效满足农户贷款需求，而且贷款需求金额增长较快，但从已有的文献和相关新闻报道中可以看出，正规农村金融机构的农户贷款金额供给的增幅并不大，因此，许多农户贷款需求不得不靠非正规金融机构借款渡过难关，这也是最近几年全国多处民间高利贷盛行的重要原因之一（陆岷峰、栾成凯，2012；王晓波、郝洪斌，2013；张雪春等，2013）。同时，农户贷款需求金额可能受宏观经济影响较大，在经济高涨期往往需求金额较大，因此需要有关政策部门密切关注农户贷款需求状况。

（三）不同区域农户贷款需求户数和金额差别较大

在山东不同发达区域的农户贷款需求中，虽然调查户数相近，2007年，高密、济阳和曹县三地区农户贷款的户数差别不大，分别为265户、253户和241户，需求户数占比略有差别，分别为31.74%、27.68%和25.72%，需求金额分别为1626.65万元、1446.21万元和1221.76万元，平均每户贷款需求金额分别为6.14万元、5.72万元和5.07万元；但2012年却分别增长为335户、312户和295户，需求户数占比分别为40.12%、34.14%和31.48%，需求金额则分别为2362.87万元、2033.39万元和1783.55万元，平均每户贷款需求金额分别为7.05万元、6.52万元和6.05万元（见表3－2）。

由此可以看出，不同发达区域的农户贷款需求在六年内变化很大，不仅需求户数及其占比相差越来越大，而且需求金额及平均需求金额相差也越来越大（见图3－4和图3－5）。说明经济越发达的农村地区农户贷款需求越旺盛，即发达地区贷款需求户数和金额较欠发达地区有大幅度提高。在已有文献中，很多学者对贫困地区农户贷款需求进行研究，但是，由以上可以看出富裕地区的农户贷款需求更加旺盛，其贷款需求是否较贫困地区农户满足程度更高？其需求又有哪些特点？是生产经营性需求还是生活消费性需求？或是两者兼有？这都是本书后面要涉及的内容。

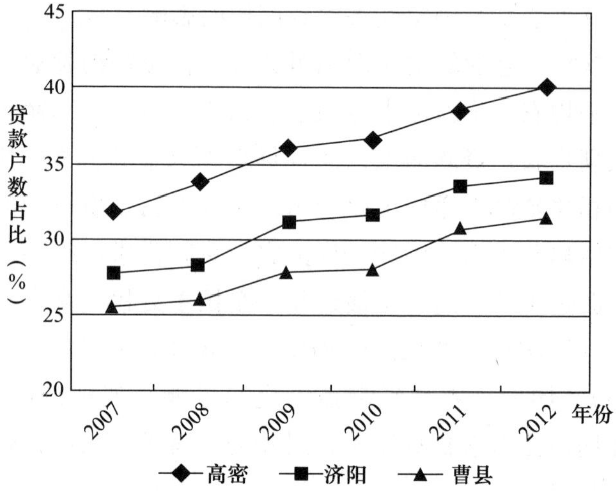

图 3-4 贷款户数占比

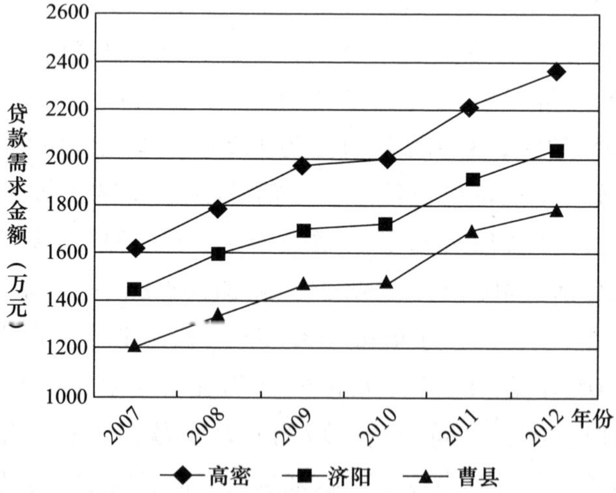

图 3-5 贷款需求金额

三　生产经营性贷款需求及其变化情况

生产经营性贷款需求是指用于日常生产或日常经营的贷款需求。由于我国农村经济的不断发展和变化，其贷款需求有以下一些特征。

（一）生产经营性贷款需求户数变化不明显，但需求金额及其占比增加较快

农户生产经营性贷款需求近几年在需求户数上变化不明显，但其占贷款总需求户数的比例却逐年降低，贷款金额及占比却增加较快（见表3－3）。2007年，农户贷款总需求是759户，用于生产经营的需求户数是423户，占55.73%，但是，2012年相应的数据却是942户、420户、占44.59%。虽然生产经营性需求户数基本没变，但是，户数占比却大幅下降。值得关注的是，农户生产经营性贷款需求金额大幅增加，由2007年的2107.36万元增加到2012年的3608.76万元，增幅71.25%，占比也由49.07%提高到58.40%。这表明随着农村经济的发展，平均每个农户生产经营性贷款需求的金额增加较快，但需求户数变化不大。究其原因，从笔者一线工作经验来看，一是由于部分从事生产经营的农户已经富裕起来，自有资金充足，不再需要贷款；二是由于新近从事生产经营农户的加入，致使两者户数相当，因此造成六年来有生产经营性贷款需求的农户数变化不大。

表3－3　　农户生产经营性贷款需求变化情况　单位：户、万元、%

	2007年		2008年		2009年		2010年		2011年		2012年	
	户数	金额	户数	金额	户数	金额	户数	金额	户数	金额	户数	金额
贷款总需求	759	4294.62	784	4728.25	847	5126.94	856	5200.91	917	5822.13	942	6179.81
生产经营用途	423	2107.36	419	2396.93	424	2739.42	426	2821.22	432	3299.35	420	3608.76
比例	55.73	49.07	53.44	50.69	50.06	53.43	49.77	54.24	47.11	56.67	44.59	58.40

资料来源：根据调查数据整理所得。

（二）生产经营性的涉农贷款需求户数逐年降低，非涉农贷款需求则相反

按生产对象来分，生产经营性农户贷款用途有种植业、林业、畜牧业、渔业及其他，本书借鉴山东省农户贷款管理办法，把具有种植业、林业、畜牧业和渔业贷款需求的农户作为涉农贷款需求，把其他贷款需求作为非涉农贷款需求。调查显示（见表3－4），农户涉农类贷款需求逐年降低，尤其是种植业，由2007年的147户，占34.75%，降低到2012年的76户，占18.10%；林业则从2007年的42户，占9.93%，增长到2012年的62户，占14.76%；畜牧业和渔业虽有所增加，但变化不明显。而非涉农贷款需求则大幅增加，由154户，占36.41%，增加到193户，占45.95%。由此可见，由于农业的弱质性，投入产出收益较低，农户向农业投资的需求逐渐降低，尤其是种植业，种粮不挣钱的现象极大地降低了农户投资种植业的积极性，林业方面农户贷款需求有所增加，这可能是最近几年受苗卉花木收益率较高的影响，许多农户向其投资较大；而在非涉农领域，如建筑装修、机械加工、批发零售等行业，其收益率明显高于农业是个不争的事实，农户只要能涉足这些非农行业，其收益一般远远高于农业，作为理性的农户肯定会增加非农行业的投资，因此其非涉农贷款需求旺盛。

表3－4　　农户生产经营性贷款需求种类变化情况　　单位：户、%

	用途	2007年		2008年		2009年		2010年		2011年		2012年	
		户数	比例	户数	比例	户数	比例	户数	比例	户数	比例	户数	比例
涉农贷款需求	种植业	147	34.75	126	30.07	117	27.59	105	24.65	98	22.69	76	18.10
	林业	42	9.93	43	10.26	45	10.61	52	12.21	58	13.43	62	14.76
	畜牧业	57	13.48	59	14.08	60	14.15	60	14.08	61	14.12	63	15.00
	渔业	23	5.44	23	5.49	25	5.90	24	5.63	23	5.32	26	6.19
非涉农贷款需求	其他	154	36.41	168	40.10	177	41.75	185	43.43	192	44.44	193	45.95
合计		423	100.00	419	100.00	424	100.00	426	100.00	432	100.00	420	100.0

资料来源：根据调查数据整理所得。

四　生活消费性贷款需求及其变化情况

生活消费性贷款需求是指农户将贷款用于日常生活或日常消费的需求，由于我国农村消费市场的不断发展和变化，其贷款需求有以下一些特征。

（一）生活消费性贷款需求户数及其占比逐年增加，但需求金额恰恰相反

近几年农户生活消费性贷款需求户数增长较快，其占贷款总需求户数的比例也大幅提高，但贷款金额增长缓慢，占比则下降较快（见表3－5）。2007年农户贷款总需求是759户，用于生活消费的需求户数是336户，占44.27%，而2012年农户贷款总需求是942户，用于生活消费的需求户数则达到522户，占55.41%。值得注意的是，伴随生活消费性贷款需求户数的大幅增加，生活消费性贷款需求总额增速却不明显，且在贷款需求总金额中的所占比例呈下降趋势：由2007年的50.93%下降到2012年的41.60%。这表明随着农村经济的发展，农户生活消费性贷款需求户数大幅增加，生活消费的需求旺盛，但是生活消费性需求金额增长较少，致使平均每户的需求金额不增反降。究其原因，以笔者的一线工作经验来看，一是由于农村经济的发展，富裕起来的农户越来越多，因此其用于生活消费性用途的需求户数越来越多；二是由于农信社等金融机构的贷款利率较高，年利率在12%左右，对许多农户来说尚难承受，因此平均每户生活消费性需求金额下降；三是以往农户生活消费性贷款需求是因为生存所致，属于被动的贷款需求，而现在的需求是因为生活所致，属于主动的贷款需求。

表3－5　　**农户生活消费性贷款需求变化情况**　单位：户、%、万元

	2007年		2008年		2009年		2010年		2011年		2012年	
	户数	金额	户数	金额	户数	金额	户数	金额	户数	金额	户数	金额
贷款总需求	759	4294.62	784	4728.25	847	5126.94	856	5200.91	917	5822.13	942	6179.81
生活消费用途	336	2187.26	365	2331.32	423	2387.52	430	2379.69	485	2522.78	522	2571.05
比例	44.27	50.93	46.56	49.31	49.94	46.57	50.23	45.76	52.89	43.33	55.41	41.60

资料来源：根据调查数据整理所得。

（二）生活消费性贷款需求户数均逐年增加，但占比趋势明显不同

生活消费性用途的贷款需求主要有两个方面：一是生活方面的需求，主要包括建（购）房、婚丧嫁娶、日常生活和医疗四个方面；二是消费方面的需求，主要包括教育、购车和装修三个方面。近些年农户无论是生活方面的贷款需求，还是消费方面的需求户数均逐年增加，但其占比变化差别明显。调查显示（见表3－6），生活性用途的贷款需求户数虽然有所增加，但占比却逐年降低，户数由2007年的267户增长到2012年的349户，占比却由79.46%降低到66.86%，其中用途为建房的户数逐年增加，占比逐年降低，用途为婚丧嫁娶的户数逐年增加，但其占比变化不明显，用途为日常生活的户数变化不明显，占比下降较快，用途为医疗的户数总体有所增加，占比逐年缓慢下降。消费性用途的贷款需求户数增加较快，而且占比逐年增加，户数由2007年的69户增长到2012年的173户，比例由20.54%上升到33.14%，用途为教育的需求户数虽有所增加，但占比变化不明显，用途为购车和装修的需求户数和占比均增加较快。

表3－6　　农户生活消费性贷款需求种类变化情况　　单位：户、%

	用途	2007年		2008年		2009年		2010年		2011年		2012年	
		户数	比例	户数	比例	户数	比例	户数	比例	户数	比例	户数	比例
生活	建房	116	34.52	122	33.42	135	31.91	134	31.16	143	29.48	152	29.12
	婚丧嫁娶	76	22.62	83	22.74	97	22.93	99	23.02	108	22.27	112	21.46
	日常生活	33	9.82	34	9.32	30	7.09	28	6.51	29	5.98	31	5.94
	医疗	42	12.50	41	11.23	43	10.17	45	10.47	52	10.72	54	10.34
	合计	267	79.46	280	76.71	305	72.10	306	71.16	332	68.45	349	66.86
消费	教育	25	7.44	26	7.12	34	8.04	33	7.67	36	7.42	38	7.28
	购车	12	3.57	18	4.93	31	7.33	36	8.37	48	9.90	59	11.30
	装修	32	9.52	41	11.23	53	12.53	55	12.79	69	14.23	76	14.56
	合计	69	20.54	85	23.29	118	27.90	124	28.84	153	31.55	173	33.14
合计		336	100.00	365	100.00	423	100.00	430	100.00	485	100.00	522	100.00

资料来源：根据调查数据整理所得。

由此可见，农户用于生活用途的贷款需求仍占较大比重，其中一些生活刚性需求变化不断，但是，随着农户生活质量的提高，其消费需求越来越旺盛，尤其是购车和装修方面，小轿车已经开始在普通农户家庭中使用，新农村建设引发的房屋装修市场潜力巨大，鉴于农户消费需求的快速增加，因此，合理引导和满足农户消费贷款需求是一项重要而迫切的课题。

五 混合性贷款需求及其变化情况

混合性贷款需求是指农户将贷款既用于生产经营又用于生活消费的需求，我国农村市场混合性贷款需求占比较大，其贷款需求有以下一些特征。

（一）农户混合性贷款需求户数和金额逐年增加，但它们在总体中所占比例的差别越来越大

近几年，农户混合性贷款需求户数增长较快，其占比也逐年增加，但需求金额及其占比增加更快，且两者占比差异越来越大（见表3-7）。2007年，农户贷款总需求是759户，有混合性贷款需求户数是438户，占57.71%，需求金额是2565.33万元，占59.73%，但是，2012年农户贷款总需求户数为942户，有混合性贷款需求户数是616户，占65.39%，需求金额为4602.77万元，占74.48%。这表明随着农村经济的发展，农户混合性贷款需求大幅增加，单一贷款用途的需求户数逐年降低，即无论是需求户数还是需求金额都增长较快，而且平均每户混合性贷款需求金额增幅更快，这部分农户贷款需求更加旺盛。笔者据多年一线工作经验推测原因有两个：一是由于有贷款需求的农户往往具有从金融机构贷款的经历，受贷款收益较多等因素，对未来预期较好，因此在生产经营或生活消费上都会增加投资或消费，并形成一种良性循环。二是农户贷款一般实行贷款证制度，可随借随贷，使用灵活，农户可自由支配生产经营性和生活消费性资金，并经常对其相互转换，因此，近年来对混合性贷款需求增加较快。

表 3-7　　农户混合性贷款需求变化情况　　单位：户、万元、%

	2007 年		2008 年		2009 年		2010 年		2011 年		2012 年	
	户数	金额	户数	金额	户数	金额	户数	金额	户数	金额	户数	金额
贷款总需求	759	4294.62	784	4728.25	847	5126.94	856	5200.91	917	5822.13	942	6179.81
混合性用途	438	2565.33	462	2994.43	502	3342.76	526	3498.23	582	4128.83	616	4602.77
比例	57.71	59.73	58.93	63.33	59.27	65.20	61.45	67.26	63.47	70.92	65.39	74.48

资料来源：根据调查数据整理所得。

（二）生产经营性用途在混合性贷款需求中占比逐年增加，而生活消费性用途则逐年下降

混合性用途的贷款需求主要有两个方面：一是生产经营方面的需求，主要包括涉农类生产经营和非涉农类生产经营；二是生活消费方面的需求，主要包括建房、购车、医疗等方面。近年来农户生产经营性用途在混合性贷款需求资金中占比逐年增加，而生活消费性用途则恰恰相反，逐年下降。调查显示（见表 3-8），混合性贷款需求中用于生产经营性用途的资金增长较快，由 2007 年的 1048.00 万元，占 40.85%，增长到 2012 年的 2658.32 万元，占 57.75%；而用于生活消费性用途的资金需求则增长缓慢，且占比下降较快，2007 年的资金需求 1517.33 万元，占 59.15%，而 2012 年则为 1944.45 万元，占 42.25%。同时，平均每户混合性贷款需求金额中用于生产经营的金额逐年增加，且增速较快，但用于生活消费的金额则变化不大，甚至近几年有所下降。由此可见，混合性农户贷款需求用于生产经营和生活消费用途的金额变化明显，而且两者之间差异逐年扩大，同时也表明农户更愿意将贷款投入到生产经营方面，只有这样农户才能得到更高的收益；农户生活消费性资金需求虽有所增加，但增速缓慢，由此可以看出扩大农村生活消费市场贷款需求的艰难性，在没有相关医疗、教育等政策的支持下，农户后顾之忧严重，很难放心去消费，因此要想合理扶持农户生产经营和引导农户生活消费，需要进一步加强思想观念教育和政策扶持力度。

表 3-8　　农户混合性贷款需求种类变化情况　　单位：万元、%

	用途	2007 年		2008 年		2009 年		2010 年		2011 年		2012 年	
		金额	比例	金额	比例	金额	比例	金额	比例	金额	比例	金额	比例
混合性	生产经营	1048.00	40.85	1378.66	46.04	1653.86	49.48	1762.21	50.37	2274.08	55.08	2658.32	57.75
	生活消费	1517.33	59.15	1615.77	53.96	1688.90	50.52	1736.02	49.63	1854.75	44.92	1944.45	42.25
	合计	2565.33	100.00	2994.43	100.00	3342.76	100.00	3498.23	100.00	4128.83	100.00	4602.77	100.00
平均每户需求金额	生产经营	2.39		2.98		3.29		3.35		3.91		4.32	
	生活消费	3.46		3.50		3.36		3.30		3.19		3.16	
	合计	5.86		6.48		6.66		6.65		7.09		7.47	

资料来源：根据调查数据整理所得。

第四节　农户贷款需求影响因素

虽然农户贷款需求的影响因素研究相对较少，但从农户的户主个体特征、家庭基本特征、家庭消费和生产支出以及家庭经营规模等方面考察农户借贷需求的差异的文献较多。黎翠梅、陈巧玲（2007）通过对湖南省农户借贷行为的调查分析结果显示，农户非劳动力人数占家庭总人口的比例、对借贷政策的认知程度、耕地面积、农业生产收入等因素对其借贷行为影响较为显著；周宗安（2010）以山东省农户为例进行研究表明，家庭人口规模、家庭资产总值等因素对农户的信贷需求产生了显著影响。虽然关于农户借贷需求影响因素的探讨较多，但是，对农户贷款需求的影响因素探讨较少，对不同用途的农户贷款需求影响因素的分析则更少。本书以 2012 年山东省东中西部地区 2686 户农户调查样本为依据，对农户生产经营性贷款需求的影响因素、生活消费性贷款需求的影响因素和混合性贷款需求影响因素进行分析，先进行一般性描述统计分析，然后再通过建立模型进行回归分析。

一　农户贷款需求影响因素的模型建立

考虑农户贷款需求的不同影响因素，本书采用 Logistic 模型。把农户是否有贷款需求作为被解释变量，其是一个二分位的离散变量。Logistic 模型主要用来预测离散因变量与一组解释变量之间的关系，Logistic 计量模型可以具体表示为：

$$\ln\left(\frac{p}{1-p}\right)=\beta_0+\beta_1X_1+\beta_2X_2+\cdots+\beta_{14}X_{14}+u \qquad (3-1)$$

其中，p 代表农户有贷款需求的概率；$1-p$ 代表农户没有贷款需求的概率；β_0 为常数项；X 为解释变量；β 为回归系数；u 为随机误差项。本书在实地调研和借鉴以往学者的基础上，选取 14 个解释变量，模型变量的定义如表 3－9 所示，分为农户的户主特征、农户的家庭特征和农户的资产特征三种类型变量，其中，农户的户主特征包括户主年

表 3－9　　　农户贷款需求影响因素模型变量的定义

变量类型	变量名称	变量定义
农户的户主特征	户主年龄（X_1）	户主的年龄（岁）
	户主性别（X_2）	户主的性别（男或女）
	受教育程度（X_3）	户主受教育程度，小学及以下＝6，初中＝9，高中或中专＝12，大专＝15，本科及以上＝16
	社会资源（X_4）	户主是否有亲朋好友为村干部、公务员等，有＝1，无＝0
	威望（X_5）	户主在村里及周边地区威望如何，低＝1，中等＝2，高＝3
	性质（X_6）	农户是否拥有个体工商户营业执照，农户＝1，个体工商户＝0
农户的家庭特征	家庭人口（X_7）	农户家庭人口总数
	家庭劳动力（X_8）	农户家庭劳动力人口总数
	田地亩数（X_9）	农户家庭田地亩数（亩）
	所在区域（X_{10}）	农户所在区域，曹县＝1，济阳＝2，高密＝3
农户的资产特征	家庭纯收入（X_{11}）	农户每年家庭纯收入
	家庭资产（X_{12}）	农户家庭的动产和不动产
	家庭负债（X_{13}）	农户家庭的对外总负债
	收入来源（X_{14}）	农户家庭收入主要来源是否靠农业，靠农业＝1，不靠农业＝2

龄、户主性别、受教育程度、社会资源、威望和性质；农户的家庭特征包括家庭人口、家庭劳动力、田地亩数和所在区域；农户的资产特征包括家庭纯收入、家庭资产、家庭负债和收入来源。

二　农户生产经营性贷款需求的影响因素

（一）一般描述统计分析

针对生产经营性农户贷款需求的影响因素，本书选取2012年调查的农户的户主特征、家庭特征、资产特征等14个变量，通过统计发现农户户主年龄、受教育程度、家庭纯收入、家庭资产和社会资源5个变量对生产经营性农户贷款需求影响较大（见表3-10）。

表3-10　　生产经营性农户贷款需求的主要影响变量

影响变量	变量细分	生产经营性贷款需求		有贷款需求		总户数（户）
		户数（户）	贷款需求占比（%）	户数（户）	总户数占比（%）	
户主年龄	30岁以下	37	37.76	98	17.59	557
	31—49岁	297	54.70	543	45.75	1187
	50岁以上	86	28.57	301	31.95	942
受教育程度	6年以下	137	55.02	249	34.20	728
	7—9年	102	29.06	351	29.03	1209
	10年以上	181	52.92	342	45.66	749
家庭纯收入	1万元以下	39	20.63	189	57.98	326
	1.1万—2.9万元	181	41.90	432	24.09	1793
	3万元以上	200	62.31	321	56.61	567
家庭资产	10万元以下	37	22.29	166	38.88	427
	11万—19万元	148	45.40	326	23.94	1362
	20万元以上	235	52.22	450	50.17	897
社会资源	有	275	67.07	410	71.68	572
	无	145	27.26	532	25.17	2114

资料来源：根据调查数据整理所得。

1. 农户户主年龄对生产经营性贷款需求的影响

在中国农村，不同年龄阶段的农户有不同的家庭责任，具体表现为：30 岁以下的户主主要是成家立业，家庭负担较轻；31—49 岁的户主主要是养儿育女、赡养老人，家庭负担较重；50 岁以上的老人开始准备养老、照看孙子，有一定负担。因此，本书把户主年龄分为 30 岁以下、31—49 岁和 50 岁以上三个阶段。由表 3 - 10 可以看出，31—49 岁的贷款总需求最多，但其他年龄阶段需求较少；农户的生产经营性贷款需求也是在 31—49 岁这个阶段户数最多，占贷款总需求户数的 54. 70%，而其他阶段的占比较小，只有 37. 76% 和 28. 57%，相互之间差别较大。究其原因，一是由于 30 岁以下的户主刚成家立业，建房、结婚的经济负担多由老人承担，且其支出较少，纯收入较高，再加上缺乏生产经营性经验，因此，生产经营性投资较少，其生产经营性贷款需求较低；二是 31—49 岁的户主已具备一定的经济基础和生产经营的经验，家庭负担逐渐加重，增加家庭收入的动力较强，更愿意从事生产经营性活动以获取更多的收入，因此其生产经营性贷款需求旺盛；三是 50 岁以上的户主多数已有较为雄厚的经济基础，儿女也已成家立业，此时其主要考虑养老和帮助孩子照看孙子，因此其增加家庭收入的动力较弱，不愿再靠贷款去从事生产经营性活动。

2. 农户受教育程度对生产经营性贷款需求的影响

农户的受教育程度一般分为小学（6 年）以下、初中（7—9 年）和高中或中专（10—12 年）以上三种情况，因此，本书将农户的受教育程度分为 6 年以下、7—9 年和 10 年以上三个阶段。由表 3 - 10 可以看出，6 年以下和 10 年以上的贷款需求户数占比较高，而拥有众多初中学历的农户贷款需求户数占比较低；且在生产经营性贷款需求方面也呈现类似情况，户数和占比均超过受初中教育的农户，分别为 137 户和 181 户，分别占 55. 02% 和 52. 92%。造成该现象的主要原因有两个：一是由于受教育程度越低的人往往是小时候调皮捣蛋，不爱学习，但其往往很有思想、有闯劲，在尚不规范健全的农村经济市场中其机会较多，因此其生产经营性贷款需求较多；二是拥有高中或中专以上学历的农户往往知识面较广，学习能力较强，比较容易掌握先进的农业生产经营知识，拥有的投资机会较多，因此其生产经营性贷款需求较多；而接受初中教育的农户则处于前两者之间的位置，高不成低不就，从事生产经营的能力较弱，故而其贷款需求较低。

3. 农户家庭纯收入对生产经营性贷款需求的影响

随着农村经济的发展，农民纯收入得到较快增长，样本中高密地区农户的人均收入已经过万元，而且多数农户家庭人口为 3 人，因此为便于细分，本书把农户家庭纯收入分为 1 万元以下、1. 1 万—2. 9 万元和 3 万元以上三个阶层。由表 3 - 10 可以看出，收入较高或较低的农户贷款需求户数占比较高，而中间阶层的贷款需求户数占比较低，仅有 24. 09%；但生产经营性贷款需求未出现类似情况，收入较低的农户贷款需求仅占总需求户数的 20. 63%，而收入较高的农户贷款需求却占总需求户数的 62. 31%。对此现象笔者事后专门找到相关的农户进行详细了解，其原因如下：一是收入较低的农户往往投资机会较少，综合能力较弱，许多连温饱问题尚未解决，很难再进行生产经营性投资。另外，由于正规金融机构贷款利率相对较高，超出其承受范围，故而其贷款需求较少。二是收入较高的农户往往生产经营经验较为丰富，投资机会较多，而自有资金又相对有限，因此贷款需求较为旺盛。

4. 农户家庭资产对生产经营性贷款需求的影响

在此次调查中，农户家庭资产主要包括房屋、生产工具及设备、存款等方面，由于宅基地和田地尚不能自由流转，因此其价值未计算在家庭资产之内。通过调查发现，农户家庭资产在 10 万元以下和 20 万元以上的户数非常少，因此将家庭资产分为 10 万元以下、11 万—19 万元和 20 万元以上三个阶段。由表 3 - 10 可以看出，家庭资产较低和较高的农户的贷款需求户主占比均较普通家庭资产农户的高，而其生产经营性贷款需求情况与受家庭纯收入的影响类似，资产较低的农户需求占比低，资产较高的农户需求占比高，但其占比幅度不如受家庭纯收入的影响大，户数和占比分别为 37 户、22. 29%，235 户、52. 22%。原因一是资产多的农户本身自有资金就相对充足，无须贷款；二是资产少的农户也有较强意愿从事生产经营性活动以增加收入，摆脱贫困的状况。

5. 农户拥有的社会资源对生产经营性贷款需求的影响

建立在亲缘与业缘基础上的农户社会资源在农村信贷资金的配置过程中发挥了“特质性”资源的作用（张建杰，2008），同样拥有社会资源较多农户的贷款需求也非常值得关注。本书中农户社会资源的判别主要看其亲朋好友是否有在村干部中任职，是否有亲朋好友在乡镇中工作，是否有亲戚朋友在银行上班，户主在村中的威信等，如其社会资源较多较强则认为其有社会资源，否则便是无社会资源。由表3－10可以看出，有社会资源的农户贷款需求户数较多，占比较高，分别达到410户、71.68%，而且其从事生产经营性贷款需求的户数及占比均较高，分别为275户、67.07%。其原因是拥有社会资源的农户掌握较多的资源和投资机会，而且从事生产经营性活动为其带来更多的收益，因此其贷款需求旺盛。

（二）实证分析

本书按照上文建立的Logistic模型，运用Stata12.0软件对农户生产经营性贷款需求的影响因素进行分析。结果显示，14个变量中有7个变量通过了显著性检验。户主年龄、家庭收入和社会资源等7个因素对农户的生产经营性贷款需求有显著影响，而户主性别、户主性质等7个变量未通过显著性检验。具体说明如表3－11所示。

表3－11　生产经营性贷款需求影响因素估计结果

因素种类	变量	系数
农户的户主特征	户主年龄（X_1）	-0.0411^{***}（-5.18）
	户主性别（X_2）	0.4053（0.95）
	受教育程度（X_3）	-0.0550^{*}（-1.96）
	社会资源（X_4）	0.8738^{***}（4.83）
	个人威望（X_5）	1.9438^{***}（12.52）
	户主性质（X_6）	0.3500（0.29）

续表

因素种类	变量	系数
农户的家庭特征	家庭人口（X_7）	0.1009（0.95）
	家庭劳动力（X_8）	0.0583（0.55）
	田地亩数（X_9）	-0.0849**（-2.09）
	所在区域（X_{10}）	-0.1002（-1.21）
农户的资产特征	家庭纯收入（X_{11}）	0.2305***（11.03）
	家庭资产（X_{12}）	0.0385***（11.30）
	家庭负债（X_{13}）	0.0139（1.13）
	收入来源（X_{14}）	0.0658（0.38）
LR χ^2（14）	643.61	
Log likelihood	-842.8307	
Pseudo R^2	0.4763	

注：括号内为 z 值，*、** 和 *** 分别表示 10%、5% 和 1% 的显著水平。

通过对表 3-11 的分析，可得出以下结论：

（1）农户的户主特征中，户主年龄、社会资源和个人威望三个变量均对生产经营性贷款需求有预测作用。其中，年龄有负向预测作用，即年龄越大的农户生产经营性贷款需求越小。受教育程度也在 0.1 水平上有显著的负向预测作用，即受教育程度越高的农户，生产经营性贷款需求越小。社会资源和威望有正向预测作用，即拥有的社会资源越多、个人威望越高的农户生产经营性贷款需求越大。可能的解释是拥有社会资源越多和个人威望越高的户主所掌握的生产经营机会较多，因此该种贷款需求旺盛；年龄越大的农户其生产经营稳定，自有资金充足，趋于保守，不愿再通过贷款扩大生产经营；受教育程度越高的农户脱农化现象越严重，越不愿意再从事农业方面的生产经营，因此其生产经营性贷款需求较弱。

（2）农户的家庭特征中，仅有田地亩数对生产经营性贷款需求有负向预测作用，其他变量均没有预测作用。说明农户家庭的田地亩数越多，其存在生产经营性贷款需求的可能性越小。这与一般学者理解的现象不符，究其原因：一方面田地越多的农户越容易被束缚在土地上，小农意识更加严重，满足于自给自足；另一方面田地越少的农户越不安于现状，危机意识较强，从事生产经营的积极性较强。因此在环境相近的同一区域中，田地越多的农户越贫穷，田地越少的农户越富裕。

（3）农户的家庭资产特征中，家庭纯收入和家庭资产均对生产经营性贷款需求有正向预测作用，说明随着农户家庭纯收入和家庭资产的增加，其生产经营性贷款需求越旺盛，这与一些学者的认识相反。究其原因，可能是农户家庭纯收入和资产越高的农户其致富动力越足，因此不断加大对生产经营的投入，故而其需求较旺盛。

统计结果中各变量系数绝对值的大小反映了其对模型的影响程度，绝对值越大，说明改变变量时对农户生产经营性贷款需求的影响程度越大。从表 3 - 11 可知，估计因素中按照影响程度由大及小依次是：威望、社会资源、家庭纯收入、田地亩数、受教育程度、户主年龄和家庭资产。

三　农户生活消费性贷款需求的影响因素

（一）一般描述统计分析

针对生活消费性农户贷款需求的影响因素，本书选取 2012 年调查的户主特征、家庭特征、资产特征等 14 个变量，通过统计发现，农户户主年龄、家庭人口、家庭纯收入、家庭资产和社会资源 5 个变量对农户生活消费性贷款需求影响较大（见表 3 - 12）。

表 3 - 12　　生活消费性农户贷款需求的主要影响变量

影响变量	变量细分	生活消费性贷款需求		有贷款需求		总户数（户）
		户数（户）	贷款需求占比（%）	户数（户）	总户数占比（%）	
户主年龄	30 岁以下	61	62.24	98	17.59	557
	31—49 岁	246	45.30	543	45.75	1187
	50 岁以上	215	71.43	301	31.95	942
家庭人口	2 人以下	99	64.71	153	28.23	542
	3 人	165	46.35	356	32.13	1108
	4 人以上	258	59.58	433	41.80	1036

续表

影响变量	变量细分	生活消费性贷款需求		有贷款需求		总户数（户）
		户数（户）	贷款需求占比（%）	户数（户）	总户数占比（%）	
家庭纯收入	1 万元以内	150	79.37	189	57.98	326
	1.1 万—2.9 万元	251	58.10	432	24.09	1793
	3 万元以上	121	37.69	321	56.61	567
家庭资产	10 万元以下	129	77.71	166	38.88	427
	11 万—19 万元	178	54.60	326	23.94	1362
	20 万元以上	215	47.78	450	50.17	897
社会资源	有	135	32.93	410	71.68	572
	无	387	72.74	532	25.17	2114

资料来源：根据调查数据整理所得。

1. 农户户主年龄对生活消费性贷款需求的影响

在中国农村，不同年龄阶段的农户有不同的家庭责任，30 岁以下的户主主要是成家立业，家庭负担较轻；31—49 岁的户主主要是养儿育女、赡养老人，家庭负担较重；50 岁以上的老人开始准备养老、照看孙子，有一定负担。因此，本书把户主年龄分为 30 岁以下、31—49 岁和 50 岁以上三个阶段。由表 3-12 可以看出，31—49 岁的贷款总需求最多，其他年龄阶段需求较少；农户的生活消费性贷款需求在 31—49 岁这个阶段户数占贷款总需求户数的 45.30%，而其他阶段的户数虽然不是很多，但比例较高，分别为 62.24% 和 71.43%。究其原因：一是由于 30 岁以下的户主比较年轻，接受新事物能力较强，购车、装修等消费欲望比较强烈，对未来收入也充满信心，因而对生活消费性贷款需求比较旺盛。二是 31—49 岁的户主具备一定的经济实力，但家庭负担逐渐加重，对孩子的教育等必要消费需求比较认可，而其他的生活消费需求则持谨慎态度。三是 50 岁以上的户主多数虽然已有较好的经济基础，但其面临为子女建（购）房、婚丧嫁娶、医疗等方面的开支较重，因此，其生活用途的贷款需求较为旺盛。

2. 农户家庭人口对生活消费性贷款需求的影响

本书按家庭人口数将农户分为2人以下、3人和4人以上三种情况。由表3-12可以看出，随着家庭人口数量的增加，有贷款需求的户数逐渐增加，占比也相应增加；但在生活消费性贷款需求方面则变化较大，首先是2人以下和4人以上的家庭生活消费贷款需求户数占比较高，而作为中间的3人家庭生活消费需求占比不高，占46.35%，仅有165户，这与笔者事先的预期不符。据笔者分析，造成该现象的主要原因有两个：一是由于2人以下的家庭多为刚结婚的户主，消费需求旺盛，4人以上的家庭则由于生活等负担较重，急需资金解决婚丧嫁娶、医疗等问题；二是3人的家庭往往经济实力较强，一般自有资金充足，即使有资金需求也可以向亲朋好友去借，因此不愿使用利率较高的农户贷款。

3. 农户家庭纯收入对生活消费性贷款需求的影响

近几年，农村经济取得较快发展，农民纯收入也得到较快增长，样本中高密地区农户的人均纯收入已过万元，为便于细分，本书把农户家庭纯收入分为1万元以内、1.1万—2.9万元和3万元以上三个阶层。由表3-12可以看出，收入较高或较低的农户贷款需求户数占比较高，而中间阶层的贷款需求户数占比较低，仅有24.09%；但生活消费性贷款需求未出现类似情况，且占比是随着收入的增加而降低，即收入较低的生活消费性需求户数占总需求户数的79.37%，而收入较高的户数占37.69%。对此现象笔者事后专门找到相关的农户进行详细了解，其原因如下：一是收入较低的农户往往有许多生活问题尚待解决，而建房、婚丧嫁娶、医疗等方面开支较大，亲戚朋友又无法给予有效资金帮助，因此急需贷款以缓解生活困境，甚至使用高利贷；二是收入较高的农户在生活消费方面的自有资金较为充足，即使临时急用，也因收入较高而容易从亲朋好友那里借来资金，因此生活消费性贷款需求不旺盛。

4. 农户家庭资产对生活消费性贷款需求的影响

在此次调查中，农户家庭资产主要包括房屋、生产工具及设备、存款等方面，由于宅基地和田地尚不能自由流转，因此其价值未在家庭资产之内。通过调查发现，农户家庭资产在10万元以内和20万元以上的户数非常少，因此将家庭资产分为10万元以下、11万—19万元和20万元以上三个阶段。由表3－12可以看出，家庭资产较低和较高的农户贷款需求户数占比均较普通家庭资产农户高，而其生活消费性贷款需求情况与受家庭纯收入的影响类似，资产较低的农户需求占比高，资产较高的农户需求占比低，但其占比的幅度不如受家庭纯收入的影响大，户数和占比分别为129户、77.71%，215户、47.78%。原因在于，一方面资产多的农户本身自有资金相对充足，另外受传统思想影响认为贷款丢人，不愿贷款；另一方面资产少的农户由于生活等支出较多，资金缺口较大，又没有合适筹款渠道，因此更愿意用贷款的方式解决生存和生活问题。

5. 农户拥有的社会资源对生活消费性贷款需求的影响

建立在亲缘与业缘基础上的农户社会资源在农村信贷资金的配置过程中发挥了“特质性”资源的作用，同样拥有社会资源较多的农户其贷款需求也非常值得关注。本书中农户社会资源的有无主要看其亲朋好友是否有在村干部中任职，是否有亲朋好友在乡镇中工作，是否有亲戚朋友在银行上班，户主在村中的威信等，如其社会资源较多较强则认为其有社会资源，否则便是无社会资源。由表3－12可以看出，有社会资源的农户的贷款需求户数较多，占比较高，分别达到410户、71.68%，但其生活消费性贷款需求的户数及占比均较低，分别为135户、32.93%，无社会资源的农户贷款需求则相反，并形成鲜明对比。其原因是拥有社会资源的农户因为综合实力较强，生活问题多数容易解决，因此贷款意愿较弱；但没有社会资源的农户往往比较贫困，生存和生活问题中需要资金的地方很多，因此其贷款需求旺盛。

（二）实证分析

本书按照上文建立的Logistic模型，运用Stata 12.0软件对农户生活消费性贷款需求的影响因素进行分析。结果显示，14个变量中有7个变量通过了显著性检验。共有户主特征和资产特征两大类7个因素对农户的生活消费性贷款需求有显著影响，而户主的家庭特征等 7 个变量未通过显著性检验。具体说明如表 3－13 所示。

表 3－13　　生活消费性贷款需求影响因素估计结果

因素种类	变量	系数
农户的户主特征	户主年龄（X_1）	－0.0249*** （－3.47）
	户主性别（X_2）	0.9489** （2.00）
	受教育程度（X_3）	－0.1402*** （－5.26）
	社会资源（X_4）	1.4301*** （7.54）
	个人威望（X_5）	0.1545*** （2.71）
	性质（X_6）	－0.4931（－1.42）
农户的家庭特征	家庭人口（X_7）	－0.1490（－1.38）
	家庭劳动力（X_8）	－0.1192（－1.91）
	田地亩数（X_9）	0.4310（1.10）
	所在区域（X_{10}）	－0.0709（－0.91）
农户的资产特征	家庭纯收入（X_{11}）	0.1365*** （11.71）
	家庭资产（X_{12}）	0.0610*** （16.44）
	家庭负债（X_{13}）	0.0097（0.69）
	收入来源（X_{14}）	－0.1358（－0.82）
LR χ^2（14）	689.40	
Log likelihood	－978.0406	
Pseudo R^2	0.4606	

注：括号内为 z 值，*** 表示 1% 的显著水平。

通过对表 3－13 的分析，可得出以下结论：

（1）农户的户主特征中，户主性别、拥有的社会资源和个人威望均对农户生活消费性贷款需求有显著的正向预测作用，即户主性别为男性、拥有的社会资源较多和个人威望较高的农户生活消费性贷款需求较旺盛；而年龄和受教育程度对农户生活消费性贷款需求有显著的负向预测作用，即年龄越大、受教育程度越高的农户生活消费性贷款需求越小。可能的解释是户主为男性的农户在家里起主导作用，男性更倾向于通过生活消费满足家庭所需，以证明自己在家中的主导位置，拥有社会资源越多和个人威望越高的户主交际面较广，消费开支较大，因此该种贷款需求旺盛；年龄越大的农户其生产经营越稳定，自有资金充足，趋于保守，不愿通过贷款去消费；受教育程度越高的农户一般资金实力雄厚，有长远规划，一般自有资金即可满足家庭生活消费需求，因此其生活消费性贷款需求不旺盛。

（2）农户的家庭资产特征中，家庭纯收入和家庭资产均对农户生活消费性贷款需求有显著的正向预测作用，即随着农户家庭纯收入和家庭资产的增加，其生活消费性贷款需求越旺盛。究其原因，可能是由于农户家庭纯收入和资产不断提高，对未来预期较好，消费欲望强烈，故而其需求较旺盛。

统计结果中各变量系数绝对值的大小反映了其对模型的影响程度，绝对值越大，说明改变变量时对农户生活消费性贷款需求的影响程度越大。从表4－13可知，估计因素中按照影响程度由大及小依次是社会资源、户主性别、威望、受教育程度、家庭纯收入、家庭资产和户主年龄。

四　农户混合性贷款需求的影响因素

（一）　一般描述统计分析

针对农户混合性贷款需求的影响因素，本书选取2012年调查的户主特征、家庭特征、资产特征等14个变量，通过统计发现，农户的户主年龄、家庭人口、受教育程度、家庭纯收入、家庭资产和社会资源6个变量对农户混合性贷款需求影响较大（见表3－14）。

表3－14　　混合性农户贷款需求的主要影响变量

影响变量	变量细分	混合性贷款需求		有贷款需求		总户数（户）
		户数（户）	贷款需求占比（%）	户数（户）	总户数占比（%）	
户主年龄	30岁以下	42	42.86	98	17.59	557
	31—49岁	455	83.79	543	45.75	1187
	50岁以上	119	39.53	301	31.95	942

续表

影响变量	变量细分	混合性贷款需求		有贷款需求		总户数（户）
		户数（户）	贷款需求占比（%）	户数（户）	总户数占比（%）	
家庭人口	2人以下	66	43.14	153	28.23	542
	3人	208	58.43	356	32.13	1108
	4人以上	342	78.98	433	41.80	1036
受教育程度	6年以下	97	38.96	249	34.20	728
	7—9年	217	61.82	351	29.03	1209
	10年以上	302	88.30	342	45.66	749
家庭纯收入	1万元以内	81	42.86	189	57.98	326
	1.1万—2.9万元	262	60.65	432	24.09	1793
	3万元以上	273	85.05	321	56.61	567
家庭资产	10万元以下	75	45.18	166	38.88	427
	11万—19万元	208	63.80	326	23.94	1362
	20万元以上	333	74.00	450	50.17	897
社会资源	有	378	92.20	410	71.68	572
	无	238	44.74	532	25.17	2114

资料来源：根据调查数据整理所得。

1. 农户的户主年龄对混合性贷款需求的影响

在中国农村，不同年龄阶段的农户有不同的家庭责任，在笔者的调查中得出，30岁及以下的户主主要是成家立业，家庭负担较轻；31—49岁的户主主要是养儿育女、赡养老人，家庭负担较重；50岁以上的老人开始准备养老、照看孙子，有一定负担。因此，本书把户主年龄分为30岁以下、31—49岁和50岁以上三个阶段。由表3-14可以看出，31—49岁的贷款总需求最多，但其他年龄阶段贷款需求相对较少；农户的混合性贷款需求在31—49岁这个阶段户数最多，且占比较高，达到83.79%，而其他阶段不仅需求户数较少，占比也较低，分别为42.86%和39.53%。推测其原因：一是由于30岁以下的户主比较年轻，家庭负担轻，往往只有一种贷款需求；二是31—49岁的户主具备一定的经济实力，但是，家庭负担逐渐加重，既有生产经营增加收入的动力，又有生活消费满足家庭成员的压力，因此混合性贷款需求比较旺盛；三是50岁以上的户主多数已有较好的经济基础，求稳养老的心态比较重，除了一些必要的消费外则尽量压缩开支，因此贷款用途比较单一。

2. 农户的家庭人口对混合性贷款需求的影响

本书按家庭人口数将农户分为2人以下、3人和4人以上三种情况。由表3-14可以看出，随着家庭人口数量的增加，有贷款需求的农户逐渐增加，占比也相对增加；同时在混合性贷款需求方面也出现同样变化，家庭人口为2人以下、3人和4人以上的混合性贷款需求户数分别为66户、208户和342户，分别占43.14%、58.43%和78.98%。据笔者分析，造成该现象的主要原因有三个：一是由于2人以下的家庭多为刚结婚的户主，经济压力较小，贷款需求要么是生产经营或创业，要么是生活消费，追赶潮流，很少有两者兼顾的年轻户主；二是3人家庭往往由于孩子的出生，经济压力凸显，投资和消费的需求都有，虽然靠贷款资金去投资和消费的比例虽有所增加，但是，增加幅度不大，因贷款利率较高；三是4人的家庭往往经济实力较强，驾驭资金的能力增强，但是，面临各方面的投资和消费的压力较大，因此，既要投资进行再生产，又要增加消费，满足家庭成员需要。

3. 农户的受教育程度对混合性贷款需求的影响

农户的受教育程度一般分为小学（6年）以下、初中（7—9年）和高中或中专（10—12年）以上三种情况，因此本书将农户的受教育程度分为6年以下、7—9年和10年以上三个阶段。由表3-14可以看出，6年以下和10年以上的贷款需求户数占比较高，而拥有众多初中学历的农户贷款需求户数占比较低；但在混合性贷款需求方面则出现随着受教育程度提高需求户数增加的趋势，且户数占比增加较快，不同受教育程度农户户数和占比之间的差距较大。据笔者分析，造成该现象的主要原因有两个：一是由于受教育程度较低和较高的人往往很有思想，有闯劲，对生活和投资精打细算，因此对贷款需求相对来说比较旺盛，但处于多数的受初中程度教育的农户则比较安于现状，资金需求相对较少；二是随着农户受教育程度的提高，其知识面得到拓宽，能力得到提升，其更懂得理财，更加注重资金相互周转使用的方便性，因此混合性贷款需求的意愿更为强烈。

4. 农户的家庭纯收入对混合性贷款需求的影响

随着农村经济的较快发展，农户的家庭纯收入也得到较快增长，样本中高密地区农户的人均收入已经过万元，因此，为便于细分，本书把农户家庭纯收入分为 1 万元以内、1.1 万—2.9 万元和 3 万元以上三个阶层。由表 3 - 14 可以看出，收入较高或较低的农户贷款需求户数占比较高，而中间阶层的贷款需求户数占比较低，仅有 24.09%；但混合性贷款需求未出现类似情况，且占比是随着收入的增加而提高，即收入较低的农户混合性贷款需求占总需求户数的比例低，收入较高的农户混合性贷款需求却占总需求户数的比例高。对此现象笔者事后专门找到相关的农户进行详细了解，其原因如下：一是收入较低的农户往往有生产经营或生活消费某一急需的问题尚待解决，但是，由于贷款利率相对较高，是用得起还不起，更多的是求助于亲朋好友；二是收入较高的农户资金管理和投资机会均较多，而且消费水平也较高，其投资的收益远远大于贷款的利率，且这部分农户边际消费倾向较高，消费需求比较旺盛，因此混合性贷款需求比较旺盛。

5. 农户的家庭资产对混合性贷款需求的影响

在此次调查中，农户的家庭资产主要包括房屋、生产工具及设备、存款等方面，由于宅基地和田地尚不能自由流转，因此其价值未在家庭资产之内。通过调查发现，农户的家庭资产在 10 万元以下和 20 万元以上的户数非常少，因此将家庭资产分为 10 万元以下、11 万—19 万元和 20 万元以上三个阶段。由表 3 - 14 可以看出，家庭资产较低和较高的农户的贷款需求户主占比均较普通家庭资产农户的高，而其混合性贷款需求情况与受家庭纯收入的影响类似，混合性贷款需求户数占比随着家庭资产的增加而提高，户数和占比分别为 75

户、45.18%，208户、63.80%，333户、74.00%。究其原因：一是资产较多的农户家庭比较富裕，所掌握的投资机会较多，对资金的利用率也比较高，因此更偏好于使用混合性用途的贷款；二是资产较少的农户更多的是生活消费性贷款需求，解决其生存问题，没有能力去从事收益较高的生产经营活动，因此混合性用途的贷款需求户数相对较少。

6. 农户拥有的社会资源对混合性贷款需求的影响

建立在亲缘与业缘基础上的农户拥有的社会资源在农村信贷资金的配置过程中发挥了“特质性”资源的作用，同样拥有社会资源较多的农户其贷款需求也非常值得关注。本书中农户拥有的社会资源的有无主要看其亲朋好友是否有在村中任职、亲朋好友中是否有公务员、是否有亲戚朋友在银行上班、户主在村中的个人威信，等等，如其社会资源较多较强则认为其有社会资源，否则便是无社会资源。由表3－14可以看出，有社会资源的农户贷款需求户数较多，占比较高，分别达到410户、71.68%，而且混合性贷款需求的户数及占比均较高，分别为378户、92.20%，无社会资源的农户贷款总需求和混合性贷款需求则相反，并形成鲜明对比。其原因是拥有社会资源的农户因为综合实力较强，机会较多，投资能力较强，对未来收入预期较高，消费能力较强，因此同时拥有两种用途的贷款需求户数都很旺盛；没有社会资源的农户往往比较贫困，生产和生活中都需要资金支持，但是，由于利率相对较高，致使其对贷款望而却步，因此其混合性贷款需求的意愿不高。

（二）实证分析

本书按照上文建立的Logistic模型，运用Stata 12.0软件对农户混合性贷款需求的影响因素进行分析。结果显示，14个变量中有8个变量通过了显著性检验。户主年龄、家庭收入和社会资源等8个因素对农户的混合性贷款需求有显著影响，而户主性别、性质等6个变量未通过显著性检验。具体说明如表3－15所示。

通过对表3－15的分析，可以得出以下结论：

表 3-15　　混合性贷款需求影响因素估计结果

因素种类	变量	系数
农户的户主特征	户主年龄（X_1）	-0.0329*** （-4.25）
	户主性别（X_2）	0.4341（1.03）
	受教育程度（X_3）	-0.0852*** （-3.10）
	社会资源（X_4）	1.5265*** （8.16）
	个人威望（X_5）	2.2688*** （14.69）
	性质（X_6）	-0.2912（-0.80）
农户的家庭特征	家庭人口（X_7）	0.0638（0.60）
	家庭劳动力（X_8）	-0.0391（-0.37）
	田地亩数（X_9）	-0.0497（-1.25）
	所在区域（X_{10}）	-0.2315*** （-2.84）
农户的资产特征	家庭纯收入（X_{11}）	0.2739*** （13.34）
	家庭资产（X_{12}）	0.0661*** （15.79）
	家庭负债（X_{13}）	0.0307** （2.12）
	收入来源（X_{14}）	0.1740（0.99）
LR χ^2（14）	1190.94	
Log likelihood	-850.8697	
Pseudo R^2	0.6117	

注：括号内为 z 值，**、*** 分别表示 5% 和 1% 的显著水平。

（1）农户的户主特征中，社会资源和个人威望均对混合性贷款需求有显著的正向预测作用，即拥有的社会资源越多和个人威望越高的农户混合性贷款需求越大；户主年龄和受教育程度均对混合性贷款需求有显著的负向预测作用，即年龄较大和受教育程度越高的农户混合性贷款需求越小。可能的解释是拥有社会资源越多和个人威望越高的户主能力较强，拥有的投资机会较多，对未来预期较好，敢于消费，因此混合性贷款需求旺盛；年龄越大的农户其生产经营稳定，自有资金充足，除非突发重大资金短缺问题，不愿通过贷款去投资或消费；受教育程度较高的农户有两种：一种是能力较强已经融入城市生活；另一种是能力较弱在农村也没有较大发展，虽然理论水平较高，但闯劲不足，更不愿冒险使用贷款去投资和消费，因此其混合性需求不旺盛。

（2）农户的家庭特征中只有所在区域对农户混合性贷款需求有显著的负向预测作用，其他变量均无预测作用，即农户所在地区越发达，其混合性贷款需求越小。究其原因，可能是越发达地区农户越富裕，其资金相对充足，因而往往需求更加明确，即生产经营性或生活消费性需求；而贫困地区农户资金短缺，生产经营性和生活消费性资金需求都很旺盛。

（3）农户的家庭资产特征中，家庭纯收入、家庭资产和家庭负债均对农户混合性贷款需求有显著的正向预测作用，即随着农户家庭纯收入和家庭资产的增加，其混合性贷款需求越旺盛，家庭负债越多的农户越想从信用社贷款，这与一些学者的认识相反。究其原因，可能是由于虽然农户家庭纯收入和资产越高的农户，其能力往往越强，未来预期较好，投资和消费能力较强，故而其混合性需求较旺盛。

统计结果中各变量系数绝对值的大小反映了其对模型的影响程度，绝对值越大，说明改变变量时对农户混合性贷款需求的影响程度越大。从表 3 - 15 可知，估计因素中按照影响程度由大及小依次为个人威望、社会资源、家庭收入、所在区域、受教育程度、家庭资产、户主年龄和家庭负债。

第五节　农户贷款需求满足度分析

针对农户贷款需求的满足度，许多学者通过对农户的调查数据分析认为农户贷款需求的满足度不高。但也有学者对此持不同意见，如钟春平（2010）等通过对安徽省 1600 户调查，运用 Logistic 模型分析得出，大部分农户的信贷需求可以得到满足。究其原因：一是调查方法的原因，多数学者仅仅通过询问农户的贷款需求是否获得满足来分析其需求的满足度，该调查方法过于简单，对农户是否有贷款需求未进行有效分析，甚至许多没有贷款需求的农户也被认为贷款需求的满足度较低；二是对数据统计的路径偏差，贷款需求的满足度多数以获得贷款需求满足的农户数除以有贷款需求的农户数来衡量，但有贷款需求的农户并不一定就是有效贷款需求，如有些家庭资产较低、收入较低或信用较差的农户不仅正规金融机构不会向其提供贷款，而且非正规金融机构也不会向其提供贷款，这种因自身原因而无法获得贷款的农户的贷款需求应被视为无效需求，因此，由于统计路径的偏差往往导致贷款需求的满足度较低。为此，笔者在借鉴以往研究和一线工作的基础上，对农户贷款需求满足度的测量进行有益的探索。

一　农户借贷来源的比较分析

农村中农户的借贷来源主要有两种途径：一是通过农村的外生金融机构；二是依赖于农村中的内生金融组织。所谓内生金融（非正规金融），是指在客观供求刺激下民间自发组织形成的"为民间经济融通资金的所有非公有经济成分的资金运动"，如个人借贷、私人钱庄、合会等（姜旭朝、丁昌锋，2004）；相应地，所谓外生金融（正规金融）是指由政府自上而下设立，安排并由正规金融机构主导的一种资金运动。我国农村外生金融机构主要是指中国农业银行、中国农业发展银行和现今的农村信用社（张杰，2003）。目前，中国农村外生金融"失灵"表现为：（1）农业银行由于市场定位的变化，原来农村金融的主导地位不复存在；（2）农业发展银行资金来源不足，业务单一，政策性金融作用有限；（3）农村信用社组织形式单一、融资能力较差等弱点显著；（4）邮政储蓄银行在农村存贷比较小，成为分流农村资金的主要渠道；（5）农业保险业务逐渐萎缩，风险补偿机制不健全。而受到国家政策抑制的各种自发产生的农村内生金融组织却满足了农户的大部分金融需求。农村外生金融与内生金融究竟哪一个更能满足中国农户的融资需求？对此，笔者根据上述对农户特征的分析对两者做出比较。

农户的借贷需求很大程度上影响着其贷款来源。从农户的产出与消费特征可以得出农户的贷款需求大致分为生产经营性借贷（投资金融）、生活消费性借贷（吃饭金融）和混合性借贷（两者兼有）。对于农户的生活消费性借贷，外生金融机构常常表现为"惜贷"。单从农户这一视角而言，外生金融机构这种“惜贷”的原因主要是农户缺少有效抵押物，在土地租约的转让还未得到政府认可的现状下，农户可用于抵押担保的资产十分有限，住房成为主要的抵押物。而农户贷款违约而对其住房的剥夺，因执行上受到社会道德和基本生存问题的困扰，外生金融机构不愿采用住房抵押贷款的方式。同时，农户又找不到其他有效的担保物。相比之下，内生金融组织能够较好地满足农户的生活消费性贷款。中国农村社会的乡土意识与家庭圈层结构决定了他们在相当长的时期内仍会认同与依赖传统的借贷渠道和方式。张杰（2003）认为，对于中国绝大多数农村社会特别是中西部农村地区，小农借贷所遵循的是这样一种逻辑次序，即在农业收入不足以维持生计时寻求以非农收入为主的家庭内援融资，如家庭预算仍然存在缺口，就去寻求外援融资，外援融资的次序是，首先在家庭圈层内寻求友情借贷，其次则谋求国家的信贷支持。农户在长期的共同生活中建立起了利他主义和相互信任的关系，在抵押品不足的情况下，农村中的这种关系型信用通常具有相互提供担保的特征。借款农户实际上支付给贷款农户的是另一种成本——人情。这种“人情”成本既具有弹性，同时也具有联结借贷双方的作用。其原因是：农户生活中的经常性风险也会导致贷款农户遇到困难，这时借款农户出于对所借资金的“感激”和“回报”，就会积极主动地帮助贷款农户渡过难关。

金融业的正常发展离不开对成本—收益的比较。作为商业性的金融机构，营利性更是其经营目标之一。如果农村中的金融机构长期亏损，就会失去竞争力，除非得到国家的政策补贴，否则就必须收取极高的利率才能维持生存，而现在中国的金融机构提高利率的权限有限。农村中贷款成本过高，金融机构就会更加“惜贷”，农户贷款需求的抑制现象会更加严重。农村中金融机构对农户的贷款成本主要来自运营成本和信息成本两个方面。显而易见，在农村地区外生金融机构的运营成本是非常高昂的。这是因为农村的每一笔信贷的额度都很小，而相对应的贷款成本则是一个比较固定的数额。这样就无法形成金融业务应该有的规模效应。而无法从规模效应中得到成本降低，就必然带来高运营成本。高运营成本的另一个主要来源是农村金融领域薄弱的基础设施建设。这些基础设施包括基本的通信、网络、交通等设施。相比之下，农村中的内生金融的运营成本则很低。由于农户中的集体主义和利他主义，很多内生金融基本上不以营利为目的，而是一种互助性的融资方式，形式多样，没有外生金融机构那样多的设施费用。信息成本主要来源于收集、使用信息和评估信息价值的成本。在农村地广人稀，一个地区内的外生金融机构为了获得借款人翔实可靠的信息是不可能的，而且他们对之缺乏动力。收集信息的成本高昂，使用这些信息的成本也很高昂。由于农村缺乏发达的信息网络，使各金融机构之间的信息交流变得异常困难甚至不可行，这样借款人就有可能利用这种缺陷损害外生金融机构的利益。这种信息上的劣势使外生金融机构进一步强化其信用配给，使农村金融服务成为一小部分群体享用的“奢侈品”。相比外生金融的无力，内生金融却有极大的优势。内生金融活动常常发生在亲戚、朋友、乡亲和邻里等非常熟悉的人们之间。中国的农村在很大程度上还是一个以家族为单位结合起来的经济体，在这个关系网中信息的传递非常便利而且具有社会联系纽带的作用。也就是说，在一定的地域范围内，农户之间的信息和信用状况已经事先存在于当事人双方，而无论贷款行为发生与否。这种状况的存在实际意味着外生金融所必须进行的贷款前调查以建立信贷关系的费用在内生金融里是不存在或者相当低的。在内生金融的借贷中，外生金融所必需的这种费用是内化于当事人大量平常的生活中的，这就大大分担了内生金融安排中的信息成本。

任何贷款都会有贷款损失的风险，农村中外生金融和内生金融各自面临风险是不完全一样的，而且发生风险的可能性也不同。农村中外生金融机构所面临的风险主要是“策略性赖账”风险，即表现为农户依靠政府部门的“策略性赖账”。在中国一些较为边远、贫穷的农村地区，金融体系的信贷资金实际上起到的是“扶贫款”的作用。借款人明明知道还不上却仍然要借，因为他们预期这笔款项是不需要偿还的。地方政府部门认为，由农户出面借这种带有扶贫性质的贷款可以获得完全财政性质的资金来源。所以，一些地方借贷成为一项任务，是必须完成的任务而不管借款人主观上想不想借钱、他有没有能力偿还。这实际上属于一种地方政府和农民的“合谋”。这种“合谋”可以将风险转移，也就是说，资产状况不良的风险交给国家来承担，而收益则由地方政府和农户共享。农村中内生金融所面临的风险可以从农户的特征入手进行分析。农户之间依靠血缘和友情而形成的关系型信用具有“自我履行”的特征。农村中的借贷农户双方之间存在频繁的经济关系，他们之间进行的近乎是无限次的重复博弈，如果借款农户赖账不还，贷款农户就会永远终止与借款农户的经济关系。更重要的是，在村落社会中借款农户的潜在违约面临着惩罚的扩大效应，其违约情况会被贷款农户以“闲言碎语”的方式加以传播，借款农户的“恶劣行径”就会成为整个村落的共同信息，从而使潜在违约面临着惩罚的扩大化的威胁。考虑到潜在的违约成本，作为理性人的借款农户就会选择自我履行还款义务，这就意味着关系型信用一般地具有自我履行的特征。换言之，关系型信用较好地利用了农户之间的社会信息资源，可以有效地消除“逆向选择”和“道德风险”（刘朝晖、徐丽，2005）。

二 农户借贷需求的满足分析

基于制度信任的现代金融无法突破我国农村社会的家庭圈层结构与信任“差序格局”，纯粹的商业借贷在我国大部分农村缺乏存在的信任基础。非制度信任体现农村经济主体横向信用联系的内生金融是满足农户金融需求的有效途径，无论其是合作性质还是商业性质的。国家纵向的政策性、商业性农贷只能是补充形式。非正规金融合法化、规范化是内生金融生成的基本途径，但是，特别要警惕政府的不恰当介入而异化其信用机制。

（一）农户融资困境的本质是信用困境，现代金融框架满足不了“理性小农”的融资需求

我国的农村社会是围绕家庭组织构建的圈层结构，并形成了农村社会以自己为中心由近及远外推的信任“差序格局”。在我国农村，由于不存在常规性的“家庭外”社会保障体系，家庭在很大程度上对家庭成员提供着保护以抵御所面临的不确定性。这就意味着家庭圈层结构仍然是一个相当有效的保险制度。重要的是，我国农村家庭及其

圈层结构的保障功能在短时间内难以改变，而且也没有必要对其进行强制性变迁。我国现存农村家庭制度实际上是人们长期权衡了废存的机会成本之后的一种理性选择。只有当财富与收入提高到某种水平时，人们之间的相互依赖才会下降，农村家庭及其圈层结构的保险功能也会随之消退。即便是农民的收入水平有了提高，由“生存小农”成长为“理性小农”，能够提出正常的信贷需求，但是，纯粹的商业借贷一般也无法突破圈层结构的障碍。即使是在我国的许多城市甚至是许多发达地区的城市，家庭熟人及其圈层关系的作用也显然没有消退，而是与其市场行为并行不悖，更何况是在由农村家庭交织而成的广大农村。由此可见，纯粹的商业借贷在我国大部分农村缺乏存在的信任基础。农户的金融困境，从根本上讲，是一种信用困境，根源是农户与正规金融处于不同的信用系统中。正规金融是建立在制度信任基础上的，是以契约关系作为其运作的主要机制；而植根于我国农村的家庭圈层结构决定了农户可以依赖的融资方式只能内生于农村的非制度信任中，以血缘、亲缘、地缘关系作为其主要维系纽带。因此，我国农户处在内生于家庭圈层结构的非制度信任体系之中，其正常资金需求只能依赖于关系型信用。

（二）合作金融才是“生存小农”的消耗性贷款的主要来源，国家政策性农贷只能是补充形式

农户的融资有两个渠道：一个是在家庭农业收入不足以维持生存时，采取务工、经商等方式赚取非农收入；另一个就是借贷。通常来说，大部分农户的借贷需求是救助性（即消耗性）的而非商业性的。救助性借贷的提供，除了借助熟人，就要依靠政府。从总体上看，一方面，国家对农户的政策性信贷支持总是有限的；另一方面，大多数资金充足的农户对资金缺乏农户的友情借贷数量也是有限的。如果存在一种合适的金融组织，连接资金充足农户与资金缺乏农户之间的救助性信贷供求，但是，在我国农村经济中，这样的机构因长期得不到重视而不能很好地生存与发展。这种金融组织就是合作金融。尽管农村信用社经历数次整顿和改革，合作制的属性已所剩无几。然而，这并不等于说我国农村不需要合作金融。国际经验表明，即使是在发达

国家，合作金融仍然是金融体系重要的组成部分。合作金融的必要性和生存发展的空间在于弱势群体可以通过团体合作、资金联合的方式实现互助，解决单个社员不易解决的经济问题，提供一种直接面对客户，信贷交易成本较低（一般无须抵押、担保），授信额度较小的融资方式。具体分析我国“三农”现状，尤其需要合作制的存在和发展。我国农村信用社制度变迁是外生的自上而下的政府供给行为。这种方式虽然降低了制度变迁的时间成本和摩擦成本，但制度供给却难以满足微观金融主体的需求，金融资源配置效率较低。只有内生的发端于广大农户之间自主金融交易的合作制度安排才能真正满足农村金融主体的需求。它不是出自任何个人的设计，而是源于市场上人们的互动。在人们互动的过程中集聚、编码并传播信息，降低人们之间的协调成本，这种制度安排可称为内生诱致性市场交易，也就是广大农户通过自主、自愿、互济合作的原则自发形成的金融合作组织。它能充分利用血缘、亲缘、地缘及人缘的优势建立“关系型融资”借贷，有效地克服信息不对称问题，而且借贷条件灵活，利率随行就市，能很好地适应农村个体经济和小规模经济在资金需求上的分散、灵活、方便的特点。农村的金融需求本来应该是农村信用社正确定位的基点，但是，由于信用社既得利益的存在，政府和信用社之间合作制规范博弈的纳什均衡使得信用社抵制合作制规范以及政府放弃合作制规范；政府和农民之间合作制规范博弈的纳什均衡使农民不参与合作制规范以及政府放弃合作制规范。因此，我国的农村合作金融必须另辟蹊径。内生的农村合作金融是一个市场自然选择过程，随着市场力量的增强和制度约束条件的改变，会逐渐打破外生的政府强制性制度安排的路径依赖，最终外生的政府强制性制度安排会被内生的诱致性市场交易制度所替代。

（三）政府介入非正规金融的发展可能会异化其信用机制

在我国农村金融领域中，农业银行的脱农化、农村信用社的商业化导致了一些问题的产生。究其原因，主要是政府越位，以政府目标替代了金融机构目标，将金融机构变成支持其目标的“资金吸纳器”。我国农户内生性信贷制度的构建应体现自主性与内生性原则。政府的主要职责应是“开放市场”“制定规则”与“监督运行”。基于以上逻辑，构建以民间资本为依托的农户内生性信贷体系是切实可行的策略。适应农户需求的金融中介机构一般是内生于这种经济自身的。由于这种金融中介机构是由农村内部的资金供求催生的，因此不会损害其内源融资机制，从而也就不会刚性依赖。以民间资本为依托建立的民营金融机构可以更好地把握农户的真实意图。民营金融机构依托当地民间资本而建立，对当地农户非常熟悉，特别是一些不易为外人所熟悉的资金需求信息，他们能以更低的成本获得这些信息和对农户发展前景的把握，出资者才能与农户建立长期的关系型融资关系，在农户最需要资金支持时及时到位。内生性的金融机构一开始可能具有非正规制度安排的性质，从表面上看，有时表现得杂乱而无序。但其内在的机制则是最为有序的、因为农户本身的产权结构决定了由此产生的制度安排包含着相互的约束。显然，鼓励（至少不抑制）内生性金融机构的产生与发展，是使农户走出金融困境的正确选择。在这一过程中，要特别防止把外生性中小金融机构与内生性的民营金融中介机构混同。理论界有一种观点认为，农户融资困难的原因是国家对一些非银行金融机构和基层小金融机构进行了清理与整顿，因为农户所需资金主要是由这些机构提供的。事实上，国家清理掉的大部分金融机构是外生性金融机构，而这些金融机构不会为农户的发展提供太多的金融支持。

三　农户贷款需求的满足度分析

农户贷款需求的满足度主要是指农村信用社对农户贷款需求的满足程度，主要有不能满足、部分满足和完全满足三种情况。本书首先通过对山东省三地区2686户农户贷款需求调查，如图3－7所示，农户填写有贷款需求的为1476户，无贷款需求的为1210户，然后对有贷款需求的农户进行进一步访谈与分析，有许多农户虽然填写有贷款需求，但其没有翔实贷款的用途或提供有说服力的贷款需求证明材料，甚至事后访谈时有的农户说当时是看到别人填有贷款需求自己才填写有贷款需求的，通过事后分析，我们发现，有466户农户存在虚假贷款需求，而真实有贷款需求的农户为1010户。而在有真实贷款需求的农户中，我们又发现，有些农户因贫困或存在重大不良信用记录等原因致使贷款需求无法得到满足，即任何正规或非正规金融机构均不会向其提供贷款，该类无效贷款需求农户有 68 户，而有效贷款需求农户为 942 户，本书认为，研究农户贷款需求的满足度应该针对这部分有效贷款需求农户，研究非有效贷款需求农户的贷款需求满足程度没有现实意义。调查数据显示，有 505 户农户的贷款需求完全满足，有 230 户农户的贷款需求部分满足，贷款需求完全不能满足的农户为 207 户，因此可以说，农户贷款需求完全满足程度达到 53.61%，如果再加上部分满足的农户，满足程度则达到 78.03%（见图 3－6）。

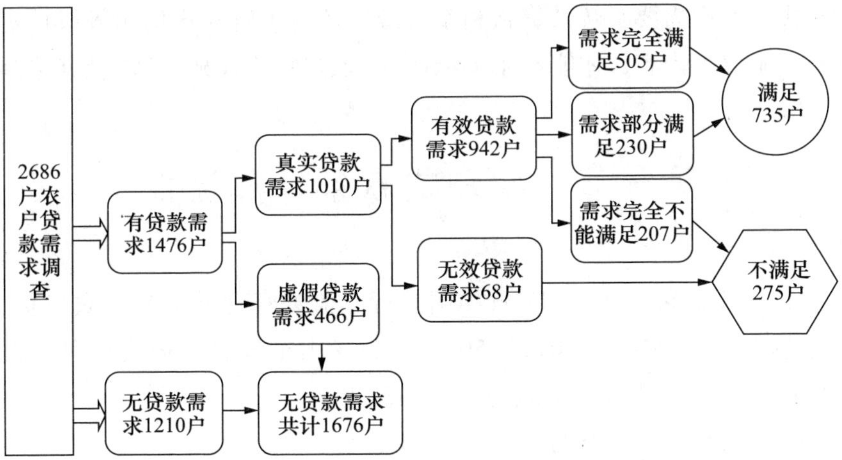

图 3－6　农户贷款需求满足度的分析路径

第四章　农户贷款流程探析

农户的贷款需求比较旺盛，而且农户贷款的满足度较高。在农户贷款实施的过程中，只有深入了解其流程才能对农户贷款进行全面分析，并对农户贷款行为进行深入探讨。了解农户贷款流程首先要了解农户贷款种类，其次需要了解其贷款利率，最后还需了解农户信用等级评定。只有了解以上内容，才能更加深入地探析农户贷款状况、诉求及其选择。

第一节　农户贷款条件和流程

本书以2012年9月17日中国银行业监督管理委员会《农户贷款管理办法》（银监发〔2012〕50号）和《山东省农户贷款管理办法》为依据，重点介绍农户贷款的条件和流程。

一　农户贷款的条件

（一）申请贷款基本条件

（1）农户贷款以户为单位申请发放，并指明一位成员为申请人，申请人应当具有完全民事行为能力，且为中国公民；

（2）农户的户籍所在地、长期住所或长期经营场所在金融机构服务辖区内；

（3）贷款用途符合国家法律法规；

（4）贷款申请数额、期限和币种合理；

（5）借款人具备经济偿还能力，并有良好的还款意愿；

（6）借款人无重大信用不良记录；

（7）在所申请的金融机构开立个人账户；

（8）金融机构要求的其他条件。

（二）贷款用途

农户贷款用途必须符合国家法律法规，不得发放无指定用途的农户贷款。按照用途分类，农户贷款分为两种：一是农户生产经营性贷款；二是农户生活消费性贷款。农户生产经营性贷款是指金融机构发放给农户用于生产经营活动的贷款，包括农户农、林、牧、渔业生产经营贷款和农户其他生产经营贷款。农户消费贷款是指金融机构发放给农户用于自身及家庭生活消费，以及医疗、学习等需要的贷款。

（三）贷款种类

按信用形式分类，农户贷款分为信用贷款、保证贷款、抵押贷款、质押贷款，以及组合担保方式贷款。目前，山东省农户信用贷款已基本停止发放，保证贷款是主要贷款形式，其中联户联保贷款由于问题较多，现已经名存实亡，抵押贷款占比虽有所上升，但是，由于农户无有效抵押物品，因此所占比重并不大，质押贷款办理较少，主要是由于农户没有有效质押单据，因此本书中提到的农户贷款多数是保证人担保的保证贷款。

（四）贷款额度

山东省农信社根据借款人生产经营状况、偿债能力、贷款真实需求、信用状况、担保方式等因素，以县级联社为单位合理确定农户贷款额度，农户贷款额度即为农户贷款最高授信额度。截至 2012 年年底，多数地区农户贷款最高额度为 10 万元。

（五）贷款期限

山东省农信社根据农户贷款项目生产周期、销售周期等因素合理确定贷款期限，一般为半年、一年、三年，但在农户贷款使用过程中多为半年或一年，一是因为贷款时间越短则贷款利率越低；二是为控制风险，农信社很少发放一年期以上贷款。

（六）贷款利率

山东省农信社综合考虑农户贷款资金及管理成本、农户贷款风险水平、合理回报等要素以及农户生产经营利润率和支农惠农要求，合理确定利率水平。目前农户贷款利率一般在国家基准利率的基础上上浮 80%—100%，即年贷款利率一般在 10%—12%。

（七）还款方式

山东省农信社建立借款人合理的收入偿债比例控制机制，根据农户的申请确定贷款还款方式。农户贷款还款方式可以采用分期还本付息、分期还息到期还本等方式。原则上一年期以上贷款不得采用到期利随本清方式。目前，农户贷款多采取分期还息到期还本的方式，即每月还息，到期一次性偿还本金的方式。

二　农户贷款的流程

（一）贷款申请

当农户有贷款需求后，就近向辖区内农村信用社以书面形式提出贷款申请，并提供能证明其符合贷款条件的相关资料。

（二）贷前调查

农信社受理农户贷款申请后，要对贷款申请内容和相关情况进行调查核实，综合上述情况，形成调查评价意见。贷前调查应当深入了解农户家庭情况、经营情况等信息。严格执行双人实地调查制度，并与农户面谈面签，并做好相关影像记录。

（三）资料整理上报

农信社的客户经理根据借款人实际情况，对其进行信用等级评定，同时结合贷款项目初步确定授信金额、授信期限、贷款利率等，同时将资料上报审批审查。

（四）贷款审查审批

贷中审查主要是全面审查贷款调查内容的合规性和完备性，重点关注贷前调查尽职情况、借款人的偿还能力、诚信状况等。依据贷款审查结果，确定授信额度，做出审批决定，在办结时限以前将贷款审批结果及时、主动告知借款人。

（五）签订合同及颁发贷款证

对审批通过的贷款，应及时通知借款人签订借款合同，借款合同以审批结果为填写依据，其中规定最高授信金额、用途、期限等，并交由上级部门审核，通过后向农户颁发贷款证，贷款证是一次核定、随贷随用、余额控制、周转使用。

（六）贷款发放

借款人持贷款证、身份证等相关证明在柜台办理借款手续，并填写贷款支付申请书，签订借据，通过前台柜员审核后即可将贷款发放到事先约定的借款人账号中，借款人便可以按照事先约定使用该笔资金。

（七）贷后管理及贷款收回

建立贷后定期或不定期检查制度，首次贷后检查一般为 15 天以内，可采取实地检查、电话访谈等方式，对农户贷款资金使用、借款人信用等进行监控分析，确保贷款资金安全。贷款期间借款人要按时支付利息，到期后必须及时归还贷款。

农户贷款流程大同小异，其基本情况见图 4－1。

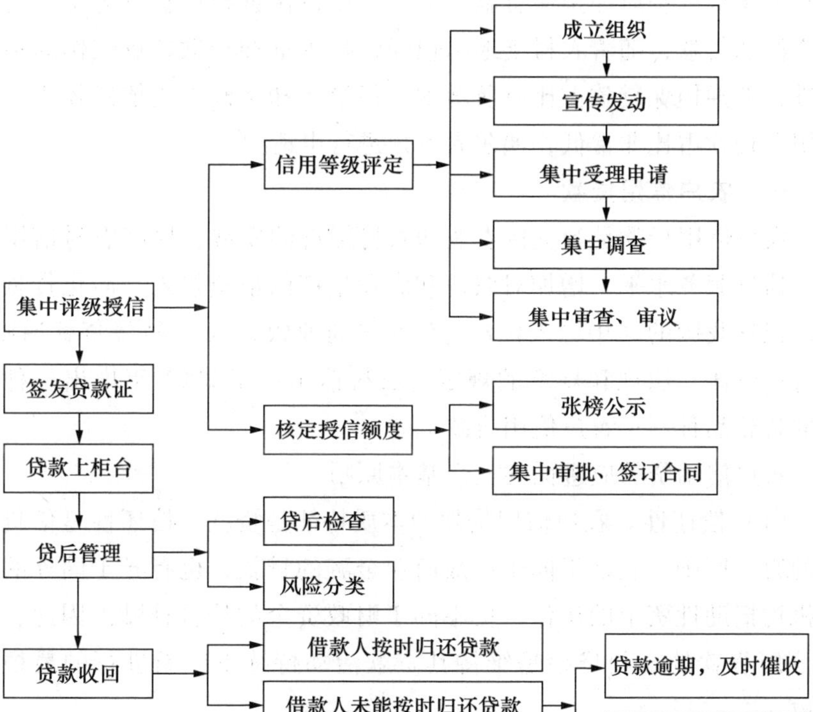

图 4－1　农户贷款基本流程

第二节 农户贷款种类

农户贷款可分为信用贷款和担保贷款。农户信用贷款是指农村信用社（如农商行、农村合作银行）为了提高农村信用合作社信贷服务水平，加大支农信贷投入，简化贷款手续，更好地发挥农村信用社在支持农民、农业和农村经济发展中的作用而开办的基于农户的信誉，在核定的额度和期限内向农户发放的不需要抵押、担保的贷款。它适用于主要从事农村土地耕作或者其他与农村经济发展有关的生产经营活动的农民、个体经营户等。农户担保贷款主要分为保证担保贷款、抵押担保贷款和质押担保贷款三类，其中以保证担保贷款为主，简称农户保证贷款，随着农村土地承包经营权等抵押贷款试点工作的不断推进，抵押担保贷款占比有所增加，但笔数和金额占比依然较小，质押担保贷款占比非常低，偶尔有农户进行申请。

一　农户信用贷款

农户信用贷款是为支持农业和农村经济的发展，提高农村信用合作社信贷服务水平，增加对农户和农业生产的信贷投入，简化贷款手续，根据我国的《中国人民银行法》《商业银行法》和《贷款通则》等有关法律、法规和规章的规定，农村信用社于 2001 年推出一种新兴的贷款品种——农户信用贷款。

农户信用贷款应遵循的七个基本原则。

（1）偿还性。农户信用贷款的本质特征是贷款，偿还性是信贷资金的第一原则。它既不同于一般商业金融的贷款，也有异于国外的一些机构捐助性资金的运作，更不同于财政资金的扶贫补贴。因此，农户信用贷款的高收贷率是维持其贷款活动持续不间断进行的最根本前提。

（2）信用性。农户信用贷款服务的基本对象是因贫困而缺少抵押物和担保人但诚信度较高的农户群体，如果沿袭商业金融的保证制度或采取变相的抵押担保方式作为贷款风险的控制手段，就不能体现农户信用贷款的基本特征，其服务性也就失去意义。

（3）投向性。农户信用贷款主要用于低收入农户种植业和养殖业的简单再生产和小规模扩大再生产的资金供给，以及他们小额的生活消费资金。因此，一般的农业生产企业、加工运输企业、工商贸易企业、乡镇企业和农业基础设施建设不是农户信用贷款的供给对象，农村信用社也不应凑零为整对一些已形成规模化和专业化农业生产经营企业发放农户信用贷款。

（4）方便性。商业银行发放贷款从申贷到放贷有一套较严格的程序和手续，农户信用贷款要做到“手续简便”，就要真正落实贷款证的总额控制、授期有效，随时存取、柜台办理的信贷承诺。

（5）自主性。农村信用社不仅是信用贷款的经营主体，更是贷款风险唯一承担者，按照决策和风险责任统一的原则，贷款授权的期限、利率、额度应由农村信用社做出最终的决策，其他行政主体不能干预，也不能在相关政策和制度上设置间接障碍。

（6）“三公性”。为防范信用贷款的风险和防止发放主体“内部人”控制，在对农户信用等级和贷款风险评估时要做到“公开、公平、公正”。由村党政组织、农户代表、信用社员工组成的评估小组符合农村实际且有利于“三公”，把评级“原则、标准、程序、条件”公开，有利于评估监督，有利于把非市场价格的资金合理均衡地配置到农村的低收入群体。

（7）量力性。山东各农村信用社的运作环境差异性大，资金供应关系很不均衡，有的地区农村信用社对负债依存度很高，但负债源又不足，资金供求矛盾突出。因此要按照各信用社负债能力和自身的资产规模量力而行，关键是要搞好集约经营，提高信用贷款的营销质量。

农户信用贷款由于无抵押或担保，风险较大，主要原因有五类。

（1）客观原因形成的风险。首先，农户信用贷款是基于农户信用发放的贷款，贷款本身从借款人方面就潜藏着“信用风险”，而一个人诚信度的高低与其道德修养是密切相关的，而道德标准是一个无形的东西，不能对其准确地实行量化，所以，信贷员要准确地把握成千上万农户的诚信度就是一项长期性、复杂性、艰巨性的工作。其次，农户贷款的用途主要是用于种植、养殖业的投入以及消费性贷款，而种养业又是弱质产业，农民又是弱势群体，农业受自然和市场的影响较大，存在较大的自然及市场风险。一旦出现自然灾害导致农业减产、农产品销售受阻，将直接导致农民减产、减收，还贷能力减弱。这些不确定性的风险一旦发生，农户贷款就难以清收或难以到期归还，这就将导致农业的自然及市场风险将直接转化为贷款风险。

（2）贷前调查流于形式。信用社信贷人员人力相对薄弱，有的网点甚至主任兼信贷员，而辖内农户成百上千，要对每户农户都做到详尽、细致的了解工作量可想而知，在短时间内很难完成。因此，面对农户经济档案的建立（年审）、信用等级的评定等涉及面广、工作量大、时间要求相对集中的专项工作，一些信贷员就不得不求助于村、组干部，甚至是不太了解辖内农户的内勤人员。由于村、组干部的介入以及内勤人员的参与，往往夹杂着个人主观主义、形式主义、人情因素，有的甚至凭空猜想，这就造成了信用等级评定标准不统一，给贷款额度核定带来了不准确性，不能准确地按农户的实际收入情况与资信状况评定其信用等级、核定其贷款额度。

（3）贷款审查存在漏洞。由于农户信用贷款实行“凭证发放、随用随贷、额度控制、周转使用”的办法，其发放大多由临柜人员办理，在办理贷款时严格坚持“两证”“三见面”的原则，而临柜人员对其贷款用途的真实性是无法加以严格考察的，这就造成实际上有些农户乱报贷款用途，而贷款后转借他人，形成顶名贷款；另一些借款人贷款根本没用于其正常的家庭生产、生活等，而是用于个人的不正常消费支出（比如赌博等），造成贷款到期不能按时归还，以致出现家庭纠纷，最终形成贷款风险。

（4）贷后检查监督机制不健全。贷后检查是贷款“三查”制度的重要环节，为降低贷款风险，提高资金的流动性、安全性、效益性，信用社应加强贷后检查工作。但“重发放，轻管理”的经营理念已在大部分信贷员脑中烙下了深刻的印记。一方面，农户信用贷款对象广、额度小、分布散、行业杂，所以工作量相对较大，而信用社信贷工作人员力量相对薄弱，这就削弱了对农户小额贷款的监管。另一方面，一些信贷员有“重企业，轻农户”的思想意识，认为贷后管理只适应于大额贷款，对小额农贷不适用。有的信贷员甚至认为，农户贷款金额小，形成贷款风险每户不过几千元或万余元。由于这些错误的观点再加上农民工外出的日益增多，所以，有些农户贷款后外出务工（有的甚至举家外出），多年不归，下落不明，这是造成农户信用贷款风险的一大重要原因。

（5）信贷人员素质低下，形成道德风险。由于农户信用贷款从建档、评级、授信、发证到最后放款都是人为操作的，加之有些信用社人员相对不足，所以，有些信贷人员利用人手不足、审查不严、操作上不规范等漏洞，搞人情贷款，自批自用贷款，假冒贷款，有的甚至给客户出主意化整为零，一户多证或一户多贷，形成实质上的“垒大户”，最终诱发贷款风险。

二　农户保证贷款

农户保证贷款是农户贷款的主要组成部分，其发放笔数占到农户总贷款笔数的95%以上，为此，本书将重点介绍农户保证贷款。按用途分类，农户保证贷款可以分为农户生产经营性贷款和农户生活消费性贷款（即个人消费性贷款）。

（一）农户生产经营性贷款

现结合《山东省农村信用社农户生产经营贷款管理办法》（2013版）及笔者多年一线农户贷款经验，总结农户生产经营性贷款如下：

1. 农户生产经营性贷款总则

为加强农户生产经营贷款管理，防范信贷风险，根据《中华人民共和国合同法》《中华人民共和国物权法》《中华人民共和国担保法》《农户贷款管理办法》等法律法规及《山东省农村信用社信贷管理基本制度》（以下简称《基本制度》）的有关规定，结合山东省农村信用社实际，制定农户生产经营性贷款办法。农户生产经营贷款是指县级联社、农村商业银行、农村合作银行（以下统称法人机构）向服务辖区内符合贷款条件的农户发放的，用于生产经营的本外币贷款。所称农户是指长期居住在乡镇和城关镇所辖行政村的住户、国有农场的职工和农村个体工商户。贷款的发放和使用应符合国家产业政策，适应当地经济发展需要，并遵循安全性、流动性、效益性的原则。实行信用等级评定制度，严禁向未评定信用等级的申请人发放信用贷款和保证担保贷款。评级结果是对客户准入退出、核定授信额度、利率定价等的重要依据。信用等级由高到低分 AAA、AA、A、B 四个等级。主要参考以下因素确定：（1）借款人基本情况，主要包括借款人性别、年龄、家庭人口、劳动力数量等；（2）生产经营状况，主要包括借款人从事生产经营行业、年限、技术水平等；（3）社会信誉状况，主要包括与邻里之间关系、诚信状况、受到村里评价等；（4）年净收入，主要包括家庭年净收入和人均年净收入；（5）资产负债状况及家庭财产状况，主要包括家庭资产、家庭负债、家庭净资产等；（6）自有资金情况，主要包括自有资金来源、自有资金金额、自有资金占比等；（7）贷款本息偿还情况，主要包括以往贷款本金归还情况和贷款利息归还情况。各级别的细化标准一般由各法人机构确定，对 B 级客户不得办理新增保证担保授信业务。信贷人员应向借款人、担保人详细讲解合同条款，双方的权利与义务，并做好面谈记录，面谈记录包括文字、图片或影像等资料。

2. 农户生产经营性贷款条件、期限、额度、利率及还款方式

（1）借款人应具备的基本条件：①年龄在 18 周岁（含）以上，具有完全民事行为能力、劳动能力或经营能力的中华人民共和国公民；借款人年龄加贷款期限原则上不得超过 65 年。②户籍所在地或固定住所（固定经营场所）原则上在法人机构服务辖区内。③贷款用途真实、明确、合法。④有合法、稳定的经济收入，具备还款意愿和还款能力；申请保证贷款的，自有资金（包括自身存款、已投入资金等，下同）与申请贷款金额的比例不得低于 40%；生产周期较长的项目要提高自有资金比例。⑤能够提供农村信用社认可的担保。⑥在农村信用社开立账户，自愿接受农村信用社的信贷监督和结算监督。⑦无重大不良信用记录（法人机构根据实际制定详细标准），或虽有过不良信用记录，但并非主观恶意且本次申请贷款前已全部偿还了不良信用；在邻里或同行中口碑良好，无不良生活嗜好，家庭和睦稳

定；信用等级在B级（含）以上。⑧其他家庭成员（如父母、配偶、未婚子女等）在农村信用社无生产经营贷款或有效授信。⑨其他条件，如生产加工类的必须有固定的生产加工场所和必要的生产加工设备，有丰富的生产加工经验，生产加工产品销售渠道畅通、价格稳定；种植类必须有依法获得从事种植所需的土地，承包他人的土地，须有承包合同，有种植经验和经营管理能力，产品市场价格稳定、需求旺盛，种植周期超过三年的项目，自有资金应达到50%以上。

（2）贷款期限。贷款期限根据借款人生产经营周期、综合还款能力等因素由借贷双方协商确定，原则上不超过三年。

（3）贷款额度。根据借款人的经营收入、净资产、信用等级、生产经营项目、综合还款能力等因素确定贷款额度。原则上生产户贷款额度最高不超过年净收入的两倍，种植户、养殖户贷款额度最高不超过年净收入的3—4倍，经营户贷款额度最高不超过年净收入的2—3倍，保证贷款原则上不超过80万元。

（4）贷款利率。贷款利率按照中国人民银行规定的基准利率和农村信用社利率浮动幅度以及有关利率定价管理制度要求合理确定。对信用度较高的农户实行利率优惠。

（5）还款（息）方式。根据贷款种类、期限以及借款人的实际情况，可与借款人约定采用一次性还本付息，一次还本、按期付息或分期还本付息等还款方式。中长期贷款实行定期结息，至少每半年一次还本，有条件的可按季度偿还。

3. 农户生产经营性贷款业务流程

（1）农户生产经营性贷款主要采用集中评级授信方式办理。法人机构应组织辖内信用社（支行）开展集中评级授信工作，原则上每年一次，可分批实施。对已授信的，做好集中年审工作。对于不适宜集中评级授信的客户，可进行单独评级授信。受理客户申请后，由A、B岗双人实地调查，对申请人的资产负债、还款能力和经营效益以及保证人、抵质押物等情况进行全面调查和分析，提出信用评定和授信方案初步意见。其贷款利率不得优于参加集中评定的同类客户。保证人与借款人不在同一居住地的，其信用等级由受理评级授信申请信用社（支行）的 A、B 岗双人实地调查评定。

（2）法人机构建立健全信用工程建设组织体系，负责辖内的评级、授信、日常管理及宣传发动等工作。法人机构成立以理（董）事长为组长的领导小组，负责领导全辖信用工程建设工作；信用社（支行）成立实施小组，负责辖内信用工程建设的宣传发动、组建村级初评小组、集中评级授信和日常管理等工作；村级初评小组可由信用社（支行）信贷人员、村“两委”成员以及种养大户、致富带头人、信用户等村民代表组成，具体负责辖内申请人信用等级、授信额度的集中初评工作。在信用评定的基础上，有条件的可组建农户联盟。按照“实事求是、稳步推进、质量第一、务求实效”的原则，引导主导产业发展好、贷款需求量大、农户贷款户数多的行政村自愿组建信用联盟；联盟会员数量不宜过多；信用联盟实行保证金制度，会员按照授信额度的一定比例缴纳保证金。

（3）农户生产经营性贷款业务基本流程：集中评级授信［受理申请、集中调查、审查（审议）、集中审批］→签订合同（核发贷款证/卡）→贷款发放→贷款支付→贷后管理→贷款收回与处置。

（4）集中评级授信。①受理申请。申请人及担保人应提供有效居民身份证、户口本（或其他户籍证明材料）、婚姻状况证明、共同还款人签署的共同还款承诺书及农村信用社规定的其他资料。②贷款调查。初评小组负责对所有申请人及担保情况集中进行调查。贷款调查以实地调查为主，间接调查为辅。A. 对申请人的调查内容：申请人基本情况及主体的合法性，借款户收入支出与资产、负债等情况，还款来源、还款能力、还款意愿及还款方式，用途的合法性、合规性及真实性，品行和资信状况，家庭及其成员基本情况，借款用途及预期风险收益情况，生产经营情况、发展前景及其他家庭成员负债情况；B. 对担保的调查内容：担保资格和代偿能力，品行和资信状况，保证人须对借款人有较强的约束力。③集中初评。初评小组根据调查情况对客户进行信用等级初评，形成具有明确意见的初评报告，主要包括申请评级授信理由是否属实、充分；用途是否合法、合规；担保是否符合规定；申请人收入情况及还款能力；申请人信用等级、授信额度及期限、利率浮动幅度等初步意见；信用社（支行）参评人员对初评结果的真实性负责，并及时将所有资料提交审查人员。④审查（审议）、审批。审查人员负责对相关资料的合法合规性、完整性，调查内容的全面性进行审查。重点关注调查人员尽职情况，并对额度、期限、利率等要素合规性的执行情况以及借款人还款能力、担保情况、风险程度等做出初步评价。对有疑问的，可向调查人员提出质疑，由调查人员负责解释，必要时可在调查人员陪同下进行现场审查。农户贷款的审查（审议）、审批流程实行差异化管理，涉及的具体权限及额度范围由各法人机构确定。

4. 农户生产经营性贷款合同（核发贷款证/卡）、发放、支付、贷后管理、贷款收回与处置

（1）对审批通过有资金需求的，与申请人签订有关合同。属周转性资金需求的，按照“一次核定、总额控制、随用随贷、周转使用”的原则向借款人核发贷款证/卡；贷款证/卡有效期与借款合同一致。贷款证/卡实行年审制度，根据客户的信用状况、生产经营情况等因素对其信用等级、授信额度、利率浮动幅度等进行动态调整；与借款人签订《个人借款合同》，与保证人签订《最高额保证合同》或《保证合同》。

（2）贷款发放。借款人可通过农村信用社营业网点或其他自助渠道办理贷款发放手续；贷款发放时，须将款项转入借款人专用或指定账户。严禁以现金方式发放贷款。使用贷款证/卡申请贷款发放的，贷款到期日不得超过合同有效期。合同签订日与首次贷款日、后续贷款日与上次贷款结清日或两次申请贷款日间隔超过6个月，借款人申请发放贷款的，调查人员应对借款人和担保人生产经营等情况重新进行相关调查。若发现问题立即报告，并及时按照合同约定采取风险化解措施。

（3）贷款支付。贷款资金监督管理专（兼）柜（放贷中心）审核相关手续后支付贷款资金，贷款支付按照《山东省农村信用社贷款资金支付监督管理实施细则》的有关规定执行。

（4）贷后管理。①贷后检查。信贷人员应定期或不定期进行贷后

检查，及时了解贷款真实用途及借款人生产经营状况。②贷款检查中心负责组织落实全面贷后检查工作，在抽样进行贷后检查的同时，对信贷人员贷后检查情况进行全面督导。③贷后检查根据集中评级授信、单户贷款余额（具体额度由法人机构自行设定）等情况实行差别化检查制度；未参加集中评定的，贷款发放后 15 日内须进行首次贷后检查，定期贷后检查每季开展一次，已进行首贷检查的当季可不进行定期检查；参加集中评定的小额贷款可不进行首次贷后检查，每季按不低于未检查贷款 25% 的比例进行集中实地回访，年度内至少全面检查一次。

（5）风险分类。贷款发放后，信用社（支行）应按照《山东省农村信用社信贷资产风险分类实施细则》要求及时进行贷款风险分类，对超信用社（支行）认定权限的风险分类报法人机构进行认定。法人机构每半年组织一次风险分类情况抽查，抽查面不低于 30%。

（6）贷款收回与处置。①贷款收回。短期贷款到期前 10 天，中长期贷款到期前 30 天，信贷人员以书面、电话、短信、邮件等形式提示借款人按时归还贷款本息。借款人可通过农村信用社营业网点或其他自助渠道办理还款手续。②贷款展期。由于遭受自然灾害等客观因素影响需要展期的，借款人应在贷款到期前 15 天填写《借款展期申请书》，向信用社提出展期申请，贷款展期的调查、审查与审批视同新增贷款办理。经审批同意后可以办理展期手续，已展期贷款不能再次展期。使用贷款证/卡办理的贷款不得展期。③贷款逾期。未归还贷款自到期次日转入逾期，信贷人员填制《贷款逾期催收通知书》和《担保人履行责任通知书》，送达借款人及担保人签收后存档。④不良贷款处置。贷款逾期后，应及时采取措施催收，对形成的不良贷款及时清收、保全和处置。

（二）农户生活消费性贷款

现结合《山东省农村信用社农户生活消费性贷款管理办法》（2013 版）以及笔者多年一线农户贷款经验，总结农户生活消费性贷款如下。

1. 农户生活消费性贷款总则

为加强农户生产经营贷款管理，防范信贷风险，根据《中华人民共和国合同法》《中华人民共和国物权法》《中华人民共和国担保法》《个人贷款管理暂行办法》等法律法规及《基本制度》的有关规定，结合山东省农村信用社实际，制定农户生活消费性贷款办法。农户生产经营性贷款（即个人消费贷款）是指县级联社、农村商业银行、农村合作银行（以下统称法人机构）向服务辖区内农户等自然人发放的，用于购买非营运汽车或其他大宗耐用消费品、个人购房（不含按揭贷款）、房屋装修、旅游消费、教育消费等具有指定消费用途的人民币贷款。其中，非营运汽车贷款是指向借款人发放用于购买符合注册条件的非营运汽车的贷款，大宗耐用消费品贷款是指向借款人发放的用于购买家庭耐用消费品的贷款，包括家用电器、电脑、家具、健身器材等，个人购房贷款是指向借款人发放的用于购买个人住房、商用房的贷款（不含按揭贷款），房屋装修贷款是指向借款人发放的用于本人及家庭房屋装修的贷款，旅游消费贷款是指向借款人发放的用于本人及家庭成员旅游消费的贷款，教育消费贷款是指向借款人发放的满足本人及其子女就学资金需求的贷款。办理农户生活消费性贷款应当遵循“属地管理，专人经办；严格程序，规范操作；额度控制，权限管理；落实担保，防范风险”的原则。属地管理，专人经办。即法人机构只能对工作单位、固定住所或户口所在地在法人机构服务范围内的借款人办理消费贷款；农村信用社要确定专门人员办理该项业务。严格程序，规范操作。严格按照有关规定办理个人消费贷款业务，不得简化或省略程序，不得逆程序操作。额度控制，权限管理。要按照借款人的信用等级、消费总额、家庭收入水平和综合还款能力，核定每个借款人的具体贷款额度。发放消费贷款，必须按照贷款审批权限逐级审批。落实担保，防范风险。办理消费贷款业务必须具备合法有效的担保手续。实行信用等级评定制度，严禁向未评定信用等级的申请人发放保证类贷款。信用等级由高到低分 AAA、AA、A 三个等级。主要参考以下因素确定：（1）借款人基本情况，重点关注借款人学历、年龄、家庭人口、劳动力数量等；（2）生产经营状况，重点关注借款人从事生产经营行业、年限、技术水平等；（3）社会信誉状况，重点关注借款人与邻里之间关系、诚信状况、受到村里评价等；（4）年净收入，重点关注借款人家庭年净收入和人均年净收入；（5）资产负债状况及家庭财产状况，重点关注借款人家庭资产、家庭负债、家庭净资产等；（6）自有资金情况，重点关注借款人自有资金来源、自有资金金额、自有资金占比等；（7）贷款本息偿还情况，重点关注借款人以往贷款本金归还情况和贷款利息归还情况。农户生活消费性贷款业务应严格执行“面谈”“面签”规定，做好面谈记录，面谈记录包括文字、图片或影像等资料。信贷人员应向借款人、担保人详细讲解合同条款，双方的权利与义务。认真调查核实借款人信息及消费情况的真实性，严禁向自有资金或首付款比例不足的借款人发放贷款。

2. 农户生活消费性贷款条件、期限、额度、利率及还款方式

（1）借款人应具备以下条件：①年龄在 18 周岁（含）以上，具有完全民事行为能力、劳动能力或经营能力的自然人，借款人年龄加贷款期限原则上不得超过 65 年；②有固定的住所和合法、稳定的经济收入，具备履约还款能力；③诚实守信，无不良生活嗜好，无重大不良信用记录，信用等级在 A 级（含）以上；④自有资金或首付款比例不得低于消费总价款的 30%；⑤能够提供农村信用社认可的财产抵押、质押或保证，保证人对借款人应有约束力；⑥在农村信用社开立账户，自愿接受信贷监督和结算监督；⑦其他家庭成员（如配偶、未婚子女等）在农村信用社无有效消费类授信或贷款，住房按揭贷款、助学贷款等除外；⑧借款人需提供与借款用途相符的，真实合法的生活消费证明。

（2）贷款期限。贷款期限根据贷款用途、综合还款能力合理确定，最长不超过 5 年。

（3）贷款额度。根据借款人的消费总价款、信用等级、家庭总收入、家庭净资产和综合还款能力，确定贷款额度。原则上汽车消费贷款额度不高于总价的 60%，最高 30 万元；个人住房贷款额度不高于购房价的 70%，商用房贷款额度不高于购房价的 50%；住房装修贷款额

度不高于购房价的40%，最高50万元；耐用消费品贷款额度最高5万元；旅游消费贷款额度最高5万元；教育消费贷款额度最高5万元。

（4）贷款利率。贷款利率按照中国人民银行规定的基准利率和农村信用社利率浮动幅度以及有关利率定价管理制度要求合理确定。对于优质客户或综合回报较高的客户可给予利率优惠。

（5）还款方式。①等额本息偿还法，即在贷款期内每月以相等的金额平均偿还贷款本金和利息；②等额本金偿还法，也称递减法，即在贷款期内将本金平均分摊在每期偿还，贷款利息随本金逐期递减；③定期还息任意还本还款法，即定期偿还贷款利息，分次任意归还本金，借款到期日偿还所有本金和利息；④一次性还本付息还款法，即在借款到期日一次性偿还所有贷款利息和本金。原则上对于贷款期限在一年以内（含一年）的，实行一次性还本付息、一次还本、按期付息或分期还本付息的还款方式；贷款期限在一年以上的，实行等额本息或等额本金还款方式。

3. 农户生活消费性贷款业务流程

（1）农户生活消费性贷款评级授信。评级授信可集中进行，也可以根据申请单独进行。受理客户申请后，由A、B岗双人实地调查，对申请人的资产负债、还款能力和经营效益以及保证人、抵质押物等情况进行全面调查和分析，提出信用评定和授信方案初步意见。保证人与借款人不在同一居住地的，其信用等级由受理评级授信申请信用社（支行）的A、B岗双人实地调查评定，保证人应具有完全民事行为能力，收入稳定，信用良好，具备保证资格和担保能力，有较好的代偿意愿，信用等级在A（含）以上。原则上以工资性收入为主要收入来源的公务人员、企业员工等保证人的保证额不超过其年收入的6倍，以生产经营收入为主要收入来源的农户、个体工商户等保证人的保证额不超过其年收入的3倍。

（2）农户生活消费性贷款业务基本流程：评级→授信→用信（借款申请→调查→审查→审议与审批→签订合同→贷款发放→贷款支付）→贷后管理→贷款收回与处置。

（3）农户生活消费性贷款用信。①借款申请。借款人提出申请并填制借款申请表，并按要求提供以下资料：借款人合法有效身份证件、共同还款承诺书，借款人及配偶所在单位出具的合法收入证明或工资单、自付款证明原件等。②贷款调查。实行双人调查，调查人员对借款人资格、贷款条件及还款能力、担保能力进行调查，对所有考察资料的真实性、完整性、合法合规性负责。调查主要内容：调查借款人所有资料是否真实、合法，调查借款人是否有固定住所，借款人是否有影响还款能力的不良品行和不良信用记录，家庭财产状况和个人收入情况，调查借款人申请借款用途、金额及期限是否合理，还款来源是否稳定，是否有持续偿还贷款本息的能力，调查保证人是否符合条件、有足够的担保能力和代偿能力，调查抵质押物的有效性、合法性，评估抵质押物的价值、变现能力，是否能覆盖贷款本息，采取分期还款的，借款人的家庭月所有债务支出与收入比是否超过55%。③审查（审议）、审批。审查人员对调查人员提供的资料按规定进行审查，复测有关数据，审查贷款资料及数据的准确性、完整性、合规合法性。主要审查以下内容：消费行为的真实性，采取抵质押担保的，共有人是否出具同意抵质押的合法、有效的书面意见，借款人还款能力，担保人担保能力，贷款额度、期限、利率等是否符合规定。农户贷款的审查（审议）、审批流程实行差异化管理，涉及的具体权限及额度范围由各法人机构确定。

4. 农户生活消费性贷款合同（核发贷款证/卡）、发放、支付、贷后管理、贷款收回与处置

（1）对审批同意发放的贷款，农村信用社与借款人、担保人等签订有关借款及担保合同。需办理登记的应到相关部门办理合规合法的登记手续。

（2）贷款发放。个人消费贷款的发放一律转账存入借款人的个人结算账户，严禁以现金方式发放贷款。

（3）贷款支付。贷款资金监督管理专（兼）柜（放贷中心）审核相关手续后支付贷款资金，贷款支付一般按照受托支付执行。

（4）贷后管理。贷款发放后，应通过监管资金账户、现场检查、核查抵质押物及担保权益完整有效性、对客户和信贷业务风险及时预

警并调整贷款策略等手段，持续监控和管理信贷风险。①贷后检查。贷款发放 15 日内进行首次贷后检查，法人机构确定常规检查频率，出现违约情况，加大检查频率。重点检查以下内容：贷款的实际用途，借款人归还贷款本息情况，借款人有无骗取银行信用的行为，借款人职业、收入和住所等影响还款能力的因素变化情况，保证人保证资格和保证能力变化情况。②风险分类。对个人消费贷款按照《山东省农村信用社信贷资产风险分类实施细则》及时进行风险分类。

（5）贷款收回与处置。短期贷款到期前 10 天，中长期贷款到期前 30 天，信贷人员以书面、电话、短信、邮件等形式提示借款人按时归还贷款本息。借款人可通过农村信用社营业网点或其他自助渠道办理还款手续。采取委托扣款方式的，贷款社在还款日通过借款人的个人结算账户进行扣款。对账户存款不足未能按时扣收的，信贷人员应及时催收。对于未及时归还贷款的客户，信贷人员应在违约后 3 个工作日内对借款人进行电话或口头提示催收；借款人连续 3 期或累计 5 期未还贷款本息，应提前收回贷款，通过依法诉讼、处理抵押物、追究担保人责任等措施对全部贷款本息进行清收。

第三节 农户贷款利率

农户贷款利率是农户贷款的重要组成部分，为适应国家利率市场化改革，逐步建立灵活、科学的贷款利率定价机制，提高信贷资金综合效益，增强竞争力，根据人民银行利率管理等有关规定，并结合山东省农村信用社农户贷款实际情况，对贷款利率进行介绍。

一 规范农户贷款利率的重要意义

近年来，山东省农村信用社认真执行国家有关利率政策规定，落实农户贷款利率优惠措施，对建立贷款利率定价机制进行了有益的探索。但受各方面因素的影响，农村信用社的贷款利率定价工作还存在一些问题。一是贷款利率定价的重要参照数据积累不足，自主定价能力较差。二是没有很好地体现利农惠农的要求，部分地区对农户贷款、涉农企业贷款执行贷款利率浮动政策出现偏差，“一浮到顶”的现象不同程度地存在。三是个别农村信用社对信用户利率优惠不够，有的名义上对贷款利率分类浮动，实际执行利率大幅度上浮。四是不能在客户细分的基础上实行差别化利率政策，对优质客户的吸引力和市场竞争力不强。五是贷款定价不够公开、透明，有的“暗箱操作”，搞“人情利率”。因此，建立科学的贷款定价机制已成为当务之急，农村信用社必须切实提高对规范贷款定价工作重要性和紧迫性的认识。

第一，全面落实国家普惠金融的要求。建立科学的贷款利率定价机制，将从根本上改变目前存在的定价随意、一浮到顶的状况，是实现业务增长方式由粗放型向集约型转变的重要标志之一。

第二，支持建设社会主义新农村的必然选择。通过建立让利“三农”和信用户优惠的贷款定价机制，一方面，有利于扩大信贷投放，支持农民增收，促进信贷支农服务水平的进一步提高。另一方面，能够有效地调动农民参与信用工程建设的积极性，优化农村信用环境，促进乡风民风的好转。

第三，积极应对农村金融市场竞争的迫切需要。随着农村金融市场的逐步放开，取消存、贷款利率限制的趋势日趋明朗，贷款定价能力的高低将在很大程度上决定着优质客户数量的多少，未来的农村金融市场竞争，对于农村信用社能否在尽可能小的利差范围内求得生存和发展是一个十分严峻的考验。

第四，提高盈利水平和防范风险的重要环节。科学的贷款利率定价按照风险和收益对称原则，坚持“高风险高回报，低风险稳收益”，能够通过风险溢价覆盖高风险贷款的损失和成本，在防范风险的前提下实现效益最大化。

二　农户贷款利率指导思想和基本原则

（一）指导思想

认真贯彻国家“十三五”规划和经济工作会议精神，围绕争创一流金融机构的奋斗目标，树立和落实科学发展观，逐步建立起以成本效益为基础，以市场价格为主导，以降低风险和提高综合收益率为目标的合理灵活的贷款定价体系，进一步增强和完善服务功能，为建设社会主义新农村做贡献。

（二）基本原则

1. 依法合规原则

严格执行人民银行有关贷款利率的规定。山东省农村信用社贷款利率必须在规定的浮动区间内浮动，即在［0.9—2.3］区间内进行浮动。

2. “让利”三农原则

对农业贷款利率实行优惠，在现行贷款利率基础上，下调利率浮动幅度，最高上浮利率水平力争在现有利率水平上下降10个百分点，重点是对农户贷款、涉农企业贷款予以优惠。原则上农户贷款利率要低于涉农企业贷款利率，涉农企业贷款利率要低于一般企业贷款利率。

3. 风险覆盖原则

要综合评估贷款的风险状况，据此确定利率上浮档次。贷款的风险程度越高，贷款利率上浮的幅度就越大；反之，上浮幅度就越小。贷款期限越长，不可预料和不可控制的风险就越多，贷款面临的风险就越大，贷款利率上浮幅度要大，短期贷款的利率上浮幅度要小。

4. 等级差别原则

即按照客户的信用等级定价。对信用等级较高，以往贷款能按期还本付息的，实行优惠利率。对拖欠贷款本息的贷款户，按照有关规定实行罚息。在科学测算、确定一般农户、企业贷款利率基准水平的基础上，根据信用等级的不同，确定不同的利率浮动幅度。

5. 有利竞争原则

贷款利率定价应充分考虑市场竞争因素，对于优质客户，可适当突破利率浮动的范围，发挥利率杠杆作用，增强对优质客户的吸引力和市场竞争力。

三　农户贷款利率浮动范围

了解农户贷款利率首先要了解三种利率，即法定利率、基准利率、合同利率。法定利率是指国务院批准和国务院授权中国人民银行制定的各种利率为法定利率，法定利率的公布、实施由中国人民银行总行负责。基准利率是指中国人民银行对商业银行和其他金融机构的存、贷款利率为基准利率。基准利率由中国人民银行总行确定。合同利率是指贷款人根据法定贷款利率和中国人民银行规定的浮动范围，经与借款人共同商定，并在借款合同中载明的某一笔具体贷款的利率。经国务院批准，中国人民银行决定自 2013 年 7 月 20 日起全面放开金融机构贷款利率管制，取消金融机构贷款利率 0.7 倍的下限，由金融机构根据商业原则自主确定贷款利率水平，对农村信用社贷款利率不再设立上限。

农户贷款利率可分为一般规定、优惠规定和特别规定三种。一般规定是个人客户（含个体工商户）的信用、保证、动产抵押贷款指导利率为同档次基准利率上浮 20%—110%，不动产抵押贷款利率为同档次基准利率上浮 10%—100%。优惠规定是农户种养业贷款指导利率为：信用、保证、动产抵押贷款执行同档次基准利率上浮 10%—100%，不动产抵押贷款执行同档次基准利率上浮 10%—90%。信用等级较高的优质客户可在上述指导利率范围内给予 5%—20% 的优惠；对信用等级较高的信用户、入股社员及优质客户可在上述指导利率范围内给予 5%—20% 的优惠。特别规定是对有不良信用记录客户的信用、保证、动产抵押贷款利率按同档次基准利率最高上浮 130%，最低上浮不得低于 80%，不动产抵押贷款按同档次基准利率最高上浮 120%，最低上浮不得低于 70%；对于多次办理借新还旧的贷款，应适当提高贷款利率上浮幅度；属落实债务的贷款，可在相应贷款利率水平基础上给予借款人 10%—20% 的利率优惠，但最低不得低于基准利率。

四　农户贷款利率主要措施

（一）科学细分客户市场，按贷款方式和客户综合回报率确定不同浮动幅度

贷款定价要坚持“以客户为中心，以市场为导向”。县（市、区）联社、农村商业银行、农村合作银行（以下统称县级联社）要根据自身业务特点合理进行市场定位，顺应市场发展和化解利率市场化改革带来的竞争压力，调整贷款营销策略，细分目标市场，确定重点服务对象和领域，以差别化的服务和定价拓展营销空间。要区分优质客户、调整客户、限制客户和淘汰客户，并确定相应贷款利率浮动

幅度。一是根据贷款担保方式的不同，确定相应的利率浮动幅度。对采取房地产抵押的，要适当降低上浮幅度；对采取保证方式的，适当提高浮动幅度；对采取企业互保、单一关联企业提供担保方式的，进一步提高上浮幅度。二是根据客户对信用社的综合回报率定价。定期统计、分析客户在信用社存款、结算、代理保险等业务的开展情况，设定不同的权重，科学测算综合回报率，据此给予一定的利率优惠。

（二）开展信用评定和资信评级，为实施差别化贷款利率定价政策打下基础

要扎实开展信用评定工作，对评定为 AAA、AA 和 A 级的信用户，要按信用等级不同，实行区别的利率优惠措施；要结合贷款流程再造，联合有关资信评级中介机构，对所有公司类贷款进行严格、规范的资信评级。在此基础上，确定授信额度，并根据企业信用等级的不同，确定不同的利率浮动幅度。

（三）强化学习培训，提高贷款利率自主定价能力

针对目前农村信用社普遍缺乏贷款利率定价知识的现状，办事处、市联社要组织县级联社有关信贷、财会管理人员进行相关知识的培训，重点学习国家有关利率政策规定、贷款利率定价的理念，提高贷款利率自主定价的能力，逐步达到能够综合预测客户的信用风险、综合收益、筹资成本和运用成本分摊等因素，灵活合理地确定利率浮动幅度；对一般信贷人员的培训，要侧重于日常信贷管理中贷款利率定价技能的掌握和营销过程中与客户进行谈判的技巧。

（四）加大利率管理和监督检查力度，规范贷款利率定价管理

一是县级联社要加强行业自律，加大内审力度，严格执行国家利率政策。一方面，要严格执行国务院有关文件精神和信贷政策的要求，合理确定贷款利率的浮动范围，积极支持农村产业化调整，促进农民增收和农村信用社增效；另一方面，要加大内部审计力度，通过组织审计、专项审计，主动查处和纠正违反利率政策的行为。

二是相关主管部门要建立利率执行管理监督检查制度，定期组织对县级联社利率执行情况及利率管理进行全面检查，发现问题，分析成因，防范利率风险，增强利率管理的针对性和时效性。

三是要加强对综合收益率的考核。县级联社要加强对信贷人员发放贷款综合收益率的考核，促使其在坚持贷款利率定价原则的前提下，通过灵活定价实现信贷资金收益最大化。

（五）推行贷款利率定价公开制度，增加贷款利率定价透明度

要充分利用报纸、杂志、电视等新闻媒体，定期或不定期对贷款利率浮动情况进行宣传，重点宣传利率优惠的政策和条件，鼓励客户树立诚信形象、按时还本付息，争当信用社的诚信客户。基层社要在营业网点的显著位置悬挂利率显示牌或张贴公告，公开利率浮动的标准和范围，明确相关政策，同时进行风险提示，提示客户选准项目，防范风险。信贷人员要对客户宣讲国家的利率浮动政策和农村信用社贷款利率浮动幅度、浮动原因。也可写明贷款浮动的标准、范围及享受利率优惠的条件，采取印发宣传单的形式，发放给各贷款客户。通过加强宣传工作，建立农村信用社与社会各界交流沟通的平台，营造良好工作氛围，及时发现贷款定价工作存在的问题和不足，认真分析总结，逐步建立起灵活、长效的贷款定价机制。

（六）加强组织领导，逐步建立贷款利率定价的长效机制

县级联社要成立贷款定价管理委员会，负责贷款定价管理工作。各县级联社要明确分工，由专门部门负责贷款定价工作，明确相关部门及相关人员的岗位职责，制定岗位责任制，落实贷款定价职责。县级联社要根据人民银行的利率管理规定以及目前经济、金融形势和客户情况，进一步修订、完善贷款定价管理办法和实施细则，经理事会通过后，报当地人民银行和上级部门备案。

五　农户贷款利率计算方式

农户贷款利率计算方法比较简单，其计算公式为：贷款利息 = 贷款本金 × 贷款时间 × 贷款利率。常用贷款利率为年利率，月利率和日利率是为减少数字大小而定，实际利息是一样的。如果贷款时间单位用天，利率为年息的：贷款利息 = 贷款本金 × 贷款时间（天数）× 贷款利率/360。如果贷款时间单位用天，利率为月息的：贷款利息 = 贷款本金 × 贷款时间（天数）× 贷款利率/12。

注意区分利率：百分号为年利率，千分号为月利率，万分号为日

利率。通常农户所说的利率，1 毛为 10%，1 分为 1%，1 厘为 1‰，农户经常以月利率计算，通常农村信用社贷款月利率为 1 分左右（上浮 60%—120%），民间借贷为 2 分左右，高利贷 3 分以上（即远远超出人民银行规定的基准利率 4 倍以上）。

目前为农户提供贷款的主要有农村信用社和邮政储蓄银行两家金融机构，表面看其贷款利率均为 1 分左右，但实际差别较大。农村信用社目前一般采用按月付息，最后一次结清的办法，如 A 农户贷款 10 万元，月利率 1 分，期限 1 年，则其每月还利息 = 100000 元 × 1% = 1000 元，最后一次还款 = 100000 元 + 100000 元 × 1% = 101000 元，也就是说农户一直使用 10 万元本金，每个月还款 1000 元利息即可；邮政储蓄银行目前一般采用按月还本付息，最后一次本息结清的办法，如 B 农户贷款 10 万元，月利息 1 分，期限 1 年，则其每月还款（本金和利息） = 100000 元 × 1% + 100000 元/12 = 9333 元，最后一次还款也是 9333 元，也就是说，农户使用的本金逐月递减 8333 元，但每月利息依然是 1000 元，如果单独计算最后一个月的本金和利息，其利率 = 1000 元/（100000 元/12） = 12%，即月利率达到 12 分之高。因此，邮政储蓄银行贷款实际利率偏高，农户普遍希望从农村信用社得到贷款。

第四节　农户信用评定

一　农户信用等级评定

农户信用等级评定是农户贷款的首要条件，做好该工作对农户贷款起到事半功倍的效用。不同地区评定标准不一，但基本情况如下：

（一）农户信用等级评定总则

为充分发挥信用工程的基础性作用，进一步规范集中评级授信行为，建立统一、标准的运作模式，根据银监会《个人贷款管理办法》《农户贷款管理办法》等有关制度，制定农户信用等级评定总则。集中评级授信是集中宣传发动、集中受理申请、集中调查初评、集中审查审批和集中贷后管理的统称。复审是提高信用工程建设质量的重要一环，是对前次服务的回访，是前次集中评级授信成果的巩固与扩大，是一次再宣传、再发动、再授信的过程，通过复审要解决授信额度不合理、对客户现实和潜在需求把握不到位等一系列问题，不断扩大零售金融客户群体，不断满足零售客户新的金融服务需求。随着时间的推移，复审将逐步成为信用工程建设的主要形式。集中评级授信应遵循“主动营销、集中办理、阳光服务、全面覆盖、常态长效”的原则。

（二）建立工作组织保障

成立信用工作建设工作小组，其成员构成为农村信用社负责人、信贷专柜和客户经理；其工作职责为实施年度工作规划，指导、督导各评审小组开展信用等级初评工作。同时，成立信用等级评审小组，其组员由具有较高的威望、诚实守信、为人正派，办事公道、认真负责、敢于发表意见、组织协调能力强、具有广泛的代表性的人员组成。评审小组由 5 人以上（单数配置）组成，其中农信社工作人员两名（含）以上，主办客户经理担任组长，请村“两委”干部、村民代表为成员。村（社区）“两委”不健全的，评审小组可以选择村庄（社区）的创业致富“能人”、德高望重的老村（居）民、信用记录良好的贷户代表组成评审小组。

（三）全面宣传发动

召开宣传动员大会、悬挂宣传横幅、张贴宣传海报、播放宣传光盘等形式，迅速掀起浓厚的宣传金融服务与产品的氛围，为入户宣传营造气氛。对宣传的内容要面对面地进行详细讲解，宣传要包括但不局限于以下内容：（1）评级授信。开展信用工程建设的目的；参与评级授信的条件；评级授信的基本步骤；信用户享受的优惠政策；个人信用记录的重要性；如何填写业务申请表格。（2）主要零售类贷款品种。农户贷款；个体工商户贷款；民居贷款（农民住房贷款）；青年（妇女）创业贷款。

（四）信用等级评定

对于在入户宣传过程中，客户提出评级授信意向的，主办客户经理要按照信用等级评定所列内容进行调查，摸清情况。并对提出评级授信申请的每一个客户，通过“个人征信系统”和“信贷管理系统”，集中查询个人信用记录。客户的信用等级分为AAA、AA、A、B、C五个等级，其中A级、AA级和AAA级为信用户。各等级划分标准如下：得分在90分（含，下同）以上为AAA级；得分在80—89分为AA级；得分在70—79分为A级；得分在60—69分为B级；得分在59分以下为C级。

（五）授信调查审批

经办客户经理接到评级授信申请后，立即开展实地、双人的授信调查。授信调查必须逐户进行，要给予经办客户经理充足的授信调查时间。具体的授信与贷款条件按照各贷款品种的规定执行。在入户调查的过程中，调查人员要告知申请人，一旦授信得到审批，要立即确定担保或组建联保小组，与农村信用社签订借款合同，完成授信。

二　农户征信状况

农户征信是个人信用征信机构对农户信用信息进行采集和加工，并根据用户要求提供个人信用信息查询和评估服务的活动。个人信用报告是征信机构把依法对农户采集的信息，依法进行加工整理，最后依法向合法的信息查询人提供的个人信用历史记录。作为对现有人民银行征信体系的补充，促进辖区金融机构进一步扩大农户信贷覆盖面。

农户征信档案的信用信息分六大类（家庭户籍信息、家庭收支信息、家庭财产信息、银行信贷信息、生产资料信息和参考信息）40多项信用信息。信息来源有非现场采集和现场采集两种方式，政府有关部门提供的信息是非现场采集方式，农户自已填报的信息是现场采集方式。按照农户信用信息的类别进行更新，除农户的信贷信息按月更新外，其余信用信息按年更新。

农户征信作用明显，相对于没有建立信用档案的农户，已有信用档案的农户在金融机构申请贷款的手续将会简化，信用状况良好的农户还能获得优惠贷款利率，甚至无须提供抵押或担保就能获得小额信用贷款。建档农户若能长期保持良好信用记录，在贷款额度、利率上将获得更大优惠。农户以往的贷款归还情况、家庭主要财产、农户个人品行、生产经营情况等信息对农户信用等级有较大影响。按时还款、品行良好、生产经营情况好的农户能获得更高的信用等级。

“信用户”采取初评和终评的方式进行评定，先由农户征信管理部门对农户的等级进行初评，再由上级主管部门组成的评估小组对初评的结果进行终评，对信用等级高的农户授予“信用户”的荣誉称号。“信用村”主要依据该村“信用户”数量达到一定比例和不良贷款率低于一定比例两个标准进行评定。

“信用户”和“信用村”建设给农户带来较多实惠。一是差别化授信额度。各农村金融机构对不同信用等级的农户，分别给予差别化授信额度，激励农户保持良好的个人信用记录。二是贷款可享受优惠利率。各金融机构制定授信制度和开发信贷产品，严格利率档次区分，对信用户与一般农户、信用村与非信用村的贷款利率要区别对待。三是改善农村信用环境。通过农村“信用户”“信用村”建设，提高农户的信用意识，形成“以诚信为荣，以失信为耻”的社会风气。

第五章　农户贷款行为特征及规律

通过前面对农户贷款需求、贷款流程、贷款种类及农户信用评级的分析，我们发现农户贷款需求旺盛，贷款流程相对简化，贷款种类较多，农户信用评级多为集中评级。然而，以上只是农户贷款的意愿诉求和操作流程，并不是真实发生的贷款行为。现实中农户贷款行为有哪些特点？不同区域、不同类型和不同资产的农户贷款行为有何差异？农户的贷款行为是否有规律可循？为深入探讨以上问题，本章首先介绍一下农户样本选择情况；其次分别对不同区域、不同类型和不同资产的农户贷款行为进行差异分析；最后再对农户贷款行为规律及影响因素进行实证分析。

第一节　样本选择及描述

一　样本选择

本书所用数据来源于2007—2012年笔者及同事在山东省农村信用社一线工作期间对山东省曹县、济阳和高密三地农户贷款的追踪调查。本书研究选择该三个地区的原因是，上述三个地区分别代表山东西部、中部、东部不同的经济发展水平，分别对应贫困地区、较发达地区、发达地区，且与中国地区差异相对应，有较大的区域差异，具有较强的代表性。2011年，山东省农民人均纯收入8342元，其中，曹县、济阳、高密农村居民人均纯收入分别为6988.55元、8507元和10377元。[①] 本

① 数据来源于2012年《山东统计年鉴》。

书采用 6 年的追踪数据来考察不同发展区域农户贷款行为的影响因素及其差异。选取 600 户 2007 年在农村信用社申请授信的农户，无论其 6 年内是否从信用社贷过款，都将视为其有贷款行为，作为追踪对象。

为了使样本更具有代表性，本书研究先采用分层抽样法（按各县市的人均纯收入分层）从山东省抽取曹县、济阳和高密三县，然后再用类似的抽样方法从每个县抽取一个乡镇，分别为 DJ 乡、TM 乡、SY 镇，同样方法每个乡镇分别选取 4 个村，最后以 2007 年农村信用社信贷管理系统中的数据为基础，从每个样本村中抽取所有申请贷款的农户进行追踪调查。在农户贷款业务中，由于中国农业银行网点收缩，在广大农村市场几乎不做农户个人贷款业务，而中国邮政储蓄银行 2007 年刚刚获得贷款发放业务，尚未向以上三个地区发放农户贷款，所以，在以上三地区农村信用社是唯一向农户发放贷款的正规金融机构。通过上述方法，六年内笔者最终从 600 户样本中获得有效样本 573 户，其中，曹县 191 户、济阳 194 户、高密 188 户。

二　样本的追踪调查

追踪调查的数据可分为两部分：第一部分为农村信用社数据，一是农户向农村信用社申请贷款时提供的资料，如家庭基本情况、家庭资产情况、家庭收入情况、家庭负债情况、家庭经营情况等；二是农村信用社审批与信贷管理系统资料，如授信金额、贷款金额、贷款次数等。第二部分为信贷员入户调查数据，一是农户贷款之前的贷前调查，主要是核实农户提供的信息是否真实，农户贷款的用途是否合规，运用的方法主要有直接调查法和间接调查法；二是对农户贷款的贷后检查，主要观察农户经营是否正常，农户还款能力及风险点，担保人的经济实力变化情况。通过以上追踪调查，最终得出的相关农户贷款信息为：户主年龄、户主性别、受教育年限、家庭人口、家庭劳动力、田地亩数、客户性质（农户或个体工商户）、从事行业、社会资源、收入是否靠农业、家庭资产、家庭纯收入、家庭负债、授信额度是否够用、年授信金额、年贷款金额、年贷款次数、年平均每次贷款金额。

三　样本的基本情况

从被追踪调查的区域来看，曹县地区样本 191 个，所在村庄总户数 1102 户，贷款户数占村总户数的 17.33%；济阳地区样本 194 个，所在村庄总户数 1076 户，贷款户数占村总户数的 18.03%；高密地区样本 188 个，所在村庄总户数 982 户，贷款户数占村总户数的 19.14%（见表 5－1）。由贷款户数占村总户数比重来看，地区经济越发达，农户贷款比重越高；另外还有一个比较有意思的普遍现象是三个地区村里如果农户数越多，则贷款户数越多，而且贷款户数在村中占比也越高。

表 5－1　　三地区农户贷款基本情况

区域	乡镇	村	贷款户数	贷款户数占样本户数比重（%）	村总户数	贷款户数占村总户数比重（%）
曹县	DJ 乡	Gz	24	12.57	168	14.29
		Lz	43	22.51	267	16.10
		Sz	77	40.31	395	19.49
		Zz	47	24.61	272	17.28
合计	1	4	191	100.00	1102	17.33
济阳	TM 乡	Btc	42	21.65	253	16.60
		Zjc	43	22.16	251	17.13
		Mzc	60	30.93	303	19.80
		Wjc	49	25.26	269	18.22
合计	1	4	194	100.00	1076	18.03
高密	SY 镇	Dxc	21	11.17	129	16.28
		Lyc	60	31.91	288	20.83
		Xpc	36	19.15	209	17.22
		Xjc	71	37.77	356	19.94
合计	1	4	188	100.00	982	19.14

注：数据为调查整理所得。

四 变量的定义

（一）固定个体变量

固定个体变量是指不随时间而改变或者改变较小的个体变量，如户主性别、受教育程度（6年内变化小于1%）、家庭人口（6年内变化小于4%）、家庭劳动力（6年内变化小于2%）、田地亩数（6年内变化小于1%）、客户性质（农户或个体工商户）、从事行业（主要经营的行业）、是否社会资源（贷款时是否动用社会资源）、收入是否靠农业（家庭的主要收入是否来自农业）、家庭负债（6年内统计得出变化较小）、授信额度是否够用（农村信用社向农户授信的额度是否够用）。

（二）可变个体变量

可变个体变量是指随时间变化的个体变量，如户主年龄、家庭资产、家庭纯收入、年授信金额、年贷款金额、年贷款次数、年平均每次贷款金额。

第二节 不同区域农户贷款行为特征的实证分析

一 不同区域农户贷款行为描述性统计分析

（一）变量描述性统计

将三地区农户2012年变量输入进SPSSV 19.0后进行比较发现，贫困地区（曹县）、较发达地区（济阳）、发达地区（高密）有以下特点，三地区年龄差别不大，受教育程度依次增加，家庭人口数依次降低，劳动力数量差别较小，田地亩数依次减少，贷款农户以男性为主，女性参与比例依次增加，客户性质以农户为主，个体工商户较少，但其按地区依次增加，在贷款中许多农户使用社会关系，以期能获得贷款或更高金额的贷款，农户家庭资产差别较大，且依次增加，家庭负债较小，也依次增加，家庭纯收入差别较大，且依次增加，家庭收入目前主要靠农业，但所占比重依次降低，农户获得授信额度多数够用，但发达地区的农户所受信贷约束较多，最高授信额度差别较大,发达地区授信额度明显高于贫穷地区，贷款金额差别较小，但贫穷地区贷款额度标准差较大，贫穷地区贷款次数明显较少，说明其经济活力较弱，每次平均贷款额度差别较大，且依次增加（见表5－2）。

表5－2　　　　　　　　　变量描述

变量	地区	样本	均值	标准差
户主年龄	曹县	191	43.8796	7.96183
	济阳	194	43.5206	7.65933
	高密	188	43.2872	7.45557
	总数	573	43.5637	7.68648
受教育程度	曹县	191	8.6859	2.38322
	济阳	194	9.6804	2.15967
	高密	188	10.0479	2.52958
	总数	573	9.4695	2.42536
家庭人口	曹县	191	3.8010	1.03730
	济阳	194	3.3660	0.77865
	高密	188	3.3351	0.80070
	总数	573	3.5009	0.90381
家庭劳动力	曹县	191	2.3874	0.76547
	济阳	194	2.3505	0.72757
	高密	188	2.5319	0.74865
	总数	573	2.4223	0.75005
田地亩数	曹县	191	7.2738	2.30912
	济阳	194	6.2789	2.00399
	高密	188	5.7899	2.06826
	总数	573	6.4501	2.21459
户主性别（1男；2女）	曹县	191	1.0105	0.10206
	济阳	194	1.0155	0.12371
	高密	188	1.0372	0.18984
	总数	573	1.0209	0.14332

续表

变量	地区	样本	均值	标准差
客户性质（1 农户；2 个体工商户）	曹县	191	1.0471	0.21245
	济阳	194	1.0619	0.24152
	高密	188	1.1064	0.30915
	总数	573	1.0716	0.25797
贷款是否使用社会资源（1 用；0 没用）	曹县	191	0.2461	0.43185
	济阳	194	0.2423	0.42956
	高密	188	0.2979	0.45854
	总数	573	0.2618	0.43999
家庭资产	曹县	191	38.9864	39.44304
	济阳	194	57.3763	77.06849
	高密	188	65.4681	64.63103
	总数	573	53.9012	63.31520
家庭负债	曹县	191	3.1120	9.53313
	济阳	194	3.6854	9.02704
	高密	188	4.2000	11.04227
	总数	573	3.6631	9.88641
家庭纯收入	曹县	191	5.1759	6.44029
	济阳	194	7.2098	10.32639
	高密	188	9.0553	11.28338
	总数	573	7.1373	9.68890
收入是否靠农业（1 是；0 否）	曹县	191	0.7435	0.43787
	济阳	194	0.7010	0.45899
	高密	188	0.6011	0.49099
	总数	573	0.6824	0.46596
授信额度是否够用（1 是；0 否）	曹县	191	0.9476	0.22333
	济阳	194	0.8969	0.30487
	高密	188	0.8777	0.32855
	总数	573	0.9075	0.28998
最高授信额度	曹县	191	6.0550	7.59314
	济阳	194	7.4495	8.80327
	高密	188	9.0064	9.99178
	总数	573	7.4955	8.90969

续表

变量	地区	样本	均值	标准差
年贷款金额	曹县	65	21.1046	50.47390
	济阳	84	21.2929	30.94783
	高密	89	21.2354	27.54319
	总数	238	21.2200	36.12581
年贷款次数	曹县	65	2.7077	2.53552
	济阳	84	3.3810	3.66982
	高密	89	3.3034	3.45558
	总数	238	3.1681	3.31171
年平均每次贷款金额	曹县	65	7.0177	6.79851
	济阳	84	7.1777	7.50524
	高密	89	8.2992	9.31833
	总数	238	7.5534	8.04903

（二）变量F检验

因各区域的经济状况存在差异，不同区域的贷款农户或许存在差异，为检验此假设，对以上三个地区贷款农户的各个变量进行F检验，结果表明，三地区贷款农户在户主受教育程度、家庭人口、田地亩数、家庭资产、家庭纯收入、收入是否靠农业和最高授信额度上差异极为显著（$P<0.01$）；家庭劳动力数量上差异较为显著（$P<0.05$）；客户性质（农户还是个体工商户）、授信额度是否够用差异显著（$P<0.1$）；而户主年龄、户主性别、是否使用社会资源、家庭负债、贷款额度、贷款次数、平均每次贷款金额间差异不显著（见表5-3）。

表5-3　　变量F检验

变量	项目	平方和	自由度	均方	F统计量	显著性
户主年龄	组间	33.788	2	16.894	0.285	0.752
	组内	33761.137	570	59.230		
	总数	33794.925	572			

续表

变量	项目	平方和	自由度	均方	F 统计量	显著性
受教育程度	组间	188. 809	2	94. 404	16. 943	0. 000
	组内	3175. 907	570	5. 572		
	总数	3364. 716	572			
家庭人口	组间	25. 906	2	12. 953	16. 729	0. 000
	组内	441. 344	570	0. 774		
	总数	467. 250	572			
家庭劳动力	组间	3. 491	2	1. 745	3. 126	0. 045
	组内	318. 303	570	0. 558		
	总数	321. 794	572			
田地亩数	组间	217. 229	2	108. 615	23. 921	0. 000
	组内	2588. 103	570	4. 541		
	总数	2805. 332	572			
户主性别（1 男；2 女）	组间	0. 077	2	0. 038	1. 872	0. 155
	组内	11. 672	570	0. 020		
	总数	11. 749	572			
客户性质（1 农户；2 个体）	组间	0. 360	2	0. 180	2. 724	0. 066
	组内	37. 706	570	0. 066		
	总数	38. 066	572			
是否使用社会资源	组间	0. 366	2	0. 183	0. 945	0. 389
	组内	110. 367	570	0. 194		
	总数	110. 733	572			
家庭资产	组间	69984. 105	2	34992. 053	8. 972	0. 000
	组内	2223057. 464	570	3900. 101		
	总数	2293041. 569	572			
家庭负债	组间	112. 289	2	56. 145	0. 574	0. 564
	组内	55795. 598	570	97. 887		
	总数	55907. 888	572			
家庭纯收入	组间	1427. 415	2	713. 708	7. 783	0. 000
	组内	52268. 965	570	91. 700		
	总数	53696. 381	572			

续表

变量	项目	平方和	自由度	均方	F 统计量	显著性
收入是否靠农业（1 是；0 否）	组间	2.023	2	1.012	4.719	0.009
	组内	122.169	570	0.214		
	总数	124.192	572			
授信额度是否够用（1 是；0 否）	组间	0.497	2	0.248	2.976	0.052
	组内	47.601	570	0.084		
	总数	48.098	572			
最高授信额度	组间	825.918	2	412.959	5.280	0.005
	组内	44580.890	570	78.212		
	总数	45406.808	572			
年贷款额	组间	1.332	2	0.666	0.001	0.999
	组内	309301.320	235	1316.176		
	总数	309302.653	237			
年贷款次数	组间	19.213	2	9.606	0.875	0.418
	组内	2580.065	235	10.979		
	总数	2599.277	237			
平均贷款额	组间	80.013	2	40.007	0.616	0.541
	组内	15274.487	235	64.998		
	总数	15354.500	237			

（三）多重比较

为更进一步分析三地区贷款农户在各变量上的差异情况，本书对通过 F 检验显著的变量再进行多重比较。由表 5－4 可以看出，在户主受教育程度上高密显著高于曹县，济阳显著高于曹县，表现出东部、中部地区农户受教育程度更高的特点；在家庭人口上，曹县最高，并显著高于高密和济阳，表现出越贫困地区人口越多的趋势；但在家庭劳动力上正好相反，表现出越发达地区劳动力越多的趋势，高密显著高于济阳和曹县；在家庭田地亩数上表现出与经济发展相反的趋势，即经济发展越好的地区，拥有土地数越少，并且三地区间两两差异显著，即曹县高于高密和济阳，济阳高于高密；在客户性质上，高密地区的个体工商户所占比例显著高于济阳和曹县，说明在经济越发达区域农户从商的比例越大且显著；在家庭资产和家庭纯收入上表现出相同趋势，高密地区最高，其次为济阳，最后为曹县，其中高密和济阳的家庭资产和家庭纯收入均显著高于曹县，高密地区农户家庭纯收入还高于济阳，高密和济阳的总资产差异不显著；在收入是否靠农业上，曹县得分最高并显著高于高密和济阳，说明贫困地区其收入主要来源于农业，而发达地区其收入主要来源于非农业；在授信额度上高密最高，并显著高于济阳和曹县，表现出越是发达地区授信额度越高的特点；但在授信额度是否够用上表现出相反的趋势，曹县是最够用地区，并显著高于高密和济阳，表现出越是贫困地区授信额度越够用的趋势。总体来说，山东省贷款农户由西向东人均田地亩数、家庭人口、家庭收入是否靠农业、贷款额度够用程度逐渐减少，而户主受教育程度、家庭劳动力、最高授信额度、家庭资产和家庭纯收入逐渐增加，表现出明显的区域差异。

表 5－4　　多重比较

		高密	曹县
受教育程度	曹县	－1.36201***	
受教育程度	济阳	－0.36746	0.99455***
家庭人口	曹县	0.46594***	
家庭人口	济阳	0.03087	－0.43507***
家庭劳动力	曹县	－0.14448*	
家庭劳动力	济阳	－0.18140**	－0.03692
田地亩数	曹县	1.48393***	
田地亩数	济阳	0.48897**	－0.99496***
客户性质（1 农户；2 个体）	曹县	－0.05926**	
客户性质（1 农户；2 个体）	济阳	－0.04453*	0.01474
家庭资产	曹县	－26.48170***	
家庭资产	济阳	－8.09180	18.38990***
家庭纯收入	曹县	－3.87940***	
家庭纯收入	济阳	－1.84553*	2.03388**

续表

		高密	曹县
收入是否靠农业（1 是；0 否）	曹县	0.14239***	
	济阳	0.09997**	-0.04242
授信额度是否够用（1 是；0 否）	曹县	0.06998**	
	济阳	0.01925	-0.05074*
最高授信额度	曹县	-2.95141**	
	济阳	-1.55690*	1.39451

注：表中数据为横向减纵向，*、**、***分别表示在 10%、5%和 1%的统计水平上显著。

二　不同区域农户贷款行为实证分析

（一）模型的建立

在农户贷款中，农户每次贷款的多少取决于授信金额的多少，最高授信额度是农户贷款的最核心要素，因此本书以农户授信额度为因变量，以农户 2007—2012 年的个体特征、贷款特征和时间特征为自变量，探究不同地区农户贷款行为的影响因素。三地区中曹县 191 户、济阳 194 户、高密 188 户，考虑到所收集数据是微观的、静态的，时间为 6 年，数据量大，因此，构建 5 年时间虚拟变量，建立随机效应模型，具体为：

$$Y_{it} = \alpha + \beta X_{it} + Z_{it} + \mu + \eta \tag{5-1}$$

其中，Y_{it}为第 i 个农户在 t 年的最高授信金额，其中 $i=1$，…，n，$t=2007$，…，2012，X_{it}为农户可变变量，其包括户主年龄、家庭资产、家庭纯收入、年授信金额、年贷款金额、年贷款次数、年平均每次贷款金额，Z_{it}为不变虚拟变量，其包括户主性别、受教育程度、家庭人口、家庭劳动力、田地亩数、客户性质、从事行业、社会资源、收入是否靠农业、家庭负债、授信额度是否够用，α 为常数项，μ 为误差，η 为个体随机误差。

在针对模型采用固定效应模型估计还是随机效应模型估计方面，由于固定变量如受教育程度、户主性别等六年内没有改变，如果使用固定效应方法，会产生完全共线，另外以上固定变量也可以替代部分固定效应，所以选用随机效应模型。

（二）结果分析

基于随机效应模型，不同区域农户授信金额的影响因素估计结果见表5－5，由回归结果可以看出：

授信金额在贫困地区户主受教育程度、田地亩数、授信额度是否够用、贷款次数、不同年份影响不显著，但在较发达地区比较显著，且地区越发达，受影响越显著；农村信用社在审批农户的授信额度时，很看重的一项影响因素是户主受教育程度和家庭田地亩数，但贫困地区户主受教育程度普遍较低，而家庭田地亩数普遍较多，因此其影响不显著，但在较发达地区，户主受教育程度差别较大，土地价值较大，家庭田地亩数多少备受关注，因此授信金额、户主受教育程度和家庭田地亩数影响较为显著；在授信金额和贷款次数方面，由于贫困地区农户投资机会相对较少，经济活动不频繁，因此授信金额受其影响较小，但其他地区则正好相反；在不同年份，由于较发达地区、发达地区受世界经济影响较大，因此受其影响较大，而贫困地区经济不活跃，受其影响较小。

授信金额在贫困地区受收入是否靠农业、家庭纯收入影响显著，但在较发达地区和发达地区影响不显著；曹县是传统的农业地区，由于其工业不发达，目前农民家庭纯收入主要依靠农业，因此在向其授信时会更多地考虑家庭纯收入及其来源，同时也说明贫困地区的农户收入依然比较单一，而较发达地区、发达地区则相反，越发达的地方其影响越不显著。

授信金额在发达地区受年龄影响显著，但在其他地区不显著；可能是因为在发达地区农村经济发展较早，许多农户已经得到一定的发展和积累，而且不同年龄阶段的农户的发展、综合能力和家庭积累差别较大，年龄对授信金额有显著影响。

授信金额在以上三地区受客户性质、贷款是否使用社会资源、家庭资产、年贷款金额、年平均每次贷款金额影响均显著；农村信用社在授信时非常看重客户性质，个体工商户的授信权限一般为30万元，但农户的授信权限仅为10万元；在申请贷款时一般使用社会资源的农户

表 5-5　　不同区域农户授信金额影响因素

授信额度	曹县				济阳				高密			
	Coef	Std. Err.	z	P > |z|	Coef	Std. Err.	z	P > |z|	Coef	Std. Err.	z	P > |z|
受教育程度	0.0383388	0.0775501	0.49	0.621	0.2528967	0.1076452	2.35	0.019	0.2819126	0.110537	2.55	0.011
家庭人口(个)	0.2267457	0.4891053	0.46	0.643	0.4348046	0.7027002	0.62	0.536	0.5107576	1.219361	0.42	0.675
家庭劳动力(个)	0.7870962	0.7086371	1.11	0.267	0.2519952	0.8628252	0.29	0.770	1.392564	1.412054	0.99	0.324
田地亩数	-0.3274652	0.1297438	2.52 0.012	0.1297438	-0.6026042	0.203504	-2.96	0.003	-0.641736	0.3020127	-2.12	0.034
户主性别	-1.31198	1.55431	0.84 0.399	1.55431	-2.649841	1.717171	-1.54	0.123	-2.400991	1.47472	-1.63	0.104
客户性质	3.422037	0.8223375	4.16	0.000	3.374956	0.8662993	3.90	0.000	5.086472	1.038868	4.90	0.000
贷款是否使用社会资源	1.957505	0.2946666	6.64	0.000	2.057256	0.3614984	5.69	0.000	2.294771	0.3893577	5.89	0.000
收入是否靠农业	1.225109	0.5391328	2.27	0.023	-0.0548402	0.7459028	-0.07	0.941	-1.028428	1.023912	-1.00	0.315
授信额度是否够用	-0.481288	0.7504751	0.64 0.521	0.7504751	3.789733	0.730518	5.19	0.000	2.974049	0.9061622	3.28	0.001
家庭资产	0.0513984	0.0054026	9.51	0.000	0.0336577	0.0034844	9.66	0.000	0.035921	0.0047423	7.57	0.000
家庭纯收入	-0.0608992	0.034812	-1.75	0.080	-0.0016214	0.0283129	-0.06	0.954	0.0233148	0.0283666	0.82	0.411
年贷款金额	0.0508412	0.0066285	7.67	0.000	0.1201947	0.0106915	11.24	0.000	0.1122011	0.0099483	11.28	0.000
年平均每次贷款金额	0.4041334	0.0263229	15.35	0.000	0.2921896	0.025207	11.59	0.000	0.2781362	0.0275483	10.10	0.000
年贷款次数	0.0405994	0.0442097	0.92	0.358	-0.1521148	0.0519348	-2.93	0.003	-0.0942483	0.0526395	-1.79	0.073
户主年龄	0.020094	0.0231548	0.87	0.385	0.0384812	0.0305188	1.26	0.207	-0.0783111	0.0427159	-1.83	0.067
2008 年	-0.6672029	0.2192741	-3.04	0.002	-0.6907804	0.2597517	-2.66	0.008	-0.3141401	0.3016033	-1.04	0.298
2009 年	-0.0334592	0.230826	-0.14	0.885	-0.1036705	0.2696002	-0.38	0.701	0.3747605	0.3259769	1.15	0.250
2010 年	0.1745414	0.2449085	0.71	0.476	0.5949186	0.2836064	2.10	0.036	0.8242951	0.3574021	2.31	0.021
2011 年	-0.0100049	0.2637364	-0.04	0.970	2.364923	0.4345129	5.44	0.000	2.888757	0.525145	5.50	0.000
2012 年	-0.1927286	0.2804023	-0.69	0.492	1.935219	0.4487814	4.31	0.000	2.522951	0.5600559	4.50	0.000
_cons	1.583302	2.125771	0.74	0.456	0.4274867	2.571417	0.17	0.868	1.445225	2.876625	0.50	0.615

授信金额较高，没有使用的则较少，这也说明信用社在放贷时受当地人情关系影响较大；家庭资产是代表农户还款能力的一项重要指标，因此，在所有地区对授信金额都有较大影响；年贷款金额和年平均每次贷款金额往往取决于农户最高授信金额，因此其影响较为显著。

授信金额在所有地区受人口数量、劳动力数量、性别的影响均不显著；虽然不同地区间贷款农户在家庭人口数量和劳动力数量以及性别上有一定差别，但是，由于其在授信审批过程中并不被农村信用社看重，因此其对授信金额影响因素较小。

第三节　不同富裕程度农户贷款行为特征的实证分析

一　不同富裕程度农户贷款行为描述性统计分析

（一）变量描述性统计

农户家庭资产是衡量农户富裕程度最重要的一项指标，其主要包括房产、田地、农用工具等，因此，本书根据累计分布情况，取总体样本的1/3为分界点，分别以家庭资产15万元以下划分为贫困农户，15万元及以上至36万元划分为较富裕农户，36万元及以上划分为富裕农户，最终得出贫困农户204、较富裕农户178户、富裕农户191户，共计573户。将农户2012年变量输入进SPSS V19.0后进行比较发现，不同富裕程度的农户有如下特点：农户富裕程度越高，其平均年龄越低，其平均受教育程度越高，其平均家庭人口和劳动力数越高，其平均家庭田地亩数越少，其女性户主占比越高，其个体工商户户主占比越高，其掌握的社会资源越多，其所在东部区域的比例越大；另外有一个有意思的现象是农户富裕程度越高，其平均负债金额越高，而且其平均纯收入越高，其收入越不靠农业，其授信金额也越不够用，其平均授信金额、年贷款金额、年贷款次数、年平均每次贷款金额越高，而且之间差别较大。因此，初步表明贫困、较富裕和富裕农户之间有一定的差别，而且有些差别较大（见表5-6）。

表 5 –6　　变量描述

变量	富裕程度	样本	均值	标准差
户主年龄	贫困	204	44.4461	7.93086
	较富裕	178	43.1685	7.74412
	富裕	191	42.9895	7.31328
	总数	573	43.5637	7.68648
受教育程度	贫困	204	8.2353	2.04952
	较富裕	178	9.4382	2.21171
	富裕	191	10.8168	2.28103
	总数	573	9.4695	2.42536
家庭人口	贫困	204	3.3725	0.71468
	较富裕	178	3.5393	0.93345
	富裕	191	3.6021	1.03558
	总数	573	3.5009	0.90381
家庭劳动力	贫困	204	2.0196	0.47562
	较富裕	178	2.3652	0.64337
	富裕	191	2.9058	0.80884
	总数	573	2.4223	0.75005
田地亩数	贫困	204	7.3010	1.64488
	较富裕	178	6.5427	2.45469
	富裕	191	5.4550	2.11662
	总数	573	6.4501	2.21459
性别（1 男；2 女）	贫困	204	1.0147	0.12067
	较富裕	178	1.0169	0.12909
	富裕	191	1.0314	0.17489
	总数	573	1.0209	0.14332
客户性质（1 农户；2 个体户）	贫困	204	1.0049	0.07001
	较富裕	178	1.0225	0.14863
	富裕	191	1.1885	0.39212
	总数	573	1.0716	0.25797

续表

变量	富裕程度	样本	均值	标准差
贷款是否使用社会资源（1用；0没用）	贫困	204	0.0637	0.24486
	较富裕	178	0.1910	0.39421
	富裕	191	0.5393	0.49977
	总数	573	0.2618	0.43999
所在区域（1曹县；2济阳；3高密）	贫困	204	1.7696	0.77578
	较富裕	178	2.0112	0.84365
	富裕	191	2.2199	0.76353
	总数	573	1.9948	0.81398
家庭负债	贫困	204	0.7240	0.75087
	较富裕	178	1.8402	2.54403
	富裕	191	8.5010	15.86518
	总数	573	3.6631	9.88641
家庭纯收入	贫困	204	1.9025	0.98483
	较富裕	178	4.8135	2.96218
	富裕	191	14.8942	13.35790
	总数	573	7.1373	9.68890
收入是否靠农业（1是；0否）	贫困	204	0.9657	0.18248
	较富裕	178	0.6517	0.47778
	富裕	191	0.4084	0.49283
	总数	573	0.6824	0.46596
授信额度是否够用（1是；0否）	贫困	204	0.9902	0.09877
	较富裕	178	0.9326	0.25145
	富裕	191	0.7958	0.40417
	总数	573	0.9075	0.28998
最高授信额度	贫困	204	2.9662	4.41538
	较富裕	178	5.5056	3.75484
	富裕	191	14.1874	11.58732
	总数	573	7.4955	8.90969
年贷款金额	贫困	15	5.6667	7.07871
	较富裕	89	10.0096	10.49145
	富裕	134	30.4067	45.28874
	总数	238	21.2200	36.12581

续表

变量	富裕程度	样本	均值	标准差
年贷款次数	贫困	15	2. 4000	2. 19740
	较富裕	89	2. 6180	2. 21311
	富裕	134	3. 6194	3. 91411
	总数	238	3. 1681	3. 31171
年平均每次贷款金额	贫困	15	2. 7227	2. 30017
	较富裕	89	4. 3709	2. 88443
	富裕	134	10. 2079	9. 63725
	总数	238	7. 5534	8. 04903

（二）变量F检验

由上面描述性统计可以看出贷款农户之间存在一定差别，因此不同富裕程度的贷款农户或许存在较大差异，为检验此假设，对不同富裕程度的贷款农户的各个变量进行F检验，结果表明：不同富裕程度贷款农户在受教育程度、家庭劳动力、田地亩数、客户性质、贷款是否使用社会资源、区域、家庭负债、家庭纯收入、收入是否靠农业、授信额度是否够用、最高授信额度、年贷款金额和年平均每次贷款金额上差异极为显著（$P<0.01$）；家庭人口上差异较为显著（$P<0.05$）；年贷款次数上差异显著（$P<0.1$）；而在户主年龄和性别上差异不显著（见表5－7）。

表5－7　　　　方差分析（F检验）

变量		平方和	Df	均方	F	显著性
户主年龄	组间	249. 595	2	124. 798	2. 121	0. 121
	组内	33545. 330	570	58. 851		
	总数	33794. 925	572			
受教育程度	组间	657. 603	2	328. 802	69. 231	0. 000
	组内	2707. 112	570	4. 749		
	总数	3364. 716	572			
家庭人口	组间	5. 579	2	2. 790	3. 444	0. 033
	组内	461. 670	570	0. 810		
	总数	467. 250	572			

续表

变量		平方和	Df	均方	F	显著性
家庭劳动力	组间	78.305	2	39.152	91.654	0.000
	组内	243.489	570	0.427		
	总数	321.794	572			
田地亩数	组间	338.364	2	169.182	39.090	0.000
	组内	2466.968	570	4.328		
	总数	2805.332	572			
1男；2女	组间	0.032	2	0.016	0.775	0.461
	组内	11.717	570	0.021		
	总数	11.749	572			
1农户；2个体	组间	3.946	2	1.973	32.964	0.000
	组内	34.120	570	0.060		
	总数	38.066	572			
贷款是否使用社会资源	组间	23.600	2	11.800	77.194	0.000
	组内	87.133	570	0.153		
	总数	110.733	572			
所在区域（1曹县;2济阳;3高密）	组间	20.071	2	10.035	15.937	0.000
	组内	358.913	570	0.630		
	总数	378.984	572			
家庭负债	组间	6824.158	2	3412.079	39.624	0.000
	组内	49083.730	570	86.112		
	总数	55907.888	572			
家庭纯收入	组间	18044.061	2	9022.030	144.242	0.000
	组内	35652.320	570	62.548		
	总数	53696.381	572			
收入是否靠农业（1是；0否）	组间	30.881	2	15.441	94.320	0.000
	组内	93.311	570	0.164		
	总数	124.192	572			
授信额度是否够用（1是；0否）	组间	3.890	2	1.945	25.076	0.000
	组内	44.208	570	0.078		
	总数	48.098	572			

续表

变量		平方和	Df	均方	F	显著性
最高授信额度	组间	13443.187	2	6721.594	119.865	0.000
	组内	31963.621	570	56.077		
	总数	45406.808	572			
年贷款金额	组间	26122.626	2	13061.313	10.839	0.000
	组内	283180.027	235	1205.021		
	总数	309302.653	237			
年贷款次数	组间	63.077	2	31.538	2.922	0.056
	组内	2536.201	235	10.792		
	总数	2599.277	237			
年平均每次贷款金额	组间	2195.681	2	1097.840	19.606	0.000
	组内	13158.819	235	55.995		
	总数	15354.500	237			

（三）多重比较

为更进一步比较不同富裕程度贷款农户在各变量上的差异情况，本书对上述F检验中差异显著的变量再进行事后多重比较。由表5-8可以看出，在受教育年限上贫困、较富裕、富裕农户之间存在显著差异，且农户越富裕程度越高，其受教育程度越高；在家庭人口方面，富裕农户显著高于贫困农户，较富裕农户显著高于贫穷农户，但较富裕农户与富裕农户差异不显著；在家庭劳动力方面，富裕农户显著高于较富裕农户和贫穷农户，较富裕农户显著高于贫穷农户；在家庭田地亩数方面，富裕农户显著低于较富裕农户和贫困农户，较富裕农户显著低于贫穷农户，表现出越贫穷的农户家庭田地亩数越多的特点；在客户性质方面，富裕农户中为个体工商户的比例显著高于较富裕农户和贫困农户，较富裕农户和贫困农户间没有显著差异；在贷款是否拥有社会资源方面，富裕农户显著高于较富裕农户和贫穷农户，较富裕农户显著高于贫穷农户；在家庭负债方面，富裕农户显著高于较富裕农户和贫穷农户，但较富裕农户与贫穷农户间差异不显著；在家庭纯收入方面，富裕农户显著高于较富裕农户和贫穷农户，较富裕农户显著高于贫穷农户；在收入是否靠农业方面，富裕农户显著低于较富裕农户和贫穷农户，较富裕农户显著低于贫穷农户，表现出越贫穷农户家庭收入越靠农业的特点；在授信额度是否够用方面，富裕农户显著低于较富裕农户和贫穷农户，较富裕农户显著低于贫穷农户，表现出越贫穷农户授信额度越够用的特点；在最高授信额度方面，富裕农户显著高于较富裕农户和贫穷农户，较富裕农户显著高于贫穷农户；在年贷款金额和年平均每次贷款金额方面，富裕农户显著高于较富裕农户和贫穷农户，但贫困农户与较富裕农户之间差异不显著；在年贷款次数方面，仅有富裕农户显著高于贫穷农户，其他组间无显著差异。总体来说，山东省不同富裕程度的贷款农户的变量差异较为显著，贫困、较富裕和富裕贷款农户的特征较为明显。

表 5－8　多重比较

		富裕	贫困
受教育程度	贫困	－2.58146***	
	较富裕	－1.37855***	1.20291***
家庭人口	贫困	－0.22955**	
	较富裕	－0.06277	0.16678*
家庭劳动力	贫困	－0.88615***	
	较富裕	－0.54059***	0.34556***
田地亩数	贫困	1.84601***	
	较富裕	1.08772***	－0.75828***
客户特质（1 农户；2 个体）	贫困	－0.18358***	
	较富裕	－0.16601***	0.01757
贷款是否使用社会资源	贫困	－0.47554***	
	较富裕	－0.34826***	0.12729***
家庭负债	贫困	－7.77703***	
	较富裕	－6.66082***	1.11621
家庭纯收入	贫困	－12.99179***	
	较富裕	－10.08076***	2.91103***

续表

		富裕	贫困
收入是否靠农业（1是；0否）	贫困	0.55731***	
	较富裕	0.24331***	-0.31400***
授信额度是否够用（1是；0否）	贫困	0.19438***	
	较富裕	0.13677***	-0.05761**
最高授信额度	贫困	-11.22126***	
	较富裕	-8.68182***	1.39451***
年贷款金额	贫困	-24.74005***	
	较富裕	-20.39717***	4.34288
年贷款次数	贫困	-1.21940**	
	较富裕	-1.00143	0.21798
年平均每次贷款金额	贫困	-7.48524***	
	较富裕	-5.83701***	1.64823

注：表中数据为横向减纵向，*、**和***分别表示在10%、5%和1%的水平上显著。

二　不同富裕程度农户贷款行为实证分析

（一）模型的建立

在农户贷款中，农户每次贷款的多少取决于授信金额的多少，授信金额是农户贷款的最核心要素，因此，本书以农户授信额度为因变量，以农户2007—2012年的个体特征、贷款特征和时间特征为自变量，探究不同富裕程度农户贷款行为的影响因素。贫困农户为204户、较富裕农户为178户、富裕农户为191户，考虑到所收集数据是微观的、静态的，时间为6年，数据量大，因此构建5年时间虚拟变量，建立随机效应模型，具体为：

$$Y_{it} = \alpha + \beta X_{it} + Z_{it} + \mu + \eta \qquad (5-2)$$

其中，Y_{it}为第i个农户在t年的最高授信金额，其中$i=1$，…，n，$t=2007$，…，2012，X_{it}为农户可变变量，其包括户主年龄、家庭资产、家庭纯收入、年授信金额、年贷款金额、年贷款次数、年平均每次贷款金额，Z_{it}为不变虚拟变量，其包括户主性别、户主受教育程度、家庭人口、家庭劳动力、田地亩数、客户性质、从事行业、贷款是否使用社会资源、收入是否靠农业、家庭总负债、授信额度是否够用，α 为常数项，μ 为误差，η 为个体随机误差。

在针对模型采用固定效应模型估计还是随机效应模型估计方面，由于固定变量如受教育程度、户主性别等六年内没有改变，如果使用固定效应方法，会产生完全共线，另外，以上固定变量也可以替代部分固定效应，所以选用随机效应模型。

（二）结果分析

基于随机效应模型，不同富裕程度农户授信金额的影响因素估计结果见表5-9，由回归结果可以看出：

贫困农户的授信金额受教育程度、家庭人口、家庭劳动力、田地亩数、户主性别、收入是否靠农业、家庭纯收入、年贷款次数和户主年龄影响不显著；但其中户主性别、收入是否靠农业和年贷款次数对较富裕农户的授信金额影响极为显著，家庭纯收入对较富裕农户的授信金额影响较为显著，这可能是因为较富裕农户正处于两极分化阶段，分化成富裕或贫困农户加速度较快，因此农信社更加看重其纯收入的非农化和变化，而且此富裕程度的农户对贷款更加敏感，贷款使用的次数更趋于精打细算；田地亩数对富裕农户的授信金额影响极为显著，受教育程度、家庭人口对富裕农户的授信金额影响较为显著，这可能是因为富裕农户的田地较少，其田地的收益价值较高，且多数拥有经济作物种植或非农生产经营，当农户富裕达到一定程度时，受教育程度越高，其正向作用越大，且家庭人口数随之增加。

贫困农户的授信金额受客户性质的影响显著，但较富裕农户和富裕农户受其影响极为显著。说明对于贫困农户来说，其是不是个体工商户对其授信金额影响显著，但是，对于较富裕农户和富裕农户来说则影响极为显著。总之，农户是不是个体工商户显著影响其获得的授信金额的大小。

贫困农户和富裕农户的授信金额受是否拥有社会资源、授信额度是否够用、家庭资产、年贷款金额和年平均每次贷款金额的影响极为显著；但较富裕农户受授信额度是否够用和年平均每次贷款金额的影响

表 5－9　　不同富裕程度农户授信金额影响因素

授信额度	贫困农户				较富裕农户				富裕农户			
	Coef	标准差	z	P>|z|	Coef	标准差	z	P>|z|	Coef	标准差	z	P>|z|
受教育程度	-0.0461163	0.0575338	-0.80	0.423	0.0585717	0.0721708	0.81	0.417	0.3205629	0.1315338	2.44	0.015
家庭人口(个)	0.6231953	1.171957	0.53	0.595	0.0699739	0.3004219	0.23	0.816	1.282617	0.5160882	2.49	0.013
家庭劳动力(个)	-0.3686575	0.2445711	-1.51	0.132	0.026268	0.28383	0.09	0.926	0.1943763	0.5856868	0.33	0.740
田地亩数	-0.2979962	0.5482684	-0.54	0.587	-0.0558702	0.1258555	-0.44	0.657	-0.7161636	0.2587625	-2.77	0.006
户主性别	-0.3699813	0.9039301	-0.41	0.682	-3.271747	1.171298	-2.79	0.005	-1.573437	1.862674	-0.84	0.398
客户性质	2.572595	1.328308	1.94	0.053	2.858953	0.8457189	3.38	0.001	3.909406	0.9113773	4.29	0.000
贷款是否使用社会资源	0.5138271	0.1655094	3.10	0.002	0.5254426	0.142185	3.70	0.000	1.299803	0.3188392	4.08	0.000
收入是否靠农业	2.088643	1.980306	1.05	0.292	1.36283	0.456836	2.98	0.003	-0.4206623	0.9923027	-0.42	0.672
授信额度是否够用	11.7669	1.309661	8.98	0.000	-0.0735857	0.6177397	-0.12	0.905	3.006151	0.8150448	3.69	0.000
家庭资产	0.0764751	0.0222181	3.44	0.001	0.0474619	0.0119097	3.99	0.000	0.0383971	0.0043001	8.93	0.000
家庭纯收入	0.0212556	0.0756932	0.28	0.779	-0.0681241	0.0313697	-2.17	0.030	-0.0019913	0.0279275	-0.07	0.943
年贷款金额	0.0796522	0.0120935	6.59	0.000	0.2167247	0.0137756	15.73	0.000	0.079665	0.0083332	9.56	0.000
年平均每次贷款金额	0.3623282	0.0414954	8.73	0.000	0.0451872	0.0312272	1.45	0.148	0.3585733	0.0250641	14.31	0.000
年贷款次数	0.0392379	0.0502577	0.78	0.435	-0.2373261	0.0396232	-5.99	0.000	-0.041366	0.0581109	-0.71	0.477
户主年龄	-0.0157413	0.0147454	-1.07	0.286	-0.0167922	0.0227387	-0.74	0.460	0.0449391	0.0494191	0.91	0.363
2008 年	-0.390907	0.2221037	-1.76	0.078	-0.6870662	0.252376	-2.72	0.006	-1.075825	0.4052123	-2.65	0.008
2009 年	0.0805116	0.2502293	0.32	0.748	-0.235349	0.2908759	-0.81	0.418	-0.1245997	0.4341692	-0.29	0.774
2010 年	0.1606648	0.2844647	0.56	0.572	0.1981488	0.3363658	0.59	0.556	0.7188011	0.4713109	1.53	0.127
2011 年	0.6507289	0.3338234	1.95	0.051	0.2543157	0.399553	0.64	0.524	1.782371	0.5340101	3.34	0.001
2012 年	0.6304512	0.3690073	1.71	0.088	0.1384167	0.4500744	0.31	0.758	0.7789606	0.5780394	1.35	0.178
_cons	3.030043	1.3375	2.27	0.023	5.751754	1.72544	3.33	0.001	-1.764996	3.630815	-0.49	0.627

不显著。说明贷款是否使用社会资源、授信额度是否够用、家庭资产、年贷款金额和年平均每次贷款金额对所有农户的授信金额都影响较大，农信社也非常看重农户的这些特征，但对较富裕农户的授信额度是否够用和年平均每次贷款金额则不关注。

第四节　不同类型农户贷款行为特征的实证分析

一　不同类型农户贷款行为描述性统计分析

（一）变量描述性统计

多数学者将农户家庭兼业类型分为纯农业户、Ⅰ兼农户、Ⅱ兼农户和纯非农业户四类（李延敏，2005）：（1）纯农业户是指在家庭全年生产性纯收入中80%以上来自农业。（2）农业兼业户（Ⅰ兼农户）为以农业为主、兼营他业，指在家庭全年生产性纯收入中有50%—80%来自农业。（3）非农兼业户（Ⅱ兼农户）与农业兼业户相反，以非农业为主、兼营农业，指在家庭全年生产性纯收入中有50%—80%来自非农业。（4）非农业户指在家庭全年生产性纯收入中有80%以上来自非农业。本书在借鉴以往学者研究的基础上，为便于比较分析，将纯农业户和Ⅰ兼农户定义为靠农农户，将Ⅱ兼农户和纯非农业户定义为非靠农农户。最终将573户贷款农户类型分为391户靠农农户和182户非靠农农户。

将农户2012年变量输入进SPSS V19.0后进行比较发现，不同类型的农户有如下特点：靠农农户的平均年龄较高，其受教育程度较低，家庭人口和家庭劳动力较少，平均拥有田地亩数较多，户主为女性的较多，其个体工商户占比较小，拥有社会资源较少，家庭资产、家庭负债、家庭纯收入均相对较少，所在区域多为中西部欠发达地区，授信额度相对够用，但授信额度、年贷款金额、年贷款次数和年平均贷款金额均相对较低。因此，初步表明不同类型农户之间有差别，且有些变量差别较大（见表5－10）。

表 5－10　　　　变量描述

变量	农户类型	样本	均值	标准差
户主年龄	靠农	391	44.3171	7.69193
	非靠农	182	41.9451	7.44091
	总数	573	43.5637	7.68648
受教育程度	靠农	391	8.9616	2.26819
	非靠农	182	10.5604	2.39801
	总数	573	9.4695	2.42536
家庭人口	靠农	391	3.4808	0.88231
	非靠农	182	3.5440	0.94941
	总数	573	3.5009	0.90381
家庭劳动力	靠农	391	2.2941	0.70379
	非靠农	182	2.6978	0.77381
	总数	573	2.4223	0.75005
田地亩数	靠农	391	7.5036	1.75699
	非靠农	182	4.1868	1.13986
	总数	573	6.4501	2.21459
户主性别（1男；2女）	靠农	391	1.0230	0.15015
	非靠农	182	1.0165	0.12768
	总数	573	1.0209	0.14332
客户性质（1农户；2个体户）	靠农	391	1.0179	0.13277
	非靠农	182	1.1868	0.39084
	总数	573	1.0716	0.25797
贷款是否使用社会资源（1用；0没用）	靠农	391	0.1407	0.34812
	非靠农	182	0.5220	0.50089
	总数	573	0.2618	0.43999
家庭资产	靠农	391	38.0598	42.63346
	非靠农	182	87.9341	83.93806
	总数	573	53.9012	63.31520

续表

变量	农户类型	样本	均值	标准差
家庭负债	靠农	391	2. 0198	4. 41538
	非靠农	182	7. 1934	15. 76424
	总数	573	3. 6631	9. 88641
家庭纯收入	靠农	391	4. 7749	6. 70257
	非靠农	182	12. 2126	12. 72437
	总数	573	7. 1373	9. 68890
所在区域（1 曹县；2 济阳；3 高密）	靠农	391	1. 9258	0. 80519
	非靠农	182	2. 1429	0. 81521
	总数	573	1. 9948	0. 81398
授信额度是否够用（1 是；0 否）	靠农	391	0. 9412	0. 23560
	非靠农	182	0. 8352	0. 37206
	总数	573	0. 9075	0. 28998
最高授信额度	靠农	391	4. 8749	5. 75534
	非靠农	182	13. 1253	11. 52345
	总数	573	7. 4955	8. 90969
年贷款金额	靠农	93	11. 8769	14. 23639
	非靠农	145	27. 2124	43. 88522
	总数	238	21. 2200	36. 12581
年贷款次数	靠农	93	2. 7204	2. 64314
	非靠农	145	3. 4552	3. 65715
	总数	238	3. 1681	3. 31171
年平均每次贷款金额	靠农	93	4. 8854	3. 99292
	非靠农	145	9. 2646	9. 42850
	总数	238	7. 5534	8. 04903

（二）变量 F 检验

为检验不同类型的贷款农户是否存在显著差异，对不同类型贷款农户的各个变量进行 F 检验，结果表明：不同类型农户贷款在户主年龄、受教育程度、劳动力人口、田地亩数、客户性质、贷款是否使用社会资源、家庭资产、家庭负债、家庭纯收入、所在区域、授信额度是否够用、最高授信额度、年贷款金额和年平均每次贷款金额上差异极为显著（P<0.01）；而在家庭人口、户主性别和年贷款次数上差异不显著（见表5-11）。

表5-11　　　　　　方差分析结果（F检验）

变量		平方和	Df	均方	F	显著性
户主年龄	组间	698.799	1	698.799	12.056	0.001
	组内	33096.126	571	57.962		
	总数	33794.925	572			
受教育程度	组间	317.456	1	317.456	59.485	0.000
	组内	3047.260	571	5.337		
	总数	3364.716	572			
家庭人口	组间	0.495	1	0.495	0.606	0.437
	组内	466.754	571	0.817		
	总数	467.250	572			
家庭劳动力	组间	20.238	1	20.238	38.322	0.000
	组内	301.556	571	0.528		
	总数	321.794	572			
田地亩数	组间	1366.229	1	1366.229	542.085	0.000
	组内	1439.103	571	2.520		
	总数	2805.332	572			
户主性别（1男；2女）	组间	0.005	1	0.005	0.258	0.612
	组内	11.743	571	0.021		
	总数	11.749	572			
客户性质（1农户；2个体）	组间	3.543	1	3.543	58.605	0.000
	组内	34.523	571	0.060		
	总数	38.066	572			
贷款是否使用社会资源	组间	18.057	1	18.057	111.257	0.000
	组内	92.676	571	0.162		
	总数	110.733	572			
家庭资产	组间	308919.801	1	308919.801	88.902	0.000
	组内	1984121.768	571	3474.819		
	总数	2293041.569	572			

续表

变量		平方和	Df	均方	F	显著性
家庭负债	组间	3324.088	1	3324.088	36.096	0.000
	组内	52583.800	571	92.091		
	总数	55907.888	572			
家庭纯收入	组间	6870.225	1	6870.225	83.776	0.000
	组内	46826.155	571	82.007		
	总数	53696.381	572			
所在区域（1曹县;2济阳;3高密）	组间	5.849	1	5.849	8.951	0.003
	组内	373.135	571	0.653		
	总数	378.984	572			
授信额度是否够用1是；0否	组间	1.396	1	1.396	17.065	0.000
	组内	46.702	571	0.082		
	总数	48.098	572			
最高授信额度	组间	8453.510	1	8453.510	130.623	0.000
	组内	36953.298	571	64.717		
	总数	45406.808	572			
年贷款金额	组间	13325.137	1	13325.137	10.625	0.001
	组内	295977.515	236	1254.142		
	总数	309302.653	237			
年贷款次数	组间	30.588	1	30.588	2.810	0.095
	组内	2568.690	236	10.884		
	总数	2599.277	237			
年平均每次贷款金额	组间	1086.607	1	1086.607	17.973	0.000
	组内	14267.894	236	60.457		
	总数	15354.500	237			

二　不同类型农户贷款行为实证分析

（一）模型的建立

在农户贷款中，农户每次贷款的多少取决于授信金额的多少，授信金额是农户贷款的最核心要素，因此，本书以农户授信额度为因变量，以农户2007—2012年的个体特征、贷款特征和时间特征为自变量，探究不同类型农户贷款行为的影响因素。靠农农户 391 户，非靠农农户 182 户，考虑到所收集数据是微观的、静态的，时间为 6 年，数据量大，因此构建 5 年时间虚拟变量，建立随机效应模型，具体为：

$$Y_{it} = \alpha + \beta X_{it} + Z_{it} + \mu + \eta \qquad (5-3)$$

其中，Y_{it}为第 i 个农户在 t 年的最高授信额度，其中 $i=1$，…，n，$t=2007$，…，2012，X_{it}为农户可变变量，其包括户主年龄、家庭资产、家庭纯收入、年授信金额、年贷款金额、年贷款次数、年平均每次贷款金额，Z_{it}为不变虚拟变量，其包括户主性别、受教育程度、家庭人口、家庭劳动力、田地亩数、客户性质、从事行业、社会资源、家庭负债、授信额度是否够用，α 为常数项，μ 为误差，η 为个体随机误差。

在针对模型采用固定效应模型估计还是随机效应模型估计方面，由于固定变量如教育、性别等 6 年内没有改变，如果使用固定效应方法，会产生完全共线。另外，以上固定变量也可以替代部分固定效应，所以选用随机效应模型。

（二）结果分析

基于随机效应模型，不同类型农户授信金额的影响因素估计结果见表 5－12。

由回归结果可以看出：靠农农户和非靠农农户的授信额度受农户的客户性质、贷款是否使用社会资源、授信额度是否够用、家庭总资产、年贷款金额和年平均每次贷款金额的影响极为显著。非靠农业农户的授信金额受农户的田地亩数和户主性别的影响较为显著，但靠农业农户的授信额度受农户的田地亩数影响极为显著，而受户主性别影响不显著；非靠农业农户的授信额度受农户的家庭人口、家庭纯收入和年贷款次数的影响极为显著，但靠农业农户的授信额度仅受家庭纯收入的影响显著，其他两种影响因素不显著。非靠农业农户的授信金额受农户的受教育程度、家庭劳动力和户主年龄的影响不显著，但靠农业农户的授信额度受教育程度的影响较为显著。

表 5－12　不同类型农户授信金额影响因素

授信额度	非靠农农户				靠农农户			
	Coef	标准差	z	P > |z|	Coef	标准差	z	P > |z|
受教育程度	0. 0234456	0. 0513955	0. 46	0. 648	0. 3114128 **	0. 1219745	2. 55	0. 011
家庭人口(个)	0. 8201422 ***	0. 2685086	3. 05	0. 002	0. 7355225	0. 4780885	1. 54	0. 124
家庭劳动力(个)	0. 1008051	0. 1955614	0. 52	0. 606	0. 2625166	0. 4748531	0. 55	0. 580
田地亩数	－0. 295025 **	0. 1222835	－2. 41	0. 016	－0. 802704 ***	0. 2227937	－3. 60	0. 000
户主性别	－1. 900956 **	0. 7795979	－2. 44	0. 015	－2. 755366	1. 945377	－1. 42	0. 157
客户性质	4. 244247 ***	0. 7953073	5. 34	0. 000	4. 356146 ***	0. 8367874	5. 21	0. 000
贷款是否使用社会资源	0. 5438747 ***	0. 1195775	4. 55	0. 000	1. 286915 ***	0. 2839964	4. 53	0. 000
收入是否靠农业	3. 736931 ***	0. 5661846	6. 60	0. 000	2. 450436 ***	0. 7679737	3. 19	0. 001
授信额度是否够用	0. 0346813 ***	0. 0031322	11. 07	0. 000	0. 0415226 ***	0. 0041054	10. 11	0. 000
家庭资产	0. 0864837 ***	0. 0205647	4. 21	0. 000	－0. 0490829 *	0. 0286505	－1. 71	0. 087
家庭年纯收入	0. 0579013 ***	0. 0093094	6. 22	0. 000	0. 0877666 ***	0. 0079318	11. 07	0. 000
年贷款金额	0. 308897 ***	0. 0215898	14. 31	0. 000	0. 3511343 ***	0. 0250755	14. 00	0. 000
年平均每次贷款金额	－0. 088022 ***	0. 0325584	－2. 70	0. 007	0. 0192204	0. 0538259	0. 36	0. 721
年贷款次数	－0. 011358	0. 014841	－0. 77	0. 444	0. 0024461	0. 0426876	0. 06	0. 954
户主年龄	－0. 404906 ***	0. 1288662	－3. 14	0. 002	－0. 7790005 **	0. 3625588	－2. 15	0. 032
2008 年	0. 0429659	0. 1355584	0. 32	0. 751	0. 30357	0. 383734	0. 79	0. 429
2009 年	0. 2524869 *	0. 1448045	1. 74	0. 081	1. 175104 ***	0. 4109828	2. 86	0. 004
2010 年	0. 7424012 ***	0. 170975	4. 34	0. 000	1. 939156 ***	0. 4567586	4. 25	0. 000
2011 年	0. 5631797 ***	0. 1806013	3. 12	0. 002	1. 18845 **	0. 4927782	2. 41	0. 016
2012 年	2. 776564 **	1. 202576	2. 31	0. 021	2. 55562	3. 124088	0. 82	0. 413
_cons	0. 0234456	0. 0513955	0. 46	0. 648	0. 3114128 ***	0. 1219745	2. 55	0. 011

第五节　农户贷款行为影响因素及其规律的实证分析

一　农户贷款行为描述性统计分析

（一）贷款农户的家庭特征

本书对贷款农户的户主年龄、户主性别、受教育程度、家庭人口、家庭劳动力、田地亩数、客户性质等信息进行收集。通过统计分析（见表5－13），我们发现，贷款农户的家庭特征有以下特点：所有贷款农户的平均年龄基本为40—45岁，贷款农户中男性比重较大；受教育程度一般为初中；家庭人口一般为3—4人，劳动力人口则是

表5－13　贷款农户的家庭特征

区域	行政村	样本数	户主年龄	户主性别	受教育程度	家庭人口	家庭劳动力	田地亩数	客户性质
曹县DJ乡	GZ	24	44.375	1.000	9.125	4.000	2.75	7.058	0.875
	LZ	43	45.047	0.977	9.488	4.023	2.837	6.900	0.884
	SZ	77	42.571	1.000	8.377	3.896	2.221	7.673	0.987
	ZZ	47	44.702	0.979	8.106	3.340	2.064	7.072	1.000
济阳TM乡	BT	42	43.571	1.000	9.500	3.452	2.381	6.383	0.929
	DZJ	43	41.163	1.000	10.186	3.465	2.233	6.458	0.953
	MZ	60	44.417	0.983	9.850	3.400	2.467	6.187	0.933
	WJ	49	44.449	0.959	9.245	3.163	2.286	6.145	0.959
高密SY镇	DX	21	41.619	1.000	9.714	3.143	2.381	5.781	0.857
	LY	60	43.383	0.967	9.950	3.333	2.400	6.080	0.950
	XP	36	44.111	0.972	10.000	3.306	2.611	5.942	0.944
	XJ	71	43.282	0.944	10.296	3.408	2.648	5.470	0.859
平均		47.75	43.564	0.979	9.469	3.501	2.422	6.450	0.934

注：1. 户主年龄为平均年龄；2. 性别中1是男，0是女；3. 教育指农户受教育程度；4. 人口指家庭人口；5. 劳动力指家庭劳动力；6. 田地指农户家庭拥有田地亩数；7. 客户性质指农户的分类，1是农户，0是个体工商户。

2—3 人；家庭田地亩数是 5—7 亩；贷款农户中以农户为主，个体工商户比重较小。上述结果表明，山东不同区域贷款农户的家庭特征既有共性，又有差异性，具有较强的代表性。

（二）贷款农户的资产负债特征

贷款农户的资产负债特征是其获得贷款的重要参数指标，主要包括家庭资产、家庭负债和家庭纯收入三个变量。家庭资产是根据当地农村市场，对农户的宅基地、地上建筑物、田地、生产资料等价格估计的总和；农户家庭负债主要是指农户贷款金额和对亲朋好友的欠债；家庭纯收入是指农户家庭年总收入减去家庭年总支出；收入是否靠农业是指家庭收入是否有一半以上涉农，以此来观测农户的兼业行为。由表 5－14 可见，不同区域贷款农户在资产、负债、纯收入、收入是否靠农业上差别较大，且与经济发展水平相对应；农户的整体负债比较低，不愿欠债经营的传统思想依然比较严重，由收入是否靠农业的平均值（M＝0.682）可以看出，山东农户收入来源中涉农比例依然较高，山东省依然是农业大省。

表 5－14　　贷款农户的资产负债特征

区域	行政村	样本数	家庭资产	家庭负债	家庭纯收入	收入是否靠农业
曹县 DJ 乡	GZ	24	40.227	4.896	6.788	0.667
	LZ	43	44.081	7.626	7.723	0.512
	SZ	77	19.102	0.909	3.358	0.792
	ZZ	47	10.847	1.681	1.956	0.915
济阳 TM 乡	BT	42	26.021	1.925	4.587	0.714
	DZJ	43	34.819	3.740	5.624	0.674
	MZ	60	53.680	6.115	8.343	0.667
	WJ	49	30.798	2.171	4.681	0.755
高密 SY 镇	DX	21	27.456	1.114	4.700	0.619
	LY	60	33.405	3.953	5.098	0.667
	XP	36	34.374	3.078	6.115	0.639
	XJ	71	57.395	5.890	11.301	0.521
平均		47.75	35.000	3.663	5.968	0.682

注：1. 家庭资产、家庭负债、家庭纯收入分别指农户家庭六年的平均家庭资产、平均家庭负债、平均家庭纯收入；2. 收入是否靠农业是指农户的收入来源是否主要靠农业，靠农业为 1，不靠农业为 0。

（三）农户的贷款特征

本调查依据农户贷款证中的信息明细收集到最高授信金额、年贷款金额、年贷款次数、年平均贷款金额，同时向农户询问贷款是否够用等；最后再确认贷款数据的真实性和完整性。本数据都是客观发生的事实，因此与运用意愿调查等方法得到的数据有着本质的差别。由表5－15可见，农户的授信金额、年贷款金额、年平均贷款金额与以往调查数据有较大差别，不再以小额贷款为主（通常是5万元以内）；同时值得注意的是，多数农户认为贷款够用（M＝0.908），与众多学者认为农户贷款受到严重信贷约束相矛盾（韩俊等，2007；程郁等，2009；白永秀等，2010；王书华等，2012），但与笔者多年的一线工作经验相吻合，即目前大多农户并未受到严重的信贷约束，而是受到投资约束，因缺乏投资机会每年平均有39.67%的农户办出贷款证后并未使用贷款。

表5－15　农户的贷款特征

区域	行政村	样本数	最高授信额度	年贷款金额	年贷款次数	年平均贷款金额	贷款是否够用
曹县DJ乡	GZ	24	7.972	14.028	2.871	5.360	0.958
	LZ	43	8.171	19.385	3.308	5.530	0.860
	SZ	77	4.153	7.631	2.873	2.710	0.974
	ZZ	47	1.866	5.066	2.122	2.590	0.979
济阳TM乡	BT	42	5.713	14.806	3.304	4.550	0.929
	DZJ	43	5.538	9.014	2.750	4.890	0.930
	MZ	60	7.731	15.402	2.913	5.780	0.883
	WJ	49	5.345	9.503	2.376	4.110	0.857
高密SY镇	DX	21	7.563	17.968	3.538	4.880	0.905
	LY	60	6.347	12.298	3.345	4.130	0.967
	XP	36	6.485	12.498	3.514	4.350	0.861
	XJ	71	9.433	19.041	3.752	6.580	0.803
平均		47.750	6.276	13.547	3.113	4.780	0.908

注：1. 最高授信额度、年贷款金额、年贷款次数均为农户六年中的平均数；2. 年平均贷款金额为农户每次贷款的平均金额；3. 贷款是否够用是指贷款是否能满足农户需求，1是够用，0是不够用。

二　农户贷款行为的实证模型

为揭示农户贷款行为的发展规律及其影响因素，以便全方位提升农村金融机构服务质量及农户贷款的有效性，本书收集 573 户农户连续 6 年的贷款数据，并对其进行深入分析。此追踪研究的最大优点是可以描述事物的发展变化规律，揭示变量间的因果关系。近年来，国外统计学领域中的追踪数据分析技术有了长足发展，其中，多层线性模型在纵向研究中得到越来越多的运用（Singer J. D.，2003）。多层线性模型当数据存在于不同层级时，首先第一层级的变量建立回归方程，然后把该方程中的截距和斜率作为因变量，用第二层数据中的变量作为自变量，再建立两个新的方程。通过这种处理，可以探索不同层面变量对因变量的影响。由于其模型不需要以方差齐性和随机误差独立性为前提假设，更适合于追踪研究（盖笑松，2005）。本书以不同观测时间下的追踪数据为自变量建立第一层模型，以不依时间变化的个体特征为自变量建立第二层模型，形成两层数据结构。在第一层数据结构中，以时间为自变量，对农户授信额度、年贷款金额、年贷款次数、年平均贷款金额做回归，其中时间为虚拟变量，可建立第一层回归方程：

$$Y_{ij} = \beta_{0i} + \beta_{ki} X_{ij} + \varepsilon_{ij} \tag{5-4}$$

其中，下标 0 表示截距，下标 k 表示斜率，下标 i 表示第 i 个观测农户，i 的分值是 1 到 573，下标 j 表示第 j 次观测时间，j 的分值是 2007 年到 2012 年。β_{0i}是方程的截距，其含义是第 i 个观测对象的平均数。β_{ki}是回归系数，其含义是第 i 个观测对象的变化速率。X_{ij}代表第 i 个观测对象在第 j 个观测时间中自变量 X 的取值，ε_{ij}代表残差，其含义是第 i 个观测对象在第 j 个观测时间中的测量值 Y 不能被自变量 X 所解释的部分。

在第二层数据结构中，分别以方程（5－4）中的截距和斜率为因变量，以观测对象的个体特征为自变量，建立两个第二层回归方程：

$$\beta_{0i} = \alpha_{00} + \alpha_{0k} W_{ki} + \eta_{0i} \tag{5-5}$$

$$\beta_{ki} = \alpha_{k0} + \alpha_{kk} W_{ki} + \eta_{ki} \tag{5-6}$$

上面的第二层回归方程中包含自变量 W_k，k 代表户主年龄、户主性别、家庭劳动力等多个自变量。

在农户贷款行为中，因农户授信额度、年贷款金额、年贷款次数、年平均贷款金额能综合反映农户的经济实力、真实贷款需求等发展规律，所以，本书将对以上变量建立多层线性模型，探求农户贷款行为的规律及其影响因素。

三　农户贷款行为的发展规律及其影响因素

为进一步探讨农户贷款行为的发展规律，我们首先对数据进行简单的统计分析，从图 5－1 可以看出，在 2007—2012 年六年的农户贷款表现出如下特点：（1）农户每年的授信额度、年贷款金额、年平均贷款金额均有所增加，尤其是年贷款金额增加较快，而年贷款次数变化不大，即农户每次贷款获得金额逐步提高，说明农信社在信贷支农方面的力度越来越大；（2）农户贷款金额、授信额度、年平均贷款金额等变量与时间变量呈线性关系，且随着时间的推移增速明显。

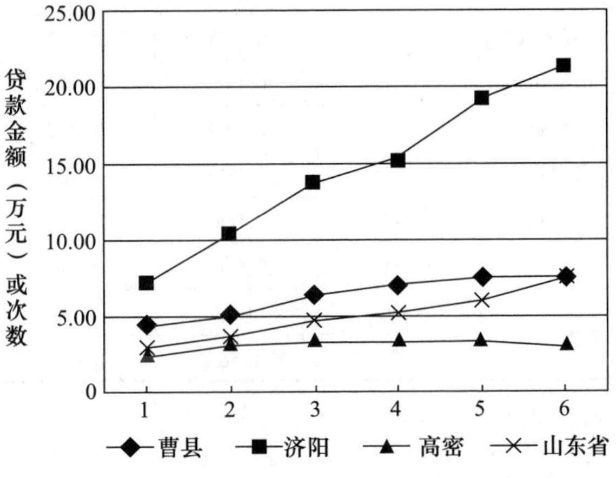

图 5－1　农户连续六年贷款的变化情况

（一）农户授信金额的发展规律及其增长速率的影响因素

为进一步揭示农户贷款行为的发展规律及其发展速率的影响因素。本书对农户贷款行为建构多层线性模型。

第一层模型（见表 5－16）：以农户授信金额为因变量，以时间为自变量建立第一层回归模型，其截距为5.668，斜率为0.931，如表5－16所示，说明在2007年农户授信初始额度平均为5.668万元，以后每年以0.931万元的速度递增，表明山东省农户的授信金额逐年增加，且增速较快。

表5－16　　　　农户初始授信金额及增长速率的影响因素

变量		截距		回归系数	
第一层模型	时间	5.668		0.931	
第二层模型		系数	P值	系数	P值
	户主性质	0.113	0.137	0.389	0.000
	户主性别	0.092	0.039	－0.103	0.021
	所在区域	0.100	0.057	－0.016	0.754
	户主年龄	0.088	0.036	－0.035	0.419
	受教育程度	0.062	0.152	0.070	0.115
	家庭人口	－0.001	0.992	0.153	0.082
	家庭劳动力	0.024	0.675	0.002	0.967
	田地亩数	－0.124	0.068	－0.173	0.006
	社会资源	0.262	0.000	0.277	0.000
	家庭资产	0.655	0.000	－0.213	0.021
	家庭纯收入	0.487	0.000	0.326	0.002
	家庭负债	0.333	0.003	0.117	0.235
模型拟合情况		自由度	卡方	P值	校正因子
		87	334.560*	0.000	1.630

注：数据为调查整理所得。

第二层模型：以第一层模型的截距和斜率为因变量，以农户的家庭特征为自变量建立第二层回归模型。结果表明，农户性质（个体工商户或农户）对农户的初始授信金额无显著预测作用，但对授信额度的增长速率有显著的正向预测作用，即农户性质为个体工商户的农户，其授信额度的增长速度较快；农户性别对农户初始授信额度有显著正向预测作用，即男性比女性更易获得较高授信金额，但对变化速率却有显著负向预测作用，即女性授信金额增长速率高于男性，笔者推测农信社更愿意给农村妇女提高授信额度，是因为妇女在风险防范方面更谨慎，向其发放贷款更安全，产生不良贷款的概率更低；不同区域对农户初始授信金额有显著的正向预测作用，即越发达地区，农户获得初始授信额度越大，但对额度增加速率无显著预测作用，即在增长速率上没有区域差异，说明不同区域农户授信额度的增长速率没有扩大，这与国家政策及农村信用社在欠发达地区大力推广阳光信贷密不可分；户主年龄对初始授信额度有显著正向预测作用，即年龄越大的农户越易获得较高授信额度但对增长速率无显著预测作用；户主受教育程度对初始授信额度及变化速率均无显著预测作用。这与许多学者研究结果截然不同（冯旭芳，2007；赵允迪等，2012），笔者推测可能是因为学历较高的农户早已脱离农村，留在农村的农户学历以初中为主，且学历差异较小导致；农户家庭人口数对农户初始授信额度无显著预测作用，但对授信金额的增长速率在 0.1 水平上有显著正向预测作用，即家庭人口越多的农户授信额度的增长越快；家庭劳动力对初始授信额度及变化速率均无显著预测作用；家庭田地亩数对初始授信额度及增长速率均有显著的负向预测作用，即拥有田地越多的农户越易获得较低授信额度，且信用额度的增长速率较慢；社会资源对农户初始授信额度和增长速率均有显著的正向预测作用，即拥有社会资源的农户更易获得较高授信额度且增长速率较快；反映农户经济实力的家庭资产、家庭纯收入、家庭负债均对初始授信额度有显著的正向预测作用，但在授信额度的增长速率方面，家庭资产有显著负向预测作用，可能是因为当农户资产增长到一定程度后往往不再申请贷款或申请较少的贷款，家庭纯收入有极为显著的正向预测作用，说明随着农户收入的增加，农村信用社对其授信金额增速较快，而家庭负债对授信额度的增长速率没有显著预测作用，因为家庭负债在一定范围内对授信额度增长影响不大，但是，如果负债增加较快，比例较高，农村信用社会拒绝向其授信。

（二）农户年贷款金额的发展规律及其增长速率的影响因素

第一层模型（见表 5 - 17）：通过以农户年贷款金额为因变量，

以时间为自变量建立第一层回归模型，其截距为 8.597，斜率为 2.266，如表 5－17 所示，说明在 2007 年农户初始年贷款金额为 8.597 万元，以后每年以 2.266 万元的速度递增，表明山东省农户的年贷款金额逐年增加，且增速较快，作为农村金融主力军的农信社在信贷支农中发挥了重要的作用。

表 5－17　　农户初始年贷款金额及增长速率的影响因素

变量		截距		回归系数	
第一层模型	时间	8.597		2.266	
第二层模型		系数	P 值	系数	P 值
	户主性质	0.154	0.209	0.328	0.006
	户主性别	0.032	0.341	0.101	0.205
	所在区域	－0.024	0.662	0.091	0.285
	户主年龄	0.101	0.012	0.026	0.667
	受教育程度	0.038	0.384	0.062	0.412
	家庭人口	－0.005	0.955	0.387	0.001
	家庭劳动力	－0.007	0.907	－0.017	0.836
	田地亩数	－0.089	0.126	－0.102	0.314
	社会资源	0.130	0.009	0.204	0.006
	家庭资产	－0.346	0.014	0.340	0.218
	家庭纯收入	0.628	0.000	－0.658	0.035
	家庭负债	0.227	0.146	0.282	0.013
模型拟合情况		自由度	卡方	P 值	校正因子
		87	355.742*	0.000	1.274

注：数据为调查整理所得。

第二层模型：以第一层模型的截距和斜率为因变量，以农户的家庭特征为自变量建立第二层回归模型。结果表明，农户性质对农户初始年贷款金额无显著影响，但对其增长速率有极为显著的影响，这也可能是因为纯农户年贷款金额变化较小，但个体工商户由于资金需求较大，导致年贷款额度变化较大，增速明显；户主性别对初始年贷款金额及其增长速率均无显著影响，说明贷款户主性别并不影响初始年贷款金额及其增长速率；不同区域对农户初始年贷款金额及其增长速率无显著影响；户主年龄对初始年贷款金额影响显著，但对其变化速率无显著预测作用，即年龄越大的农户越易获得较高的年贷款金额，但在贷款金额的增长速度上没有年龄差异；受教育程度对初始年贷款金额及其增长速率均无显著影响，说明学历在农户经济活动中的作用不明显；家庭人口对农户初始年贷款金额无显著影响，但对其增长速率有极为显著的正向影响，说明家庭人口越多的农户年贷款金额也越多，笔者推测，这可能是因为人口多的农户资金需求越多；家庭劳动力和田地亩数对农户初始年贷款金额及增速影响均不显著；拥有社会资源的多少对农户初始年贷款金额及其增长速率有极为显著的正向预测作用，这主要是因为拥有社会资源丰富的农户往往拥有更多的投资机会，因此初始年贷款金额较大且增速较快；家庭总资产对农户初始年贷款金额有负向预测作用，但对其增长速率无影响，即资产越多的农户越不愿意贷款，表现出明显的小农意识，在年贷款速率上不同家庭资产农户间无显著差异；家庭纯收入对贷款金额及其增长速率均有显著预测作用，且前者为正，后者为负，家庭纯收入越高的农户越容易获得较高的年贷款金额，但在增长速率上却表现出相反的趋势，即家庭纯收入较低的农户年贷款金额增速更快；家庭负债对农户初始年贷款金额影响不显著，但对其增长速率有正向预测作用，即家庭负债越高的农户年贷款金额增速越快，这是因为，随着农户负债的增加，急需资金盘活生产与经营。

（三）农户年贷款初始次数及其增长速率的影响因素

第一层模型：通过以农户贷款次数为因变量，以时间为自变量建立第一层回归模型，其截距为 2.717，斜率为 0.079，如表 5－18 所示，说明在 2007—2012 年，农户贷款年初始次数为 2.717 次，以后每年以 0.079 的次数递增，表明山东省农户随着经济的发展，农户年贷款的次数越来越多，经济活动越来越频繁，越来越多的农户利用贷款去发展经济。

第二层模型：以第一层模型的截距和斜率为因变量，以农户的家庭特征为自变量建立第二层回归模型。结果表明，农户性质对农户贷

表 5-18　农户年贷款初始次数及其增长速率的影响因素

变量		截距		回归系数	
第一层模型	时间	2.717		0.079	
第二层模型		系数	P 值	系数	P 值
	户主性质	0.226	0.026	0.114	0.378
	户主性别	0.006	0.916	0.346	0.045
	所在区域	0.037	0.595	0.036	0.678
	户主年龄	0.069	0.230	-0.072	0.436
	受教育程度	0.035	0.608	0.032	0.760
	家庭人口	0.094	0.245	0.073	0.600
	家庭劳动力	0.039	0.659	0.103	0.420
	田地亩数	-0.117	0.133	0.036	0.731
	社会资源	-0.162	0.022	-0.005	0.953
	家庭资产	0.106	0.359	-0.069	0.781
	家庭纯收入	-0.047	0.707	-0.161	0.461
	家庭负债	-0.137	0.224	0.135	0.143
模型拟合情况		自由度	卡方	P 值	校正因子
		87	256.013*	0.000	1.173

资料来源：数据为笔者调查整理所得。

款的初始次数影响显著，但对其增长速率无影响，即个体工商户比纯农户 2007 年的贷款次数更高，但增长速率上两者没有显著差异；农户性别对年贷款的初始次数无显著影响，但对其增长速率有显著正向预测作用，即女性贷款者贷款次数增长更快；社会资源对农户年贷款初始次数有显著的负向预测作用，但对其增长速率无预测作用，即拥有社会资源的农户在 2007 年的贷款次数更少，但随后的增长速度却与无社会资源农户没有显著差异；说明拥有社会资源的农户尽量减少贷款次数，从而少动用社会资源，减少交易成本；农户所在区域、年龄、受教育程度、家庭人口、家庭劳动力、田地亩数、家庭资产、家庭纯收入、家庭负债对年贷款的初始次数及其增长速率均无显著影响。

（四）农户初始平均贷款金额及其增长速率的影响因素

第一层模型：通过以农户平均贷款金额为因变量，以时间为自变量建立第一层回归模型，其截距为 3.586，斜率为 0.698（见表 5－19），说明在 2007—2012 年，农户初始平均贷款金额为 3.586 万元，以后每年以 0.698 万元的速度递增，表明山东省农户每次平均贷款金额逐年增加，且增速较快，山东农村经济近年来得到较快发展，由 20 世纪 90 年代的平均每次贷款几千元发展到现在的几万元。

表 5－19　　农户初始平均贷款金额及其增长速率的影响因素

变量		截距		回归系数	
第一层模型	时间	3.586		0.698	
第二层模型		系数	P 值	系数	P 值
	户主性质	－0.008	0.918	0.460	0.000
	户主性别	0.054	0.160	0.037	0.377
	所在区域	－0.016	0.755	0.032	0.689
	户主年龄	0.104	0.040	－0.086	0.306
	受教育程度	0.078	0.132	0.025	0.757
	家庭人口	－0.026	0.703	0.263	0.030
	家庭劳动力	－0.074	0.261	－0.081	0.372
	田地亩数	－0.050	0.383	－0.039	0.651
	社会资源	0.091	0.084	0.211	0.016
	家庭资产	－0.410	0.001	0.711	0.021
	家庭纯收入	0.881	0.000	－0.982	0.001
	家庭负债	0.134	0.272	0.231	0.110
模型拟合情况		自由度	卡方	P 值	校正因子
		87	195.121 *	0.000	1.381

注：数据为调查整理所得。

第二层模型：以第一层模型的截距和斜率为因变量，以农户的家庭特征为自变量建立第二层回归模型。结果表明，户主性质对平均贷款金额无显著影响，但对其增长速率有显著的正向预测作用，即个体工商户平均贷款金额增速更快，显著高于纯农户；年龄对农户初始平均贷款金额有显著的正向影响，但对其增长速率无显著影响，即贷款农户中户主年龄越大的农户初始平均贷款金额越大，但随后的增长速率没有年龄差异；家庭人口对农户初始平均贷款金额无显著影响，但对其增长速率有极为显著的正向影响，即家庭人口越多，平均贷款金额增速越快；拥有社会资源的多少、家庭资产、家庭纯收入对农户初始平均贷款金额及其增长速率均有显著的正向预测作用，因为以上三种因素是代表农户整体实力的重要因素，同时，也是农村信用社对农户信用评级的重要依据，其发展对农村经济的发展有至关重要的意义；而户主性别、所在区域、受教育程度、家庭劳动力、田地亩数、家庭负债对每次贷款的平均初始金额和金额增速影响均不显著。

第六章　农户贷款可得性探析

从第三章、第四章和第五章的农户贷款行为分析中得出其需求、流程、特征、规律及其影响因素，为探求农户贷款行为提供了有益尝试，同时也引出农户贷款中非常重要的一个问题——农户贷款可得性。农户贷款可得性受哪些因素影响？富裕农户和贫穷农户在贷款方面是否受到同等待遇？其待遇差别的原因又是什么？本章将对农户贷款可得性进行分析，揭示其现状、分析其影响因素及存在的主要问题。

第一节　农户贷款可得性现状及影响因素

一　信贷约束、供给型信贷约束与农户贷款可得性

国外大多数学者，诸如 R. 亚当斯和 R. E. 沃格尔（Adams and Vogel，1984）、布雷弗曼和瓜斯奇（Braverman and Guasch，1986）、斯温·R. 巴利（2002）、彼得里克（M. Petrick，2005）等认为，发展中国家农村地区居民面临着严重的正规信贷约束，从而使农户贷款可得性较低。国内学者王志军（2007）、何德旭等（2008）、许圣道等（2008）研究指出，信贷约束在我国农村广泛存在，它妨碍了农户和企业接近当地金融资源，使经济发展水平低的农村地区陷入资金外逃和经济发展落后的恶性循环，严重阻碍农户脱贫和农村经济的发展。众多学者认为，信贷约束或信贷平配给是造成农户贷款难和贷款可得性较低的主要原因和重要指标（程郁等，2009；孔荣，2010）。信贷约束有时又被称为信贷配给，许多研究常常交替使用这两个概

念。刘西川等（2009）对这两个概念进行了区分：信贷配给是指贷款者愿意放贷数额和能够放贷数额之间的差距，这个差距通常是贷款者自己选择的结果（Stiglitz and Weiss，1981）；而信贷约束是指借款者的信贷需求长期超过贷款者给予他的贷款，且合约条件没有表现出要改变的倾向。对于前者，从贷款者的角度来看，是指能够放贷和愿意放贷之间的差额；对于后者，从借款者的角度来看，是指借款者愿意借款额度与实际借到额度之间的差额。借款者的信贷约束来自贷款者的贷款上限和借款者的贷款需求的合力。鲍彻等（2008）认为，信贷约束包括供给型和需求型两大类。需求型约束产生的主要原因是信贷合约的交易成本或风险成本过高，使借款需求者放弃借款。供给型约束是由于信息不对称或金融部门的资金限制，为了降低风险而拒绝向借款者提供贷款或降低放贷额度的现象。

以往关于农户贷款可得性的研究，主要基于对农户的实际调查，从宏观和微观两个视角研究农户信贷约束的现状、影响因素及对宏观经济和微观个体的影响。但是，从来没有研究者从贷款供给者角度，以某地区的实际农户贷款数据为依据，研究供给型信贷约束并以此反映农户贷款的可得性。笔者因一直从事一线农户信贷工作，从而对农户供给型信贷约束有着切身的体会。本节将从农村信用社供给的角度，以供给型信贷约束为测度指标，对农户贷款可得性的现状及影响因素进行深入分析，以期从另一个视角审视农户贷款可得性，并为农村金融机构如何更好地为农户服务提供实证依据和参考建议。

二 数据收集和背景

为了解农村地区农户贷款的可得性，尤其是供给型信贷约束是否存在、约束的程度有多大、主要受哪些因素的影响等问题，笔者从山东省的曹县 DJ 乡、济阳 TM 乡和高密 SY 镇农村信用社收集农户贷款信息。这三个乡镇分别代表山东省的西部、中部和东部，能反映整个山东省不同富裕程度农户的信贷状况。同时，山东省人均 GDP 在全国排名居中，又是典型的农业大省，因此有较强的代表性。

数据收集主要依据农村信用社的贷款数据，分别收集了贷款农户的贷前调查信息、贷中审查信息、贷后检查信息以及 2012 年的相关个人信息。其中农户信息分五个方面的内容，一是农户的个人信息，包括户主年龄、户主性别、受教育程度（其中姓名、家庭具体地址，因保密原则被当地信贷员隐去）；二是农户的家庭特征，我们主要收集了家庭人口、家庭劳动力、田地亩数和家庭主业（农业或非农业）；三是农户的家庭经济状况，主要包括家庭资产、家庭纯收入和家庭负债；四是农户的信用等级（分 B 级、A 级和 AA 级），这部分由相关信贷员根据对贷款农户的调查给出相应信用等级，其中对被评为 B 级信用的农户拒绝放贷，只有信用等级达到 A 级以上的农户，方可获得贷款；五是农户的社会资源，主要指是否有亲戚或家人在信用社或当地村委、政府机关工作。2012 年的相关贷款信息主要包括是否放贷、最高授信额度、授信额度是否够用、贷款金额、年贷款次数和年平均每次贷款金额等变量。

供给型信贷约束从供给的角度研究信贷约束问题，因此，与传统意义上的信贷配给有相似之处，我们借鉴朱喜等（2006）对信贷配给的分类，把供给型信贷约束分为两种：一种是完全信贷约束，即金融机构拒绝向具有贷款需求的农户提供信贷服务或者农户因信用社服务不能满足自身需求而主动放弃贷款。另一种是部分信贷约束，即金融机构向农户提供的贷款数量不能满足农户的需求规模。因此，“是否放贷”和“授信额度是否够用”是衡量农户供给型信贷约束的重要指标，而其他信息可帮助我们更清楚地探明供给型信贷约束的影响因素。

同时为了探究不同类型农户受到的供给型信贷约束的程度，我们把农户按照家庭资产、家庭纯收入分为四类，家庭资产低于 10 万元（低资产）、11 万—50 万元（中低资产）、51 万—100 万元（中高资产）、100 万元以上（高资产）；纯收入低于 1 万元（低收入）、1.1 万—5 万元（中低收入）、5.1 万—10 万元（中高收入）、10 万元以上（高收入）。还做了区域分类，看不同区域之间是否有差异。

在抽样上，由于数据收集的难度较大（一般农村信用社不愿提供相应数据），在与当地农村信用社多次沟通和协商后，笔者收集到代表山东省西部、中部和东部的三个乡镇信用社的农户贷款数据。虽然样本的分布不够广泛，但是，由于山东省经济东部、中部、西部区域化明显，因此能够代表整个山东省农户信贷状况。而且这些数据都来自金融机构，可靠、准确，为了解当前农户真实的供给型信贷约束提供了难能可贵的实证依据。不过，在数据收集过程中，部分农户的缺失信息较多，对这部分数据进行了删除。

三 农户贷款可得性现状：供给型信贷约束

（一）农户的家庭经济状况

关于申请贷款农户的家庭信息和所在区域的家庭收入状况在表 6－1 中详细列出。反映了当前山东省申请贷款农户的一些基本特征。总体来看，他们的年龄大多处于壮年期，受教育程度不高，家庭规模不是太大等特点。而不同区域的申请贷款农户的收入有较大差别，其中处于山东东部的高密县农户的家庭纯收入最高，平均达到 8.86 万元，而地处山东西部的曹县农户的家庭纯收入最低，平均只有 5.05 万元。山东中部的济阳县农户家庭纯收入居中，平均为 7.05 万元。这种分布与山东省区域经济发展特点相吻合，说明样本有较好的代表性。

表 6－1　　农户的家庭经济状况描述信息

变量	最小值	最大值	平均值	标准差
户主年龄	23	60	43.01	8.14
受教育程度	6	16	9.44	2.42
家庭人口	2	10	3.49	0.91
家庭劳动力	1	6	2.43	0.75
田地亩数	2	13	6.35	2.24
曹县农户家庭纯收入	－10	60	5.05	2.68
济阳农户家庭纯收入	－3	80	7.05	10.17
高密农户家庭纯收入	－6	80	8.86	11.16

注：数据为调查整理所得。

同时，我们对申请贷款农户的家庭经济状况按照家庭资产、家庭纯收入和家庭负债由低到高分为 4 类，分别代表低、中低、中高和高

（见表6－2）。可见，大多数农户的家庭资产在中低区间11万—50万元，占总人数的54.85%，其次是中高家庭资产农户占23.91%，家庭资产100万元以上农户和10万元以下农户相当，约占10%。农户家庭纯收入的分配态势与家庭资产状况非常相似。近一半农户的2012年家庭纯收入在1万—5万元。还有25%的农户家庭纯收入在5万—10万元。10万元以上和1万元以下农户较少。从农户的家庭负债来看，绝大多数农户没有负债或很少有负债，其中，1万元以下占69.57%，10万元以上的高负债占比很少，只有5.02%。

表6－2　　　农户的家庭信息和区域经济状况的描述统计

变量	分类	频率	百分比（%）
家庭资产	10万元以下	67	11.20
	10万—50万元	328	54.85
	50万—100万元	143	23.91
	100万元以上	60	10.03
家庭纯收入	1万元以下	67	11.20
	1万—5万元	302	50.50
	5万—10万元	149	24.92
	10万元以上	80	13.38
家庭负债	1万元以下	416	69.57
	1万—5万元	86	14.38
	5万—10万元	66	11.04
	10万元以上	30	5.02

注：数据为笔者调查整理所得。

（二）贷款程序和信贷约束种类划分

由于农户贷款供给中农村信用社占据绝对优势，因此本书中的农户贷款特指从信用社申请的农户贷款。农村信用社的贷款程序是由农户提出书面申请，由信贷员进行贷前调查，然后整理资料提交贷款审查委员会审查，贷审委成员根据农户个人和家庭的相关信息及以前的信用记录评出信用等级，对申请人进行授信表决，并对审查通过的农户给予一定的授信额度和期限，然后签订贷款合同并颁发贷款证，在授信额度和期限内农户可以“一次核定、随用随贷、余额控制、周转使用”，信贷员对使用贷款的农户每季度进行贷后检查。

供给型信贷约束的分类在数据收集中已提出，具体见图6－1，其中申请贷款但被信用社拒绝和申请贷款已经获得信用社批准，但由于额度不够用而主动放弃贷款的都划分为完全信贷约束；申请贷款并取得贷款，但认为授信额度不够的农户划为部分信贷约束；申请贷款并取得贷款，且认为授信额度足够的农户划为无信贷约束；申请贷款且认为授信额度足够，但没有实施贷款的农户划为无贷款需求。

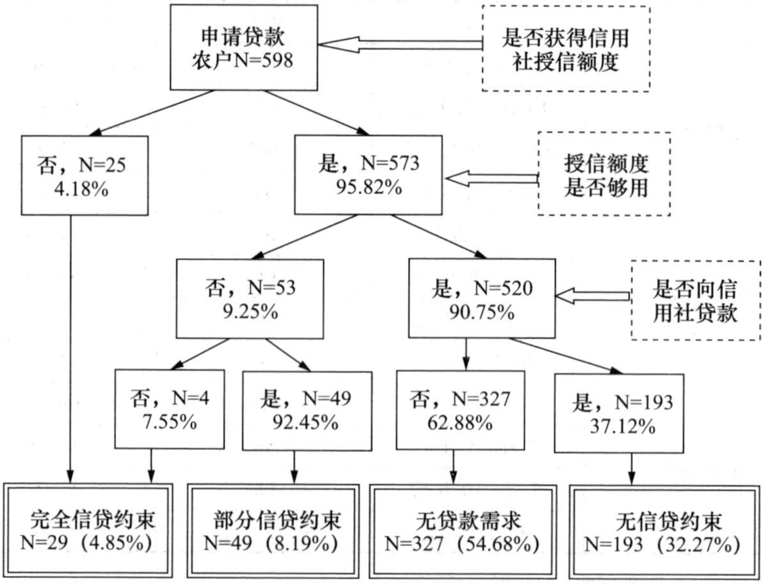

图6－1　贷款程序、信贷约束种类和信贷约束现状

（三）农户贷款可得性较高，供给型信贷约束程度很低

以往研究中多认为农户存在严重的信贷约束，即农户贷款可得性程度不高，其主要来源是信用社为降低金融风险而拒绝向农户提供贷款或降低放贷额度，但从本书的结果中很难支持以上观点。提出贷款申请的农户中有95.82%获得金融机构的批准，只有4.18%的农户被

金融机构拒绝。受到完全信贷约束的农户有4.85%，其中，包括0.67%的农户因不满授信额度而主动放弃贷款。受到部分信贷约束的农户有8.19%。完全无信贷约束的农户占32.27%。而更多的申请贷款农户则是无贷款需求占54.68%，虽然他们申请授信并获批，但是，由于没有好的投资项目或者自有资金已经充足而没有实施贷款，申请贷款对他们而言更像多了一个保险。

（四）信贷约束的主要对象

虽然信贷约束的程度很低，但还是有一部分农户受到信贷约束。那么受到完全信贷约束和部分信贷约束的农户与其他农户比较而言具有什么样的特征？为考察受到完全信贷约束的农户具有什么特征，我们把申请贷款农户分为两类：一类是没有得到信用社授信额度（属于完全信贷约束），另一类是得到信用社授信额度。然后对两类农户的受教育年限、年龄、家庭经济状况等变量进行T检验，看两类农户的差异。

由表6－3可见，信用社拒绝向申请贷款农户授予一定信用额度的农户往往具有比较年轻、受教育程度较低、拥有田地数较少、家庭资产和家庭纯收入较低等特点。在完全信贷约束中还有一部分农户主动放弃贷款，经统计分析发现，这部分农户平均资产为227.3万元（属于高资产），家庭纯收入在50万元左右（高收入）。笔者通过询问这部分农户主动放弃贷款的原因，得知主要是因为有更好的贷款渠道或嫌弃贷款额度太小，如大型国有商业银行，这些银行往往能给予优质客户提供大额、低利率贷款，而信用社做不到，所以每年信用社都会流失一部分这样的优质客户。

表6－3　　得到与没得到信用社授信额度农户的差异分析

农户种类	变量	样本量	平均数	标准差	T值	P值
没得到授信额度	主年龄	25	30.20	7.91	－8.50	0.0000
得到授信额度		573	43.56	7.68		
没得到授信额度	受教育程度	25	8.76	1.71	－1.98	0.0571
得到授信额度		573	9.46	2.43		
没得到授信额度	田地亩数	25	4.02	1.48	－5.43	0.0000
得到授信额度		573	6.45	2.21		

续表

农户种类	变量	样本量	平均数	标准差	T值	P值
没得到授信额度	家庭资产	25	23.5	14.3	-7.77	0.0000
得到授信额度		573	53.9	63.3		
没得到授信额度	家庭纯收入	25	2.88	1.35	-8.73	0.0000
得到授信额度		573	7.13	9.69		

注：数据为笔者调查整理所得。

对得到信用社授信额度的农户再进行细分，一类为额度够用农户，另一类为额度不够用农户（部分信贷约束，其中4户属于不良贷款，统计时予以排除），对两类农户的差异进行分析，使我们深入了解受到部分信贷约束农户的特征。由表6-4可见，额度不够用农户与额度够用农户相比，在家庭劳动力、受教育程度、田地亩数、家庭资产和家庭纯收入上均有显著差异。受到部分信贷约束的农户往往具有劳动力更多、受教育程度更高、拥有土地量更少、家庭资产更多和家庭纯收入更高等特点。也就是说，富裕农户更容易受到部分信贷约束。尤其是他们在家庭资产和纯收入上的差别非常大，受到部分信贷约束的农户在家庭资产和家庭纯收入上均是无约束农户的两倍以上。由表6-3和表6-4可见，完全信贷约束主要约束的是较贫穷农户，而部分信贷约束主要约束富裕农户。

表6-4　　额度够用与不够用农户的差异分析

农户种类	变量	样本量	平均数	标准差	T值	P值
额度不够用	家庭劳动力	49	2.75	0.87	2.95	0.0051
额度够用		520	2.39	0.73		
额度不够用	受教育程度	49	10.66	2.36	3.81	0.0000
额度够用		520	9.32	2.40		
额度不够用	田地亩数	49	5.56	2.23	-3.07	0.0022
额度够用		520	6.54	2.21		

续表

农户种类	变量	样本量	平均数	标准差	T 值	P 值
额度不够用	家庭资产	49	99.86	72.75	4.92	0.0000
额度够用		520	49.20	60.42		
额度不够用	家庭纯收入	49	13.81	13.28	3.94	0.0000
额度够用		520	6.53	8.98		

注：数据为笔者调查整理所得；在额度不够用农户中，4 户属于不良贷款，统计时予以排除。

四　农户贷款可得性的影响因素

（一）计量模型

因完全信贷约束和部分信贷约束都是二分变量，因此笔者采用二元 Logistic 模型对数据进行分析，Logistic 模型的基本公式如下：

$$p(Y=i/x)=\pi(x)=\frac{1}{1+e^{-g(x)}} \qquad (6-1)$$

其中，$g(x)=\beta_0+\beta_1x_1+\beta_2x_2+\cdots+\beta_px_p$，$x_i$ 为自变量。

回归系数 β 并不能反映某变量对因变量的影响大小，必须计算变量的边际效应，才能揭示自变量变化一个单位会带来因变量多大程度的变化。回归模型的边际效应计算公式如下：

$$\frac{\partial E[y_i/x_p]}{\partial x_p}=\Lambda(x'_p\beta_p)[1-\Lambda(x'_p\beta_p)]\beta_p \qquad (6-2)$$

其中，$\Lambda(\cdot)$ 为 Logistic 的累积密度函数。式（6－2）表示单位变量变化对最终结果产生的影响。

（二）完全信贷约束的影响因素

为进一步探明完全信贷约束的影响因素，以是否获得信用社授信额度为因变量，以区域（对区域进行编码 1 为西部，2 为中部，3 为东部）、户主年龄、受教育程度、家庭人口、家庭劳动力、田地亩数、职业（1 为农户，2 为个体工商户）、社会资源（0 为无，1 为有）、家庭资产、家庭负债、家庭纯收入为自变量进行逻辑回归，并计算各变量均值处的边际效应。以上变量对完全信贷约束的解释率达到 99.9%，但变量的边际效应中只有区域和社会资源两个变量在 10% 的水平上达到显著，也就是说，对完全信贷约束的影响是所有变量合力的结果，东部地区受到完全信贷约束的程度明显低于西部地区。有社会资源的农户更不容易受到完全信贷约束，而没有社会资源的农户更容易受到完全信贷约束。具体见表 6 – 5。

表 6 – 5　　　基于 Logistic 模型估计的边际效应

变量	完全信贷约束预测概率（0.999）		部分信贷约束预测概率（0.897）	
	dy/dx	P 值	dy/dx	P 值
所在区域	0.00623*	0.085	–0.0336559	0.365
户主年龄	0.00000108	0.806	–0.0007039	0.829
受教育程度	0.00000283	0.806	0.0007653	0.948
家庭人口	–0.00000211	0.715	0.0146691	0.831
家庭劳动力	0.00000365	0.811	0.0267006	0.468
田地亩数	0.00000466	0.508	–0.0683831	0.192
职业	–0.0000286	0.936	–0.0078598	0.940
社会资源	0.00126*	0.078	0.0706033	0.220
家庭资产	0.000000768	0.814	–0.0028141**	0.023
家庭负债	–0.00000222	0.842	–0.010921***	0.002
家庭纯收入	0.000000668	0.818	0.0143926**	0.035
收入来源	0.000000125	0.856	–0.1595961	0.359
最高授信额度	无	无	0.01449*	0.058
2012 年贷款总额	无	无	–0.0038645**	0.034
2012 年贷款次数	无	无	0.0350901*	0.058
2012 年平均贷款额度	无	无	–0.0241208***	0.004
样本观测值	367	187		
Log likelihood	–10.802862	–57.288033		
Pseudo R^2	0.8781	0.3710		

注：（1）367 和 187 是指由 STATA 软件所识别出来的实际观测数，因为在 598 户中，有些农户的某个自变量的信息值是缺失的；（2）***、** 和 * 分别表示估计系数在 1%、5% 和 10% 的水平上显著。

（三）部分信贷约束的影响因素

为进一步探明部分信贷约束的影响因素，本书以授信额度是否够用为因变量，以区域（对区域进行编码 1 为西部，2 为中部，3 为东部）、户主年龄、受教育程度、家庭人口、家庭劳动力、田地亩数、职业（1 为农户，2 为个体工商户）、社会资源（0 为无，1 为有）、家庭资产、家庭负债、家庭纯收入、收入来源、最高授信额度、2012 年贷款总额、2012 年贷款次数、2012 年平均贷款额度为自变量进行 Logistic 回归分析（见表 6－5）。结果表明，以上变量对部分信贷约束的预测概率为 89.7%。其中，家庭总资产对部分信贷约束有负向影响，即家庭资产越多的农户越容易受到部分信贷约束。家庭总债越多的农户也越容易受到部分信贷约束，这是因为，越是富裕的农户越会有更多投资机会，越会有一定额度的负债，因为负债多，因此对资金的需求越多，更容易受到部分信贷约束。家庭纯收入与部分信贷约束呈正向关系，即家庭纯收入越高的农户越不容易受到信贷约束，因为这部分农户家庭收入较高，对贷款额度的需求也会相应降低，因此不易受到部分信贷约束。获得最高授信额度与部分信贷约束呈正向关系，获得额度越高的农户越不容易受到信贷约束。2012 年贷款总额与平均贷款额度与部分信贷约束呈负向关系，即 2012 年贷款总额越多，平均贷款额度越多的农户越容易受到部分信贷约束。而贷款次数与部分信贷约束呈正向关系，即贷款次数越多，越不易受到部分信贷约束。由此可以推断那些资金流动快的农户不容易受到信贷约束，而资金流动慢，一次需要大笔资金的农户更易受到部分信贷约束。

通过对山东三个地区西部、中部和东部的农村信用社农户贷款资料进行收集，以供给型信贷约束为指标，并用 Logistic 模型分析了当前农户贷款的可得性及影响因素，结果表明：（1）当前山东省农户几乎不存在严格的供给型信贷约束，提出贷款申请的农户中有 95.82% 的农户会获得信用社的授信额度，只有不足 5% 的农户被拒绝，受到完全的信贷约束的农户往往是家庭资产少、收入低、土地少的农户。农村金融机构为了自身的可持续发展，有效控制信贷风险，拒绝一少部分农户贷款也是在情理之中。（2）受到部分信贷约束的农户比例不高，只有 8% 左右，而且分析表明富裕农户更易受到部分信贷约束，受到部分信贷约束的农户在家庭资产和家庭纯收入上是没有受到部分信贷约束的两倍以上，而且受到部分信贷约束的农户教育年限更长，家庭劳动力更少，拥有田地数更少。受部分信贷约束的农户虽然不多，但他们往往能力较强，资金使用率较高，可以起到很好的带头示范作用，因此对其制定专门的信贷政策将起到事半功倍的效果。

第二节　农户贷款可得性“极化”现象：“嫌贫爱富”效应

农户贷款是帮助农户脱贫致富的重要金融支持之一，而且与富裕农户相比，贫穷农户更需这种金融支持。那么在国家不断提出扩大对贫穷农户的扶持力度下，贫穷农户是否更易获得贷款？获得更多贷款？不同富裕程度农户在农村信用社贷款状况如何？

黄祖辉等（2009）的研究表明，单纯增加信贷供给可能无助于真正提高一般农户和贫困农户正规贷款的覆盖率和福利水平。同时贫困农户受到的信贷约束和配给则更为严重（刘西川、程恩江，2009；王定祥等，2011）。罗俊勤（2010）、王定祥等（2011）认为，贫穷农户受金融抑制较大，家庭纯收入、户主年龄、用途以及与金融机构的关系等是制约贫穷农户贷款的主要因素。冯旭芳（2007）以世界银行某贫困项目监测区为例，对贫困农户的借贷特征及其影响因素进行了分析，结果显示，户主个体特征、家庭基本特征、田地亩数、年末住房价值、年末生产性固定资产原值和年末金融资产价值等因素是影响农户获得借贷支持的决定性因素。贫穷农户更难获得贷款，更难获得更多贷款在学术界基本达成共识。颜志杰等（2005）、易小兰（2012）通过对农户抽样调查数据的分析，考察农户贷款可获性及获得正规贷款规模的影响因素，发现户主年龄、老人数量、田地亩数、房屋价值、耐用消费品价值等因素显著影响农户正规贷款的可获性，而户主受教育程度、田地亩数、房屋价值等因素则显著影响农户获得正规贷款的规模。分析现有文献我们发现：①农户的富裕程度是影响农户贷款可获性及获得正规贷款规模的重要影响因素，但以往文献鲜有贫穷农户与富裕农户贷款可获性的对比研究，这不利于揭示事实本质；②现有研究以对农户的实证调查数据为依据，从需求角度，深入分析了贫穷农户贷款可获性现状及影响因素，但目前还没有研究以银行实际贷款数据为依据，从供给角度，深入分析不同富裕程度贷款农户的贷款可获性。

本节是在众多学者研究基础上，以山东省西部、中部和东部三个县信用社的农户贷款数据为依据，具体考察如下问题：①农户富裕程度对农户贷款可获性的影响，农户贷款中是否存在“嫌贫爱富”现象？②造成不同富裕程度农户贷款可获性的原因是什么？我们该如何应对？与已有研究相比，本节存在两个特点：①以正规金融机构的实际贷款数据为依据研究农户贷款可获性，并把贷款农户分为贫穷农户和富裕农户两类进行对比研究，深入揭示富裕程度对贷款可获性的影响；②用相关理论对发现的问题做出解释，并提出相应政策建议，使农户贷款在支农方面起到更加和谐、合理的作用。

一　数据来源、变量定义与描述性统计

（一）数据来源

1. 样本

本书所用数据来源于 2013 年 1 月笔者及以前在农信社工作的同事对山东省高密市、济阳县和曹县三地农户贷款情况的调查。上述三个地区分别代表了山东省东部、中部和西部不同的经济发展水平且地域差异较大，与中国的东部、中部和西部经济发展比较类似，有较强的代表性。本书先采用分层抽样法（按各县的人均纯收入分层）从山东省东部、中部和西部地区各抽取一个县（高密、济阳和曹县），然后再从每个县抽取一个乡镇，最后再在乡镇中随机抽取 2012 年的农户贷款数据 200 份，删除缺失数据较多的农户贷款资料。最终获得有效问卷 569 个，其中，曹县样本 190 个，济阳样本 189 个，高密样本 190 个。

为考察农户的财富状况对获得授信金额的影响，对所有贷款农户按家庭总资产排序，前 1/3 作为富裕农户（190 户），后 1/3 作为贫穷农户（190 户），考察不同类型农户在获得授信金额上是否有差异？又受哪些因素的影响？

2. 问卷调查

调查问卷的内容分为以下两个部分：第一部分依据贷款个人信息，在信贷员和协理员的帮助下去调查贷款农户的信息，询问农户在2012年是否申请过贷款、申请贷款的难易程度、收入是否靠农业等。第二部分主要考察农户的户主个体特征、家庭基本特征、家庭偿债能力。其中，户主个体特征主要包括户主年龄、受教育程度和家庭劳动力；家庭基本特征主要包括家庭总人口、家庭劳动力、家庭社会关系；家庭偿债能力主要包括家庭资产、田地亩数和家庭纯收入。

3. 样本基本情况

从被调查的569个样本农户的借贷基本情况来看，农户富裕程度差别较大，以往学者多以家庭资产或家庭纯收入界定农户富裕程度，主要是由于家庭资产与家庭纯收入相关度较高，比较能代表农户的富裕程度。本书借鉴社会学的分层理论，以家庭资产大小把贷款农户分为贫穷农户和富裕农户，分别选取后1/3最贫穷农户190户和前1/3最富裕农户190户。贫穷农户中曹县85户，济阳64户，高密41户，分别占所调查贫穷农户的44.74%、33.68%、21.58%；富裕农户中曹县41户、济阳69户和高密80户，分别占所调查富裕农户的21.58%、36.32%和42.11%（见表6-6）。这表明，所选取样本与山东东部、中部和西部地区经济水平发展相一致。

表6-6 样本农户资产的基本情况

	曹县			济阳			高密		
	样本数	比例（%）	平均资产	样本数	比例（%）	平均资产	样本数	比例（%）	平均资产
贫穷农户	85	44.74	14.09	64	33.68	14.39	41	21.58	15.88
富裕农户	41	21.58	41	69	36.32	116.41	80	42.11	114.19

注：数据为调查整理所得；平均资产单位为万元。

（二）变量定义

1. 因变量

因变量为农户2012年授信金额，本书通过农村信用社一线数据与应用意愿调查法来获取农户的相关贷款信息，并以农村信用社2012年对山东省三地区贫穷和富裕农户授信金额作为因变量。本书采用多元层级回归模型来分析农户资产、纯收入对授信金额的影响。

2. 自变量

已有研究表明，农户的富裕程度主要取决于农户家庭资产和纯收入，因此把农户家庭资产和纯收入作为自变量。控制变量为农户所在区域、户主年龄、受教育程度、家庭人口、家庭劳动力、田地亩数、农户类型、社会资源等。

对于各变量的定义与赋值，见表6－7。

表6－7　变量定义

变量	变量定义
授信金额	2012年农村信用社向该农户的授信金额
户主年龄	周岁
受教育程度	年
家庭人口	家庭人口数
家庭劳动力	家庭中有劳动能力并参与劳动的人数（人）
田地亩数	家庭田地数
户主性别	1＝男，2＝女
所在区域	山东省经济发展低中高区域（1＝曹县，2＝济阳，3＝高密）
社会资源	是否有亲朋好友在村里、政府、银行等部门任职（1＝无，2＝有）
农户种类	1＝农户，2＝个体工商户
是否靠农业	家庭经济主要来源是否靠农业收入（1＝否，2＝是）
难易程度	农户从农村信用社办理贷款的难易程度（1＝困难，2＝容易）
富裕程度	569户农户资产排名，前190户为富裕农户，后190户为贫穷农户
家庭资产	农户家庭土地、宅基地、房产、农机设备等折现，以及持有存款、国债等
家庭纯收入	当年家庭总收入减去家庭总开支（投资除外）

（三）变量描述性统计

1. 贫穷与富裕农户基本情况

由表6－8可见，将190户贫穷农户与190户富裕农户进行T检验发现，两者在户主年龄、性别、家庭人口方面差异不显著，但在家庭劳动力、田地亩数、受教育程度、所在区域、社会资源、收入是否靠农业、家庭资产、家庭纯收入、农户授信金额、贷款难易程度方面差异显著，富裕农户表现出家庭劳动力人口较多，田地亩数较少，受教育程度较长，所在区域多为发达地区，拥有社会资源较多，农户种类中个体工商户占比较大，家庭纯收入主要来自非农业，家庭资产较多，家庭纯收入较高，但家庭资产和家庭纯收入的标准差均较大，说明区域内富裕农户的财富状况差别较大，同时富裕农户获得的授信金额也较多。

表 6-8　　描述性统计（贫穷与富裕农户）

变量	贫穷农户			富裕农户			T 值
	样本数	均值	标准差	样本数	均值	标准差	
户主年龄	190	44.7684	8.08284	190	42.4263	7.24349	-0.448
户主性别	190	1.0158	0.12499	190	1.0263	0.16050	-0.374
家庭人口	190	3.3895	0.74599	190	3.6158	1.04642	0.55
家庭劳动力	190	2.0158	0.49842	190	2.8947	0.80309	-6.24**
田地亩数	190	7.3768	1.65472	190	5.4811	2.13082	9.735**
受教育程度	190	8.2737	2.08010	190	10.9211	2.20367	3.79**
所在区域	190	1.7474	0.76937	190	2.1895	0.77384	-5.65**
社会资源	190	1.0474	0.21299	190	1.5526	0.49854	14.15**
农户种类	190	1.0000	0.00000	190	1.1737	0.37984	-6.52**
是否靠农业	190	1.9789	0.14394	190	1.4105	0.49323	-15.41**
家庭资产	190	14.5758	4.49701	190	111.0053	82.82342	-16.01**
家庭纯收入	190	1.7837	0.72717	190	15.3426	13.08925	-14.29**
授信金额	190	2.5742	3.50228	190	14.2095	11.48058	-13.58**

注：数据为调查整理所得。** 表示在 5% 的水平上显著。

2. 各变量的相关分析

各变量的相关程度见表 6-9，在所有变量中，只有性别与获得的

表 6－9　各变量相关矩阵

变量	M	SD	1	2	3	4	5	6	7	8	9	10	11	12	13
户主年龄	43.6	7.67													
户主性别	1.02	0.14	0.01												
家庭人口	3.5	0.9	-0.32	-0.04											
家庭劳动力	2.42	0.75	0.15**	-0.02	0.48**										
田地亩数	6.45	2.22	0.1*	-0.01	0.6**	0.06									
受教育程度	9.46	2.43	-0.27**	0.03	0.05	0.21**	-0.23**								
所在区域	1.99	0.81	-0.03	0.08	-0.21**	0.08	-0.27**	0.23**							
社会资源	1.27	0.45	-0.12**	0.02	0.04	0.21**	-0.30**	0.25**	0.04						
农户种类	1.07	0.28	-0.06	0.05	0	0.10*	-0.20**	0.26**	0.10*	0.36*					
是否靠农业	1.68	0.47	0.15**	0.02	-0.03	-0.25	0.70**	-0.31**	-0.12**	-0.39**	-0.28**				
家庭资产	54.13	63.47	-0.07	0.05	0.08	0.32**	-0.32**	0.38**	0.17**	0.46**	0.34**	-0.37**			
家庭纯收入	7.22	9.66	-0.08*	0.04	0.11*	0.33*	-0.31**	0.36**	0.16**	0.46**	0.34**	-0.36**	0.93**		
授信金额	7.54	8.91	-0.10*	0.02	0.10*	0.29**	-0.35**	0.38**	0.14**	0.60**	0.61**	-0.43**	0.67**	0.69**	

注：N＝380。M 为平均数，SD 为标准差。*表示 $P<0.01$，**表示 $P<0.05$。

授信金额关系不显著外，其他变量均与授信金额有显著性相关关系。而代表农户贫富状况的农户家庭资产和农户家庭纯收入与授信金额显著正相关，相关系数分别为0.67、0.69，即家庭资产和家庭纯收入越高的农户获得的授信金额越高，为下一步做层级回归奠定基础。

二　农户贷款“嫌贫爱富”的实证依据

（一）模型公式

本书采用多元层级回归模型，深入分析影响农户获得授信金额的影响因素，模型基本形式如下：

$$Y=\beta_0+\beta_1X_1+\beta_2X_2+\beta_3X_3+\beta_4X_4+\beta_5X_5+\beta_6X_6+\beta_7X_7+\beta_8X_8+\beta_9X_9+\beta_{10}X_{10}+\beta_{11}X_{11}+\beta_{12}X_{12} \quad (6-3)$$

式中，Y 为农户授信金额，β_0 为常数项，X_1 为户主年龄，X_2 为户主性别，X_3 为农户家庭人口，X_4 为家庭劳动力，X_5 为农户家庭拥有田地亩数，X_6 为农户受教育程度，X_7 为农户所在区域（曹县、济阳、高密），X_8 为是否拥有社会资源，X_9 为客户性质（农户、个体工商户），X_{10} 为农户家庭纯收入是否主要靠农业，X_{11} 为农户家庭资产，X_{12} 为农户家庭纯收入。

（二）层级回归分析

以2012年农户获得的授信金额为因变量，以户主年龄、受教育程度、家庭人口、家庭劳动力、田地亩数、户主性别、所在区域、社会资源、客户性质和收入是否靠农业为控制变量，以农户家庭资产和纯收入为自变量，进行层级回归分析（见表6－10）。首先对研究中的各变量去中心化，避免多重共线性问题，然后进入控制变量，最后进入重点考察的自变量。在模型1中，受教育程度、家庭人口和社会资源、农户种类、收入是否靠农业均对授信金额有正向预测作用，即受教育年限越多，家庭人口越多，拥有社会资源，个体工商户和主要靠非农业收入的农户获得授信金额较多。而田地对授信金额有负向预测作用，即拥有田地越多的农户获得的授信金额越少。在模型2中加入自变量农户家庭资产，发现农户家庭资产对授信金额有显著的正向预测作用，标准回归系数为0.313 。即资产越高的农户越容易获得较高的授信金额。说明农信社在确定农户的授信金额时，易受农户家庭资产状况的影响。为进一步探讨农户富裕程度对获得授信金额的影响，在模型3中，我们又把农户家庭纯收入作为自变量，并对其他变量进行控制，看家庭纯收入对获得授信金额的独立效应。结果显示，农户家庭纯收入对获得授信金额有显著的正向预测作用，标准回归系数为0.394。说明农户家庭纯收入越高的农户，越容易获得较高的授信额度。从ΔR^2来看，加入自变量农户家庭资产和农户家庭纯收入后，第二个模型和第三个模型的R^2均有极为显著提高，$P<0.01$。说明农户家庭资产和农户家庭纯收入是影响获得授信额度的极为重要变量，信用社在决定农户授信额度时，极易受农户家庭财富状况的影响，有明显的“嫌贫爱富”倾向。

表6－10　　　　假设检验层级回归分析结果

变量	模型1	模型2	模型3
控制变量			
户主年龄	0.024	0.013	0.016
受教育程度	0.101***	0.046	0.046
家庭人口	0.451***	0.331***	0.27***
家庭劳动力	0.042	－0.002	0
田地亩数	－0.634***	－0.441***	－0.364***
户主性别	0.01	0.021	－0.018
所在区域	0.09	0.004	0.005
社会资源	0.333***	0.249***	0.242***
农户种类	0.424***	0.337***	0.368***
收入是否靠农业	0.313***	0.219***	0.169**
自变量			
家庭资产		0.323***	
家庭纯收入			0.394***
模型参数			
ΔR^2	0.637***	0.064***	0.077***
ΔF值	95.5***	115.58***	122.99***

注：表中值为标准回归系数，**表示$P<0.05$，***表示$P<0.1$。

（三）χ^2 检验

来自农村信用社的数据显示，农信社在决定农户的授信金额时有明显的“嫌贫爱富”倾向。但这毕竟是单方面数据，农户自身是否体会到这种“贫富差距”呢？为此我们对相应农户进行调查，请农户主观评价一下获得贷款的难易程度，题目为您认为自己获得贷款的难易程度？A 难，B 容易。并对富裕农户和贫穷农户的贷款难易程度进行 χ^2 检验，结果显示，$\chi^2 = 193.045$，$P < 0.000$，差异极其显著。富裕农户比贫穷农户更容易获得贷款。

综上，无论是来自农村信用社的客观数据分析，还是来自农户的主观评价调查，结果均显示，农信社在决定农户授信额度时有明显的“嫌贫爱富”倾向，即富裕农户的贷款可得性更高，贫穷农户的贷款可得性较低。

三 穷农户与富裕农户的风险对比

不良贷款一直是所有金融机构问题的重中之重，在对农村信用社的 569 户农户资料的筛选过程中，笔者发现一个比较有意思的现象，那就是在起初的原始数据中有 3827 户农户，其中不良贷款户为 24 户，占 0.6271%（见表 6－11），这与实际情况比较吻合。截至 2012 年年底，山东省农村信用社不良贷款占 5.2%，农村信用社之所以出现大量不良贷款，主要是因为其中小企业不良贷款率较高，而农户不良率贷款整体较低。富裕农户不良贷款率是贫穷农户不良贷款率的近

表 6－11　　　　农户不良贷款情况

	户数（户）	不良户数	不良占比（%）	贷款金额（万元）	不良金额	不良占比（%）
贫穷农户	1266	4	0.3160	3324.68	7	0.2105
中等农户	1355	6	0.4428	9461.29	57	0.6025
富裕农户	1206	14	1.1609	17249.54	287	2.0348
合计	3827	24	0.6271	30035.51	351	1.1686

资料来源：数据为笔者调查整理所得。

10倍，而且由于不良贷款而丢失工作的信贷员大有人在。那么从信用社和信贷员风险防范的角度来看，应该更倾向于把贷款放给相对安全的贫穷农户，而不是高风险的富裕农户。但事实恰恰相反，为什么农村信用社更愿意把钱贷给风险较高的富裕农户，而不是风险较低的贫穷农户？下面笔者将对这一现象做深入剖析。

四 农户贷款“嫌贫爱富”现象的成因

“嫌贫爱富”是一种普遍的心理现象，农户贷款中之所以存在“嫌贫爱富”效应，笔者分析主要原因如下：①银行的委托—代理制度给信贷员留下了“寻租”空间。而富裕农户能满足或者更好地满足信贷员个人利益最大化的需求，因此产生“嫌贫爱富”现象。②银行和信贷员对“富裕”的主观偏爱使他们在做出贷款决策时会夸大富裕农户正常还贷的概率，缩小其违约概率，由于估计偏差导致“嫌贫爱富”。

（一）委托—代理制度与信贷员的“寻租”行为

1. 基本假设和定义

（1）假设农村信用社是只经营存贷业务，而且存贷款利差是唯一利润来源。为简化讨论，假设不存在税收（对小额农户贷款政府实施返税政策）、存款准备金等。

（2）农村信用社内部存在上、下层级。假设农村信用社的控制人为上级联社负责人，授权下级分社从事信贷业务。

（3）委托—代理关系。下级分社在授权的范围内进行信贷决策，这实际上就构成了一种委托—代理关系。授权方是委托人，受权方是代理人。

（4）道德风险。道德风险是在信息不对称条件下，拥有信息的一方从事自身利益最大化但损害另一方利益的行为。在信贷业务运行中，下级分社信贷员会利用信息优势，使上级联社利益受损，信用社内部也存在严重的道德风险问题。

（5）定义：存贷款利差为 i；贷款量为 Q，$Q \leqslant Q_0$，Q_0 是市场约束下贷款量的最大值；贷款违约率为 p，$0 < p < 1$；代理人的工作努力程度为 a；由于农户贷款既要求发放贷款以创造收益，又要求控制贷

款风险以保证资金安全，这种委托—代理关系实际上是两项任务的委托—代理。因此代理人选择的努力程度 a 将存在两个向量；通过 a_1 市场拓展的力度决定贷款量 Q，即 $Q = Q(a_1)$，假设 $Q'(a_1) > 0$，$Q''(a_1) < 0$，即营销的力度越强，贷款量越大，但边际作用递减；通过 a_2 对风险的识别程度决定贷款的质量，即贷款的违约率 $p = p(a_2)$，假设 $p'(a_2) < 0$，$p''(a_2) > 0$，即风险识别的努力程度越高，违约率越低，且努力的边际作用递减。代理人的收入为 W。

2. 委托人和代理人的效用函数

委托人和代理人都以自身的效用最大化为目标，而其效用大小都取决于净收入的多少，且两者都是风险中性。因此有：

委托人的效用函数为：

$$R = Q(a_1) \times i - p(a_2) \times Q(a_1) - W \tag{6-4}$$

通常代理人的效用函数 $U = W - C(a)$，其中，$C(a)$ 是代理人选择努力程度 a 所带来的负效用。然而，在信贷的业务中，由于农村信用社在农户贷款中处于垄断地位，农村正规金融供给不足等原因，代理人存在严重的“寻租”行为，有从高风险贷款中获得高额租金的动机。代理人的效用函数变更为：

$$U = W + f \times p(a_2) \times Q + f_0 \times [1 - p(a_2)]Q - [C(a_1) + C(a_2)] \tag{6-5}$$

其中，f 是代理人从高风险农户贷款中获得租金的比例，f_0 是代理人从低风险农户贷款中获得租金的比例，而且 $f > f_0$，$f \times p(a_2) \times Q + f_0 \times [1 - p(a_2)]\ Q$ 即农户信贷员所谓的“灰色收入”。

3. 委托—代理模型

这一委托—代理问题可用数学形式表述如下：

$$\max[Q(a_1) \times i - p(a_2) \times Q(a_1) - W] \tag{6-6}$$

$$\text{s. t.}\quad W + f \times p(a_2) \times Q + f_0 \times [1 - p(a_2)]Q - [C(a_1) + C(a_2)] \geqslant u_0 \tag{6-7}$$

u_0 是市场供求决定的一个常量。

委托—代理模型的任务在于，设置一个合理的 W 水平，委托人（农户信贷员）效用获得最大化。主要有两种情况：当 $W = W_0$，即代理人的收入是一个常量。这时，代理人为追求效用最大化，所采用的策略非常明显：令 $g(a_1, a_2) = W_0 + f\times p(a_2)\times Q + f_0\times[1-p(a_2)]Q - [C(a_1)+C(a_2)]$，分别对 a_1、a_2 求导数，令其为0，则：

$$f\times p(a_2)\times Q'(a_1) + f_0\times[1-p(a_2)]Q' = C'(a_1) \quad (6-8)$$

$$f\times p'(a_2)\times Q(a_1) + f_0\times[1-p'(a_2)]Q(a_1) = C'(a_2) \quad (6-9)$$

当 $W = W(R)$，即代理人的收入与委托人的收入相关，委托人通过考核代理人创造的收入水平，激励其努力工作。情况现在发生了变化，对代理人来说，效用函数变化为：

$$U = W(R) + f\times p(a_2)\times Q + f_0\times[1-p(a_2)]Q - [C(a_1)+C(a_2)] \quad (6-10)$$

代理人如果简单地通过减少 a_2、扩大 a_1，R 将出现严重缩水，从而影响到其 W(R) 部分的水平。因此其效用函数可表示为：

$$U = W_0/(1+b) + f\times p(a_2)\times Q(a_1) + f_0\times[1-p(a_2)]Q(a_1) + [b\times Q(a_1)(i-p(a_2)]/(1+b) - [C(a_1)+C(a_2)] \quad (6-11)$$

从式（6-11）可以清晰地显示，这时代理人的收入分成了三部分：一是固定收入；二是从高风险贷款和低风险贷款中获得的租金收入；三是发放高风险贷款（$i<p$）后因绩效考核带来的收入损失。同样；令 $g(a_1, a_2) = U$，分别对 a_1、a_2 求导数后令其为0，整理后得：

$$\{f\times p(a_2) + f_0[1-p(a_2)] - b\times[i-p(a_2)]/(1+b)\}\times Q'(a_1) = C'(a_1) \quad (6-12)$$

$$[f+f_0-b/(1+b)]\times p'(a_2)\times Q(a_1) = C'(a_2) \quad (6-13)$$

分别比较式（6-12）与式（6-8）、式（6-13）与式（6-9）后可知，与收入完全固定相比，代理人将权衡 f、f_0、b 的大小，从而决定采取什么样的 a_1、a_2，以实现其收入最大化；委托人也将可以通过调整 b 这一变量，以图达到激励兼容和效用最大化的目的。然而，由于信息不对称的存在，信贷业务作为一种跨期交易，只有贷款本息全部收回后，该笔贷款的盈利才得以实现，即使委托人在贷款中采取以上设计，信贷业务的特殊性仍然决定了无法做到最优解。当信贷人员觉察到贷款可能出现违约时，通过增加授信金额等隐蔽手段延迟违约的发生，造成不良贷款率并未上升的现象，以期获得更高额的回报。但是最终不良贷款将会产生，委托人承受巨大损失，但此时已过去很长一段时间，往往很难再追责信贷人员。

委托人通过考核信贷员创造的收入水平来促进其努力工作，即 $W=W(R)$，并仍然令 $W=W_0+b\times R$，同上有：

$$W=\{W_0+b\times[Q(a_1)\times i-p(a_2)\times Q(a_1)]\}/(1+b) \quad (6-14)$$

由上可以看出，因信息不对称导致委托人在短期内不能准确观察到 p 的真实水平。代理人可以通过选择“合理”的 a_2，使借款人支付贷款利息即可，保证在考核期内 p 是一个较小的常量；同时，贷款本金的归还通过增加贷款金额等方式周转，虽然已有重大风险，但是代理人仍然可以获得高额的租金。于是，上式变为：

$$W=\{W_0+b\times[Q(a_1)\times i-P\times Q(a_1)]\}/(1+b) \quad (6-15)$$

$P=p(a_2)$，在一定时期内为常量。将式（6－12）代入式（6－7）后得：

$$U=W_0/(1+b)+(f+f_0)\times P\times Q(a_1)+b\times Q(a_1)\times(i-P)-[C(a_1)+C(a_2)] \quad (6-16)$$

令 $g(a_1, a_2)=U$，对 a_1、a_2 求导后令其为 0，可得：

$$[(f+f_0)\times P-b\times(i-P)]\times Q'(a_1)=C'(a_1) \quad (6-17)$$

$$C'(a_2)=0 \quad (6-18)$$

式（6－18）与式（6－12）基本相同，代理人将根据 f、f_0、b 的大小，决定 a_1 的最优努力程度；同时，他将在带来的负效用最低的限度内，选择“合理”的努力程度 a_2，获取较高额的租金，保持隐形不良资产，保证单位考核不受影响。农村信用社自 2003 年改革以来，在运行绩效取得较大发展，但由于其历史包袱较重、管理行政化，其激励措施多年来并未发生根本性变化，因此激励措施 b 可以被看作一个常量；在同一地区某一段时间内，代理人针对高风险和低风险贷款租金比例 f、f_0 往往是不变的，因此也可以看作一个常数；因此，代理人的效用大小最终决定于 a_1、a_2 的变化。在办理每一笔农户贷款中，无论贷款额度的大小，a_1、a_2 的努力程度都是一样的，在代理人付出的努力 $a=a_1+a_2$ 一定下，贷款额度越高，代理人的效用就越高，即代理人通过发放大额贷款来获取更高的效用。

在农户贷款中，富裕农户由于资产较多，收入较高，社会资源丰富等多方面原因，其抵御风险能力较强，因此贷款金额较高，而贫穷农户则反之。信贷员在发放贷款中，为获得收益最大化，在付出的努力程度一定的情况下（即 a 为常数），更愿意把贷款放给富裕农户，不愿意把贷款放给贫穷农户，这也是各地为何会出现富裕农户贷款容易，贫穷农户贷款难的原因之一。

（二）信贷员行为的展望理论解释

展望理论是丹尼尔·卡内曼和特沃斯基所提出，此理论是行为金融学的重大成果之一，该理论与期望效用理论有相似之处，认为个人基于参考点位置会影响风险态度，但在投资者效用最大化中权重并不等于概率，效用变成价值函数。运用展望理论，可以计算信贷员在放贷决策中的展望值。具体分析如下：

1. 基本假设和定义

假设农村信用社委托的信贷员要发放 10 万元的贷款，有两种方案，A 方案是发放给 1 个富裕农户，B 方案是平均发放给 10 个相互独立的贫穷农户。假设富裕农户和贫穷农户按期偿还率的均为 99.8%，违约率为 0.2%。如果按期偿还，农村信用社获得的收益为 2%；如果不按期偿还，那么农村信用社损失为本金及管理费用共为贷款本金的 102%。

2. 期望收益

在期望理论下 A、B 的贷款收益：

A 方案的期望收益：

$$E_A = 1000 \times 99.8\% \times 0.2\% - 1000 \times 0.2\% \times 102\% = 0.1792 \tag{6-19}$$

A 方案的方差为：

$$\sigma_A = 99.8\% \times (10 \times 2\% - 0.1792) \times 2 + 0.2\% \times (-10 \times 102\% - 0.1792) \times 2 = 0.21588736 \tag{6-20}$$

B 方案的期望收益：

$$E_B = 10 \times (1 \times 99.8\% \times 2\% - 1 \times 0.2\% \times 102\%) = 0.1792 \tag{6-21}$$

B 方案的方差为：

$\sigma_B = 10 \times [99.8\% \times (1 \times 2\% - 0.01792) \times 2 + 10 \times 0.2\% \times (-1 \times 102\% - 0.01792) \times 2] = 0.021588736$ （6－22）

比较 A 方案和 B 方案，我们可以看出：

$E_A = E_B$，$\sigma_A^2 > \sigma_B^2$

根据期望理论，在预期收益相等的条件下决策者将选择风险最小的方案，即选择 σ^2 小的方案，因此信贷员选择 B 方案，即向 10 户农户贷款，每户 1 万元，即向贫穷农户贷款比向富裕农户贷款风险更小，但是这与调查事实不符。

3. 展望收益

在展望理论下，农户贷款选择。

A 方案的展望值讨论如下：

因为 0.2% 在信贷员的主观心理中属于极小的概率，因此其认为贷款违约概率不会发生，该事件被赋予权重 0。但是，98.8% 在信贷员的主观心理中属于极大的概率，因此该事件被赋予权重 1。所以，A 方案的展望值为：

$E_A^* = 10 \times 100\% \times 2\% = 0.2$ （6－23）

A 方案的风险为：

$\sigma_A^{*2} = 0$ （6－24）

B 方案的展望值讨论如下：

在 10 户相互独立的农户中，其违约概率互不影响，均为 0.2%，那么得到仅有 1 户农户违约的概率为：

$E_A^1 = C_{10}^1 \times 0.2\% \times 99.8\%^9 = 1.96\%$ （6－25）

有且仅有 2 户农户违约的概率为：

$E_B^2 = C_{10}^2 \times 0.2\%^2 \times 99.8\%^8 = 0.0177\%$ （6－26）

根据式（6－25）和式（6－26），可以发现，10 户农户出现 3 户以上同时违约的概率将更小。

下面具体探讨 B 方案的展望值。根据式（6－25）知道仅有 1 户农户违约的概率为 1.96%，在计算展望值时，假定夸大其为 4%，而 2 户及以上农户违约的概率很小，权重视为 0，因此 10 户均偿还贷款的概率为96%。于是，得到B方案的展望值为：

$$E_B^* = 1 \times 2\% \times 10 \times 96\% + (-1 \times 102\%) \times 4\% = 0.1512 \quad (6-27)$$

B方案的风险为：

$$\sigma_B^{*2} = 96\% \times (1 \times 2\% \times 10 - 0.1512)^2 + 4\% \times (-1 \times 102\% - 0.1512)^2 = 0.05715456 \quad (6-28)$$

由以上两个方案得出，A方案的展望值比较大，且风险比较小，即信贷员感知到的是A方案的预期收益不仅比B方案大，而且风险相对较小，因此，农村信用社倾向于向富裕农户发放贷款，而舍弃对贫穷农户放贷款。

第七章 农户不良贷款探析

农户贷款可得性显示出农户供给型信贷约束并不是很严重，只是农村金融机构对农户区别对待，喜欢“嫌贫爱富”，究其原因，主要是由于农户不良贷款居高不下，农村金融机构考核压力巨大。因此，本章将系统阐述农户不良贷款现状，并对其进行分析，从不良贷款的内生性和外生性全面剖析。

第一节 农户不良贷款现状

一 农户不良贷款现状

农户不良贷款一直是困扰农村信用社发展的一个重要问题，近年来其变化趋势较为明显。截至 2015 年年末，山东省农信系统资产总额 1.89 万亿元，各项存款余额 13560 亿元，贷款余额 9159 亿元，存贷款总量连续十一年稳居全省银行业金融机构首位；涉农贷款余额 6580 亿元，涉农贷款余额、增加额连续十年在全省金融机构以及全国同行业排名第一。不良贷款占比由 2006 年年末实行五级分类之初的 34% 降为 2.9%。

从最近 12 年山东省农村信用社的发展来看，其农户不良贷款呈现出以下特点：一是农户不良贷款率整体下降较为明显，但不良贷款金额却一直居高不下；二是新增农户不良贷款笔数逐年降低，但户平均金额增加较快；农户不良贷款在农村信用社不良贷款中占比并不高，但笔数较多。

二　农户不良贷款划分依据

（一）贷款四级分类

1998 年以前，我国金融机构的贷款分类办法主要是沿袭财政部 1993 年颁布的《金融保险企业财务制度》中的规定，也把农户贷款划分为正常、逾期、呆滞和呆账四种类型，后三种合称为不良贷款，在我国简称“一逾两呆”。逾期贷款是指逾期未还的贷款，只要超过一天即视为逾期；呆滞是指逾期两年或虽未满两年但经营停止、项目下马的贷款；呆账是指按照财政部有关规定确定已无法收回，需要冲销呆账准备金的贷款。我国金融机构的呆账贷款大部分已形成应该注销而未能注销的历史遗留问题，为扶持农村金融机构发展，山东省农村信用社成立以后，通过央行票据置换大量呆账贷款。

这种分类方法简单易行，在当时的企业制度和财务制度下，的确发挥了重要的作用，但是，随着经济改革的逐步深入，这种办法的弊端逐渐显露，已经不能适应经济发展和金融改革的需要了。例如，未到期的贷款，无论是否事实上有问题，都视为正常，显然标准不明，再比如，把逾期一天的贷款即归为不良贷款似乎又太严格了。另外，这种方法是一种事后管理方式，只有超过贷款期限，才会在银行的账上表现为不良贷款。因此，它对于改善银行贷款质量，提前对问题贷款采取一定的保护措施，常常是无能为力的。所以随着不良贷款问题的突出，这类分类方法也到了非改不可的地步。

（二）贷款五级分类

现行的贷款分类制度是 1998 年 5 月中国人民银行参照国际惯例，结合我国国情制定了《贷款分类指导原则》，要求金融机构依据借款人的实际还款能力进行贷款质量的五级分类：正常贷款、关注贷款、次级贷款、可疑贷款和损失贷款，后三种为不良贷款（见表 7 - 1）。

农村金融机构在充分分析借款人及时足额归还贷款本息的可能性的基础上，参照下列基本标准初步划分自然人其他贷款分类档次后，严格依据核心定义确定分类结果，具体分类情况如下：

表 7-1　　贷款五级分类标准

类型	分类标准
正常贷款	借款人能够履行合同，一直能正常还本付息，不存在任何影响贷款本息及时全额偿还的消极因素，银行对借款人按时足额偿还贷款本息有充分把握。贷款损失的概率为0
关注贷款	尽管借款人目前有能力偿还贷款本息，但存在一些可能对偿还产生不利影响的因素，如这些因素继续下去，借款人的偿还能力受到影响，贷款损失的概率不会超过5%
次级贷款	借款人的还款能力出现明显问题，完全依靠其正常营业收入无法足额偿还贷款本息，需要通过处分资产或对外融资乃至执行抵押担保来还款付息。贷款损失的概率在30%—50%
可疑贷款	借款人无法足额偿还贷款本息，即使执行抵押或担保，也肯定要造成一部分损失，只是因为存在借款人重组、兼并、合并、抵押物处理和未决诉讼等待定因素，损失金额的多少还不能确定，贷款损失的概率为50%—75%
损失贷款	指借款人已无偿还本息的可能，无论采取什么措施和履行什么程序，贷款都注定要损失了，或者虽然能收回极少部分，但其价值也是微乎其微，从银行的角度看，也没有意义和必要再将其作为银行资产在账目上保留下来，对于这类贷款在履行了必要的法律程序之后应立即予以注销，其贷款损失的概率为75%—100%

1. 正常贷款

（1）借款人有能力履行承诺，还款意愿良好，经营、财务等各方面状况正常，能正常还本付息，农村合作金融机构对借款人最终偿还贷款有充分把握。

（2）借款人可能存在某些消极因素，但现金流量充足，不会对贷款本息按约足额偿还产生实质性影响。

正常贷款参考特征：①借款人生产经营正常，主要经营指标合理，现金流量充足，一直能够正常足额偿还贷款本息。②贷款未到期。③本笔贷款能按期支付利息。

2. 关注贷款

（1）借款人的销售收入、经营利润下降或出现流动性不足的征兆，一些关键财务指标出现异常性的不利变化或低于同行业平均水平。

（2）借款人或有负债（如对外担保、签发商业汇票等）过大或与上期相比有较大幅度上升。

（3）借款人的固定资产贷款项目出现重大的不利于贷款偿还的因素（如基建项目工期延长、预算调增过大）。

（4）借款人经营管理存在重大问题或未按约定用途使用贷款。

（5）借款人或担保人改制（如分立、兼并、租赁、承包、合资、股份制改造等）对贷款可能产生不利影响。

（6）借款人的主要股东、关联企业或母子公司等发生了重大的不利于贷款偿还的变化。

（7）借款人的管理层出现重大意见分歧或者法定代表人和主要经营者的品行出现了不利于贷款偿还的变化。

（8）违反行业信贷管理规定或监管部门监管规章发放的贷款。

（9）借款人在其他金融机构贷款被划为次级类。

（10）宏观经济、市场、行业、管理政策等外部因素的变化对借款人的经营产生不利影响，并可能影响借款人的偿债能力。

（11）借款人处于停产或半停产，但抵（质）押率充足，抵质押物远远大于实现贷款本息的价值和实现债权的费用，对最终收回贷款有充足的把握。

（12）借新还旧贷款，企业运转正常且能按约还付息的。

（13）借款人偿还贷款能力较差，但担保人代为偿还能力较强。

（14）贷款的抵押物、质押物价值下降，或农村合作金融机构对抵（质）押物失去控制；保证的有效性出现问题，可能影响贷款归还。

（15）本金或利息逾期（含展期，下同）90 天（含）以内的贷款或表外业务垫款 30 天（含）以内。

关注贷款参考特征：①宏观经济、行业、市场、技术、产品、企业内部经营管理或财务状况发生变化，对借款人正常经营产生不利影响，但其偿还贷款的能力尚未出现明显问题。②借款人改制（如合并、分立、承包、租赁等）对银行债务可能产生的不利影响。③借款人还款意愿低，不与银行积极合作。④借款人完全依靠其正常营业收入无法足额偿还贷款本息，但贷款担保合法、有效、足值，银行完全有能力通过追偿担保足额收回贷款本息。⑤担保有效性出现问题，可能影响贷款归还。⑥贷款逾期（含展期后）不超过90天（含）。⑦本笔贷款欠息不超过90天（含）。

3. 次级贷款

（1）借款人经营亏损，支付困难并且难以获得补充资金来源，经营活动的现金流量为负数。

（2）借款人不能偿还其他债权人债务。

（3）借款人已不得不通过出售、变卖主要的生产、经营性固定资产来维持生产经营，或者通过拍卖抵押品、履行保证责任等途径筹集还款资金。

（4）借款人采用隐瞒事实等不正当手段取得贷款的。

（5）借款人内部管理出现问题，对正常经营构成实质损害，妨碍债务的及时足额清偿。

（6）借款人处于半停产状态且担保为一般或者较差的。

（7）为清收贷款本息、保全资产等目的发放的“借新还旧”贷款。

（8）可还本付息的重组贷款。

（9）信贷档案不齐全，重要法律性文件遗失，并且对还款构成实质性影响。

（10）借款人在其他金融机构贷款被划为可疑贷款。

（11）违反国家法律、行政法规发放的贷款。

（12）本金或利息逾期91—180天（含）的贷款或表外业务垫款31—90天（含）。

次级贷款参考特征：①借款人支付出现困难，且难以获得新的资金。②借款人正常营业收入和所提供的担保都无法保证银行足额收回贷款本息。③因借款人财务状况恶化，或无力还款而需要对该笔贷款借款合同的还款条款做出较大调整。④贷款逾期（含展期后）90—

180天（含）。⑤本笔贷款欠息90—180天（含）。

4. 可疑贷款

（1）借款人处于停产、半停产状态，固定资产贷款项目处于停、缓建状态。

（2）借款人实际已资不抵债。

（3）借款人进入清算程序。

（4）借款人或其法定代表人涉及重大案件，对借款人的正常经营活动造成重大影响。

（5）借款人改制后，难以落实农村合作金融机构债务或虽落实债务，但不能正常还本付息。

（6）经过多次谈判借款人明显没有还款意愿。

（7）已诉诸法律追收贷款。

（8）贷款重组后仍然不能正常归还本息。

（9）借款人在其他金融机构贷款被划为损失类。

（10）本金或利息逾期181天以上的贷款或表外业务垫款91天以上。

可疑贷款参考特征：①因借款人财务状况恶化或无力还款，经银行对借款合同还款条款做出调整后，贷款仍然逾期或借款人仍然无力归还贷款。②借款人连续半年以上处于停产、半停产状态，收入来源不稳定，即使执行担保，贷款也肯定会造成较大损失。③因资金短缺、经营恶化、诉讼等原因，项目处于停建、缓建状态的贷款。④借款人的资产负债率超过100%，且当年继续亏损。⑤银行已诉讼，执行程序尚未终结，贷款不能足额清偿且损失较大。⑥贷款逾期（含展期后）180天以上。⑦本笔贷款欠息180天以上。

5. 损失贷款

（1）借款人因依法解散、关闭、撤销、宣告破产终止法人资格，农村信用社依法对借款人及其担保人进行追偿后，未能收回的贷款。

（2）借款人已完全停止经营活动且复工无望，或者产品无市场，严重资不抵债濒临倒闭，农村信用社依法对其财产进行清偿，并对其担保人进行追偿后未能收回的贷款。

（3）借款人死亡，或者依照《中华人民共和国民法通则》的规定宣告失踪，农村信用社依法对其财产或者遗产进行清偿，并对担保人进行追偿后未能收回的贷款。

（4）借款人遭受重大自然灾害或意外事故，损失巨大且不能获得保险补偿，确实无力偿还的贷款；或者保险赔偿清偿后，确实无力偿还的部分贷款，农村信用社依法对其财产进行清偿或对担保人进行追偿后，未能收回的贷款。

（5）借款人触犯刑律，依法判处刑罚，其财产不足归还所借债务，又无其他债务承担者，农村信用社依法追偿后无法收回的贷款。

（6）借款人及其担保人不能偿还到期债务，农村信用社诉诸法律，经法院对借款人和担保人强制执行，借款人和担保人均无财产可执行，法院裁定终结执行后，农村信用社仍无法收回的贷款。

（7）由于上述（1）—（6）项原因，借款人不能偿还到期债务，农村信用社对依法取得的抵债资产，按评估确认的市场公允价值入账后，扣除抵债资产接收费用，小于贷款本息的差额，经追偿后仍无法收回的贷款。

（8）开立信用证、办理承兑汇票、开具保函等发生垫款时，凡开证申请人和保证人由于上述（1）—（6）项原因，无法偿还垫款，农村信用社经追偿后仍无法收回的垫款。

（9）银行卡被伪造、冒用、骗领而发生的应由农村信用社承担的净损失。

（10）助学贷款逾期后，农村信用社在确定的有效追索期内，并依法处置助学贷款抵押物（质押物）向担保人追索连带责任后，仍无法收回的贷款。

（11）农村信用社发生的除贷款本金和应收利息以外的其他逾期3年无法收回的其他应收款。

（12）已经超过诉讼时效的贷款。

（13）符合《财政部关于印发〈金融企业呆账核销管理办法〉的通知》（财金〔2005〕50号）规定的被认定为呆账条件之一的信贷资产。

（14）借款人无力偿还贷款，即使处置抵（质）押物或向担保人追偿也只能收回很少的部分，预计贷款损失率超过85%。

损失贷款参考特征：①借款人和担保人依法宣告破产、关闭、解散，并终止法人资格，银行经对借款人和担保人进行追偿后，未能收回的贷款。②借款人遭受重大自然灾害或者意外事故，损失巨大且不能获得保险补偿，或者已保险补偿后，确实无能力偿还部分或全部贷款，银行经对其财产进行清偿和对担保人进行追偿后未能收回的贷款。③借款人虽未依法宣告破产、关闭、解散，但已完全停止经营活动，被县级及县级以上工商行政管理部门依法注销、吊销营业执照，终止法人资格，银行经对借款人和担保人进行清偿后，未能收回的贷款。④借款人触犯刑律，依法受到制裁，其财产不足归还所借贷款，又无其他贷款承担者，银行经追偿后确实无法收回的贷款。⑤由于借款人和担保人不能偿还到期贷款，银行诉诸法律经法院对借款人和担保人强制执行，借款人后担保人均无财产可执行，法院裁定终结执行后，银行仍然无法收回的贷款。⑥由于上述①—⑤项原因，借款人不能偿还到期贷款，银行对依法取得的抵贷资产，按评估确认的市场公允价值入账后，扣除抵贷资产接受费用，小于贷款办席的差额，经追偿后仍无法收回的贷款。⑦开立信用证、办理承兑汇票、开具保函等发生垫款时，开证申请人和保证人授予上述①—⑥项原因，无法偿还垫款，银行经追偿仍无法收回的垫款。⑧经国务院专案批准核销的贷款。

五级分类是国际金融业对银行贷款质量的公认的标准，这种方法是建立在动态监测的基础上，通过对借款人现金流量、财务实力、抵押品价值等因素的连续监测和分析，判断贷款的实际损失程度。也就是说，五级分类不再依据贷款期限来判断贷款质量，能更准确地反映不良贷款的真实情况，从而提高银行抵御风险的能力。因此，本书根据贷款五级分类指导原则，将农户贷款风险分为AAA级农户、AA级农户和A级农户（见表7－2、表7－3和表7－4），农村信用社一般只对A级以上农户授信。

表 7－2　　AAA 级农户贷款风险分类标准

贷款档次 担保方式	正常贷款	关注贷款	次级贷款	可疑贷款
信用	贷款未到期；本金或利息逾期 60 天以内	贷款本金或利息逾期 61—90 天	贷款本金或利息逾期 91—180 天	贷款本金或利息逾期 181 天以上
保证	贷款未到期；本金或利息逾期 60 天以内	贷款本金或利息逾期 61—90 天	贷款本金或利息逾期 91—270 天	贷款本金或利息逾期 271 天以上
抵押	贷款未到期；本金或利息逾期 90 天以内	贷款本金或利息逾期 91—180 天	贷款本金或利息逾期 181—270 天	贷款本金或利息逾期 271 天以上
质押	贷款未到期；本金或利息逾期 90 天以内	贷款本金或利息逾期 91—180 天	贷款本金或利息逾期 181—360 天	贷款本金或利息逾期 361 天以上

表 7－3　　AA 级农户贷款风险分类标准

贷款档次 担保方式	正常贷款	关注贷款	次级贷款	可疑贷款
信用	贷款未到期；本金或利息逾期 30 天以内	贷款本金或利息逾期 31—90 天	贷款本金或利息逾期 91—180 天	贷款本金或利息逾期 181 天以上
保证	贷款未到期；本金或利息逾期 30 天以内	贷款本金或利息逾期 31—90 天	贷款本金或利息逾期 91—180 天	贷款本金或利息逾期 181 天以上
抵押	贷款未到期；本金或利息逾期 60 天以内	贷款本金或利息逾期 61—90 天	贷款本金或利息逾期 91—180 天	贷款本金或利息逾期 181 天以上
质押	贷款未到期；本金或利息逾期 90 天以内	贷款本金或利息逾期 91—180 天	贷款本金或利息逾期 181—270 天	贷款本金或利息逾期 271 天以上

表 7－4　　　　A 级农户贷款风险分类标准

贷款档次 担保方式	正常贷款	关注贷款	次级贷款	可疑贷款
信用	贷款未到期	贷款本金或利息逾期 90 天以内	贷款本金或利息逾期 91—180 天	贷款本金或利息逾期 181 天以上
保证	贷款未到期	贷款本金或利息逾期 90 天以内	贷款本金或利息逾期 91—180 天	贷款本金或利息逾期 181 天以上
抵押	贷款未到期；本金或利息逾期 30 天以内	贷款本金或利息逾期 31—90 天	贷款本金或利息逾期 91—180 天	贷款本金或利息逾期 181 天以上
质押	贷款未到期；本金或利息逾期 60 天以内	贷款本金或利息逾期 61—90 天	贷款本金或利息逾期 91—270 天	贷款本金或利息逾期 271 天以上

三　农户不良贷款管理办法

（一）农户不良贷款管理总则及其原则

农户不良贷款管理总则。为加强山东省农村信用社、农村商业银行、农村合作银行不良贷款管理，提高不良贷款管理和清收处置水平，根据有关法律法规及山东省农村信用社制度规定，制定出不良贷款管理办法。本书所称不良贷款是指按照山东省农村信用社信贷资产风险分类的有关规定划分为次级贷款、可疑贷款、损失贷款及表外不良贷款。不良贷款管理是指根据不良贷款的内在特点，通过科学的管理方法与流程，对不良贷款移交、日常管理、清收处置和监测、检查与奖惩等各个环节进行的全过程管理。贷款管理单位是指承担贷款发放、贷后管理等职责的农村信用社经营机构，包括县级联社公司业务部、个贷中心、营业部及基层信用社等。不良贷款管理单位是指承担不良贷款管理、清收处置等职责的农村信用社经营机构，包括县级联社资产管理部及承担不良贷款管理处置职责的贷款管理单位。还款义务人是指借款人、保证人以及依法承继其还款义务的个人或单位，如财产继承人、虚假出资或抽逃资金的企业股东、改制后具有债务承继关系的企业、企业开办单位等。

农户不良贷款管理遵循的原则。(1) 真实反映。真实、准确、客观地反映不良贷款的形态状况及不良贷款管理、清收处置各环节的工作情况。(2) 依法合规。不良贷款管理、清收处置工作必须严格遵守国家法律、法规、政策及有关规定。(3) 尽职履责。不良贷款管理人员根据尽职管理要求，忠实履行工作职责，维护农村信用社权益。(4) 科学管理。科学合理设置不良贷款的管理体系和业务流程，创新工作模式，提高处置技术水平。(5) 优化处置。合理把握处置效率和效益的关系，通过处置时机的选择、处置方式的比较和定价机制的运用等，实现不良贷款处置效益的最大化。(6) 信息保密。严格保密不良贷款管理、处置相关信息，避免造成不良影响和贷款损失。

(二) 农户不良贷款管理组织机构及职责

农户不良贷款管理组织机构主要由资产管理部门、不良资产管理委员会、大额不良资产处置咨询委员会和不良贷款责任认定与追究委员会组成。(1) 资产管理部门：省联社、办事处（市联社）和县级联社要设立资产管理部门，根据实际需要，配备相应数量的工作人员。辖内经营单位或不良贷款较少的办事处也可设置不良资产管理岗。省、市、县各级资产管理部门作为不良贷款管理处置的主管部门，分级负责制度制定、监督考核、统计监测、业务指导、资产保全、项目审查（咨询）等不良贷款管理工作。县级联社资产管理部门同时负责全辖不良贷款的集中管理与清收处置。不良贷款原则上应全部集中管理、集中处置。小额个人类不良贷款也可采取集中与分散相结合的管理处置方式。不良贷款管理单位要根据本单位不良贷款规模，设置不良贷款专职或兼职处置岗。(2) 不良资产管理委员会：县级联社设立不良资产管理委员会，负责本单位不良贷款管理处置有关事项的审议。(3) 大额不良资产处置咨询委员会：省联社、办事处（市联社）分别设立大额不良资产处置咨询委员会，按照权限设置审议不良贷款管理处置咨询事项。(4) 不良贷款责任认定与追究委员会：省联社、办事处（市联社）、县级联社分别设立不良贷款责任认定与追究委员会，逐级负责对不良贷款管理处置过程中的失职行为进行责任认定与追究。

（三）农户不良贷款移交管理

经县级联社风险管理部门分类认定后，正常贷款转为不良贷款以及不良贷款转为正常贷款，均应进行贷款移交。正常贷款转为不良贷款的，由信贷管理业务条线移交给资产管理业务条线（以下称正移交）。不良贷款转为正常贷款的，由资产管理业务条线移交给信贷管理业务条线（以下称逆移交）。

1. 正移交程序

不良贷款形成一个月内，完成正移交。（1）县级联社信贷管理部门向资产管理部门提交不良贷款移交清单、不良贷款责任认定材料。县级联社分管主任负责监督。（2）集中管理不良贷款的移交。①原贷款管理单位向县级联社资产管理部门提交不良贷款移交报告及档案资料清单；②县级联社资产管理部门对不良贷款资料进行审核，并组织开展尽职调查；③按照档随账走的原则，根据账务划转情况交接档案原件或复印件；④县级联社资产管理部门指定不良贷款的清收处置责任人；⑤县级联社分管主任对上述移交负责监督。（3）非集中管理不良贷款的移交。①非集中管理不良贷款在贷款管理单位内部岗位之间移交，由原贷款管理责任人制作移交清单，向不良贷款清收处置责任人移交相关贷款资料；②不良贷款管理单位应对移交的不良贷款组织尽职调查；③对不能在一个月内移交的不良贷款，经贷款管理单位负责人批准，可适当延迟移交，但最长不能超过六个月；④本单位负责人对上述移交负责监督。不良贷款移交后，原贷款管理单位、贷款管理责任人要积极配合不良贷款的日常管理和清收处置工作。

2. 逆移交程序

不良贷款转为正常贷款的，要在一个月内完成逆移交。（1）县级联社资产管理部门向信贷管理部门提交贷款移交清单。县级联社分管主任负责监督。（2）集中管理不良贷款的移交。①县级联社资产管理部门向贷款管理单位提交贷款移交报告和档案资料清单；②贷款管理单位对照档案资料清单进行核对，并对贷款进行实地调查；③贷款管理单位指定贷款管理责任人；④县级联社分管主任对上述移交负责监督。(3) 非集中管理不良贷款的移交。①不良贷款清收处置岗制作贷款清单，向本单位指定的贷款管理责任人移交相关贷款资料；②本单位负责人对上述移交负责监督。

贷款移交完成前，各相关单位对拟移交贷款的管理责任不变。县级联社信贷管理部门与资产管理部门要加强配合，避免因移交影响贷款管理工作。贷款移交后，接收单位负责人对接收的不良（正常）贷款管理承担相应领导责任。不良贷款移交后，要及时将移交资料清单、尽职调查报告等相关信息录入信贷管理系统。

（四）农户不良贷款日常管理

县级联社资产管理部门负责对集中管理的不良贷款进行日常管理，对非集中管理的不良贷款要建立监测台账，制订清收处置计划，并对辖内不良贷款管理单位进行业务考核及监督检查。实行不良贷款日常管理责任制。不良贷款清收处置责任人是不良贷款日常管理的责任人，负责开展日常管理的具体工作。实行不良贷款日常管理工作备忘制。以工作日志、会议纪要、调查报告、专题报告等方式记录日常管理工作情况，及时反映和报告不良贷款管理存在的问题，提出相关工作建议。对重大事项应及时向上级报告，并记录内容入档留存。

不良贷款主债权及担保权利的日常维护，要围绕尽职催收、权利保全、现场检查、信息收集等工作进行。(1) 尽职催收。定期向还款义务人催收不良贷款本息，督促其在催收通知书签章后作回执留存。(2) 权利保全。根据法律规定及时主张权利，确保不良贷款诉讼时效、保证及抵（质）押担保期间、申请执行期限、资产查封与续封期限等法律效力。(3) 现场检查。及时了解还款义务人生产经营状况及抵（质）押物情况，真实反映贷款风险变化。(4) 信息收集。密切关注还款义务人的动向，掌握其他债权人对其采取的维权措施等相关信息。

系统业务信息的维护。及时将不良贷款日常管理获取的数据、信息等资料完整录入信贷管理系统，做好系统日常维护。

档案管理。不良贷款管理处置形成的资料要及时入档，加强管理，确保档案完整。

（五）农户不良贷款尽职调查与估值

尽职调查是以借款人某一时点的不良贷款为基数，对不良贷款进行全面调查，摸清不良贷款现状，掌握还款义务人的主体资格、有效资产和偿债能力，揭示不良贷款清收潜力。正移交期间首次尽职调查后，公司类不良贷款每半年至少进行一次尽职调查，个人类不良贷款每年至少进行一次尽职调查。对出现重大情况的贷款，要随时调查。定期进行的尽职调查由不良贷款管理单位组织实施，实行双人调查，清收处置责任人为主调查人。不良贷款进行处置时，县级联社资产管理部门成立项目小组，实施尽职调查，项目小组组长为主调查人。

不良贷款尽职调查采取现场调查与非现场调查相结合的方式进行，调查内容包括还款义务人的基本情况、生产经营、资产负债、现金流量，或有负债、涉诉案件、还款意愿、贷款抵（质）押物情况等。不良贷款尽职调查完成后，要形成书面调查报告。调查报告应记录尽职调查工作开展情况，以及还款义务人的各项信息，满足不良贷款估值、定价需要，为不良贷款处置方式的选择和处置时机的确定提供参考。尽职调查信息按要求录入信贷管理系统。不良贷款尽职调查人员对尽职调查报告的真实性和完整性负责，确保不存在虚假记载、重大遗漏和误导性陈述。

估值。估值是在尽职调查的基础上，按照规定的程序和方法，对不良贷款某一时点的价值进行内部估算的过程。不良贷款的估值应综合考虑还款义务人的生产经营、资产负债、偿债意愿、抵（质）押物的权属以及国家政策、地方经济环境、金融生态环境等因素。不良贷款的估值参照省联社规定的不良资产定价有关方法，实行双人测算、交叉复核。不良贷款的估值结果可用于不良贷款处置预案的研究制定、处置结果的分析评价、不良资产处置损失的整体评测，也可作为贷款分类调整、减值准备计提的参考。

（六）农户不良贷款清收处置

不良贷款的清收处置是按照有关法律法规及政策制度规定，综合运用各种清收处置方法和手段，实现不良贷款收回、风险化解以及损失核销等的经营行为。实行不良贷款清收处置责任人制度。不良贷款管理单位要根据规定对每笔贷款确定清收处置责任人。清收处置责任人应当密切监控还款义务人的还款能力变化，并结合日常管理及尽职调查时所掌握的情况，采取直接催收、账户扣收等方式清收处置不良贷款。制订清收处置预案。对新形成不良贷款，清收处置责任人应当在移交后 15 个工作日内制订清收处置预案，明确清收处置期限、拟采取的方式等。对清收处置预案要定期分析，及时调整，并选择有利处置时机，启动清收处置程序。制订与实施清收处置方案。不良贷款清收处置条件成熟后，应根据拟定的处置方式，成立项目小组，组织尽职调查，制订清收处置方案，并根据权限设置履行审查、审批程序。项目小组要严格按照审批后的清收处置方案，在规定的处置时限内对不良贷款实施处置。

不良贷款处置方式包括直接追偿、依法诉讼、破产清偿、以资抵债、债务重组、债权转让、代理清收、资产置换、呆账核销、损失退出、处置定价等。选择不良贷款处置方式应遵循成本效益和风险控制原则，综合考虑还款义务人的还款意愿、偿还能力、抵（质）押物变现及贷款风险情况，择优选取。不良贷款清收处置可选择一种或综合运用多种方式，在同等条件下，现金清偿优先于非现金清偿。

（1）直接追偿。依据债权凭证，直接催收、扣划账户资金或督促还款义务人处置有效资产，收回现金或现金等价物。清收处置责任人应通过账户查询、电话短信、上门催收、预约面谈以及发送函件等方式，强制或敦促还款义务人履行还款义务。

（2）依法诉讼。依法向人民法院提起诉讼，并申请强制执行，要求还款义务人履约。采取依法诉讼方式的，应按照省联社诉讼案件管理办法的要求，进行诉前论证并按规定报批后实施，不得以诉讼代替日常催收。

（3）破产清偿。企业法人不能清偿到期债务，依法向人民法院提出申请，对企业法人进行破产重整或者破产清算。对进入破产程序的还款义务人，要积极参与破产重整或破产分配，根据重整协议和清算结果重组或清偿贷款。

（4）以资抵债。当还款义务人无力以货币资金偿还债务时，经各方（包括地方政府、自愿承接债务的主体等第三方）协商一致或人民法院、仲裁机构依法裁决，以实物资产或财产权利作价抵偿信用社债权。实施以资抵债应优先选择易保值、易变现的资产，尽快实现处置回收入账，减少抵债资产损失。

（5）债务重组。在还款义务人发生财务困难且贷款形成不良的情况下，依据各方（包括第三方）达成的协议或者法院的裁定，对债务构成予以调整。包括修改合同条款、债务落实、债务承接、债务削减等方式。县级联社资产管理部门负责对拟重组不良贷款进行尽职调查、制订并组织实施债务重组方案，其他相关部门按照贷款操作规定办理手续。对不良贷款实施债务重组时，应对还款义务人以及第三方的偿债能力进行分析，审慎确定重组方式和重组条款，落实有关担保措施，督促其履行约定义务。

（6）债权转让。合理确定不良资产债权处置价格，通过拍卖、招标、竞价、协议等方式，将债权及相应权益转让给外部买受人。债权转让既可以单笔转让，也可以将多笔不良贷款按相应的标准和条件进行组合，形成资产包整体转让。债权转让程序应严格按照省联社债权转让办法执行，坚持公开操作、市场竞价的原则，审慎使用协议转让的处置方式。

（7）代理清收。将不良贷款委托给具有清收处置能力的律师事务所、法律服务所、社会中介机构或其他具有完全民事行为能力的组织，受托人依据代理清收合同，依法对受托不良贷款进行清收处置，并按约定收取酬金。委托代理清收期间，要及时了解代理人的清收进展情况，加强对代理行为的监控和督促，发现有损农村信用社利益的代理行为，应及时终止代理合同。

（8）资产置换。在地方政府主导下，以其拥有的土地使用权等资产置换农村信用社不良贷款，实现不良贷款批量处置。用于置换的资产必须是农村信用社真正拥有所有权、处置权、收益权，且能按要求变现、足额抵顶债权的资产。置换方案必须取得人民银行、监管、税务等部门的书面同意。

（9）呆账核销。对符合条件的损失类贷款，按规定程序和要求进行核销。呆账核销应提供符合核销认定条件的确凿证据，并严格执行保密制度，按照内销外追的原则，对未依法终结债权与债务关系的贷款继续追索。

（10）损失退出。表外不良贷款符合《金融企业呆账核销管理办法》规定的条件，可以不再继续进行“账销案存”管理的，以及经市场化方式处置后，农村信用社不再享有债权的贷款，应按照规定的程序认定，予以终结性退出。对已退出表外核算的不良贷款，要建立退出台账，债权资料封存入档，永久保存。

（11）处置定价。不良贷款处置基础价格应根据不良贷款债务人及其债务责任关联方的经营、财务、资产、信用和实物资产的属性、质量状况等，并充分考虑市场、政策等因素，选择适当的定价方法，确定资产的公允价值。处置创新。结合本地实际，在依法合规的前提下，积极探索、创新不良贷款的清收处置方式与手段。创新方式实施前，应向上级咨询备案。

不良贷款清收处置还要坚持以下制度：（1）审处分离。按照业务操作流程，实行不良贷款清收处置与审查、审批相分离。（2）集体审议与授权决策。决策人依据社员大会（股东大会）、理（董）事会的授权，对不良资产管理委员会审议通过的处置方案予以决策。（3）关系人回避。与还款义务人存在利害关系的人员，在不良贷款处置的各个环节，应予回避。

（七）农户不良贷款监测、检查与奖惩

1. 建立不良贷款监测制度

省、市、县各级资产管理部门按照权限，对不良贷款形态结构、质量变化、权利保全、尽职调查、清收处置等内容进行日常监测，并建立不良贷款清收处置监测台账，及时、准确、全面地反映和评价不良贷款的变动和处置情况，形成分析报告。各级资产管理部门负责人对分析报告内容的真实性负责。县级联社要定期对本单位不良贷款管理处置工作情况进行监督检查或组织专项审计，发现违规操作和不尽职行为，要及时纠正、问责。办事处（市联社）每年至少组织一次对辖内县级联社不良贷款管理处置工作情况的全面检查，对重大处置项目应及时检查。省联社根据工作需要，不定期组织专项检查。

2. 建立不良贷款管理处置激励机制

不良贷款管理和清收处置人员的薪酬分配与不良贷款清收处置成效挂钩，对有功人员计酬奖励。实行不良贷款管理处置损失责任认定与追究制度。在抵债资产损失列支、利息减免前，申报呆账核销及通过其他清收处置方式将不良贷款纳入表外核算前，以及表外不良贷款形成处置损失或表外不良贷款终结性退出前，均须对不良贷款的日常管理、尽职调查、清收处置等环节进行合规检查，对因不尽职行为造成贷款损失的责任人进行责任认定和追究，对尽职履责的责任人予以免责。

第二节 农户不良贷款分析

农户不良贷款一直是困扰农村金融机构发展的重要问题之一，虽然学者和政府一直呼吁和践行提高对农户不良贷款率的容忍度，但是，农村信用社作为一个企业，尤其是改制成为农商行后，对利润最大化和不良贷款考核很严，因此，只有深入了解了农户不良贷款的情况，才能更好地解决该问题。

一 数据来源、变量定义与描述性统计

（一）数据来源

农户不良贷款数据为农村信用社商业机密，收集难度较大，笔者利用以前在农村信用社工作过的人脉关系，依据经济发展状况和地理环境从山东省东部、中部、西部、南部和北部随机抽取一个县市区作为调研对象，其分别为高密市、济阳县、曹县、兰陵县和利津县。通过与辖区内农村信用社相关负责人沟通，随机抽取某个乡镇的贷款农户作为样本。具体调研流程是：首先于2016年6月对5位研究生进行调研培训；然后和调研区域农村信用社信贷人员对接，并于7—8月对辖区内贷款农户进行入户调研；最后从8687户贷款农户中选取

476 户不良贷款农户进行深入分析。

（二）变量定义

根据多年实践经验以及农户贷款“三查”理论，本书选取农户年龄、受教育程度、贷款金额等 13 个变量，见表 7－5。

表 7－5　　农户不良贷款变量定义

变量	变量定义
所在区域	依据经济发展状况划分，高密市属于发达地区，济阳县属于较发达地区，兰陵县属于中等发达地区，利津县属于较不发达地区，曹县属于不发达地区
户主年龄	贷款人年龄或贷款家庭决策人年龄
受教育程度	贷款人学历或贷款家庭决策人学历，分别为小学及以下，按 6 年学龄计算；初中，按 9 年学龄计算；高中或中专，按 12 年学龄计算；大专及以上，按 15 年学龄计算
家庭纯收入	家庭成员年收入总和，单位为万元
家庭资产	家庭资产总和，包括现金、股份、房产、田地等
家庭负债	家庭负债总和，包括银行贷款、亲朋好友借款等债务
家庭净资产	家庭总资产减去家庭总负债
行业	家庭成员主要从事行业，包括种植业、养殖业、林业、外出务工、非农经营和其他
贷款用途	贷款使用用途，包括生产经营性用途和生活消费性用途
信用等级	凡授信农户一般分为三级：AAA 级、AA 级和 A 级
首贷年份	第一次从农村信用社贷款的年份，分为 2005 年以前和 2006 年以后逐年年份，2005 年以前贷款均为手工操作，其后为电脑操作
首贷授信额度	第一次从农村信用社贷款获得的授信额度
贷款不良年份	该笔不良贷款哪一年产生
贷款金额	该笔贷款发放时的金额
贷款余额	2015 年年底该笔不良贷款的余额
不良贷款种类	该笔不良贷款在五级分类中属于次级、可疑和损失中的哪一类
贷款不良原因	不良贷款成因，主要有顶冒名贷款、经营不善、民间理财、恶意诈骗和其他

（三）描述性统计

在调研的5个县市区中，每个区域随机抽取一个经济发展状况为中等的乡镇作为调研区域，共收集到贷款农户8687户，其中有476户农户贷款逾期没有全部归还本金和利息。从表7-6中可以看出，贷款农户户数占农户总户数的17.34%，这个比例比较客观，与山东省农村信用联社统计出的全省贷款农户占比接近，而且比较有意思的是越发达或越欠发达区域贷款农户占比较高，最高区域F乡镇贷款农户占19.93%，比中等发达区域高出7.16个百分点。农户不良贷款率随着区域发达的程度逐渐降低，即越发达地区不良贷款率越低，A乡镇农户不良贷款率仅有3.21%，而F乡镇农户不良贷款率却高达7.38%，前后相差4.17个百分点。

表7-6　　样本区域2015年农户不良贷款状况

区域	总户数（户）	贷款总户数（户）	贷款户数占比（%）	不良贷款户数（户）	不良贷款率（%）
高密（A乡镇）	10184	2026	19.89	65	3.21
济阳（B乡镇）	9997	1758	17.59	83	4.72
兰陵（C乡镇）	11056	1412	12.77	79	5.59
利津（D乡镇）	8925	1512	16.94	103	6.81
曹县（F乡镇）	9928	1979	19.93	146	7.38
合计	50090	8687	17.34	476	5.48

资料来源：根据调查数据整理所得。

在产生的不良贷款中，不同地区农户平均值存在明显差异（见表7-7）。首先是年龄差异，发达地区高密市平均年龄仅有47.45岁，而曹县农户平均年龄为51.67岁，即地区越不发达，农户平均年龄越高；其次是学历差异，发达地区农户学历普遍较高，如高密市受教育程度达到12.87年，而曹县农户受教育程度仅为8.56年，且基本上是地区越不发达，农户受教育程度越少；再次是平均家庭年收入差异，随着地区的发达程度平均家庭年收入逐次增加，且最高地区高密市是最低地区曹县的近两倍；最后是家庭资产状况差异明显，一是平均家庭总资产与地区发达程度成正比；二是平均家庭总负债却和地区发展关系不明显；三是发达地区的家庭平均净资产并不高。

表 7－7　样本区域 2015 年农户不良贷款家庭特征

区域	不良贷款户数	平均年龄（岁）	平均学历（年）	平均家庭年收入（万元）	平均家庭资产（万元）	平均家庭负债（万元）	平均家庭净资产（万元）
高密（A 乡镇）	65	47.45	12.87	7.75	26.92	20.38	6.54
济阳（B 乡镇）	83	48.44	11.66	6.12	21.24	12.59	8.65
兰陵（C 乡镇）	79	48.98	11.78	5.99	20.75	14.78	5.97
利津（D 乡镇）	103	49.76	9.35	5.37	17.66	10.26	7.40
曹县（F 乡镇）	146	51.67	8.56	4.08	15.15	7.63	7.52
合计	476	49.67	10.39	5.53	19.29	11.99	7.30

资料来源：根据调查数据整理所得。

农户不良贷款首贷年份是指发生不良贷款的农户第一次从农村信用社申请到授信的那一年。由于 2005 年以前农村信用社贷款数据未录入电脑，均是纸质材料，很难统计出准确数字，而农户对自己首次申请授信的年份也已经记忆模糊，因此，凡是 2005 年及其以前申请过授信的农户均统一视为 2005 年以前贷款。在 476 户不良贷款中，首贷年份是 2005 年以前的有 102 户，其余 374 户不良贷款的首贷年份为 2006—2015 年，详情如图 7－1 所示。可以看出，2006—2010 年首贷年份发放的贷款产生不良的情况较多，而后 5 年首贷年份的不良贷款较少。尤其是 2010 年首贷年份产生不良贷款的农户达到 71 户，这与 2009 年国家 4 万亿投资刺激分不开，造成 2010 年贷款需求旺盛，但随后几年经济发展下行，许多农户投资失败，进而造成不良贷款。

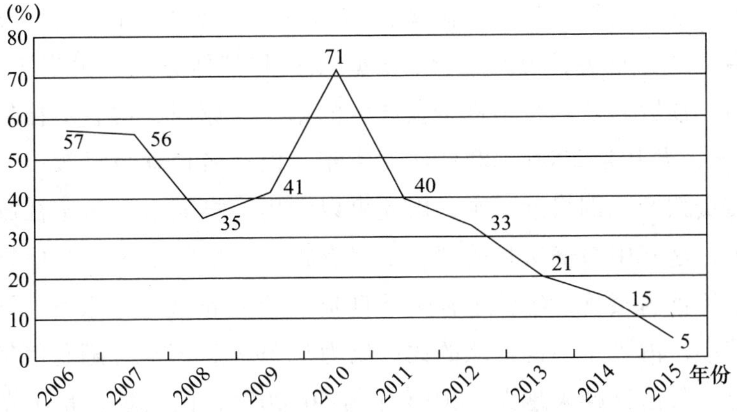

图 7－1　农户不良贷款首贷年份 2006—2015 年变化情况

2006—2015 年，共产生农户不良贷款 476 户，其中产生的年份如图 7－2 所示，前 5 年农户产生不良贷款较多，共计 331 户，占所有不良贷款户数的 69.54%；主要原因是前期农户贷款比较粗放，信贷员管控不严，农户违约意识淡薄等，再加上受 2008 年美国次贷危机的影响，因此 2009 年不良贷款产生 85 笔。后 5 年农户不良贷款产生相对较少，仅有 145 户，占 30.46%，户数和占比均不及前 5 年一半，2015 年不良贷款户数虽然有所上升，但主要是受经济下行压力影响，总户数并不多；主要原因是随着农村信用社的商业化改革，各方面规章制度逐渐健全，对农户贷款要求极为严格，许多放贷风险已经及时得到化解。

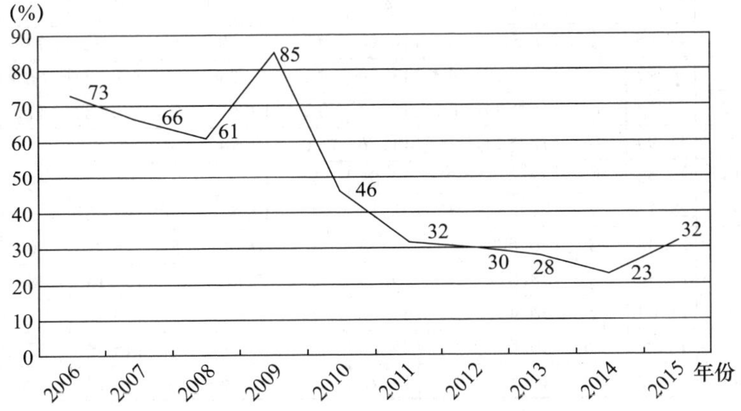

图 7－2　农户不良贷款产生年份

农户不良贷款产生的原因有许多方面，但不外乎以下五个原因：顶冒名、经营不善、民间理财、恶意诈骗和其他方面。由表7－8可以看出，顶冒名贷款是不良贷款产生的第一大原因，占总不良贷款的37.82%，尤其是2006—2009年这4年，顶冒名贷款数量较多，占当年不良贷款的比例将近一半，由此可以看出，早期农村信用社放贷非常粗放，这其中与信贷员的把关不严有很大关系，甚至有些信贷员参与发放顶冒名贷款；经营不善是不良贷款产生的第二大原因，早期其占比较小，占当年不良贷款的比例仅为9.59%，但是，随着信贷业务的规范，其占比越来越大，2015年占50.00%；民间理财是不良贷款产生的第三大原因，也是初期占比不高，但随着农户理财意识的提高，以及近几年与民间借贷的结合，其占比越来越高，虽然近两年占比有所降低，但依然较高，民间理财和民间借贷依然需要地方政府进行合理规范；恶意诈骗是不良贷款产生的第四大原因，该原因在早起较为常见，主要还是由于农村信用社粗放管理和经营，最近这几年已经极少出现，这与当前推进社会信用体系建设，积极打击整治“老赖”行动是分不开的。第五种产生不良贷款的原因是疾病、三角债、漠视信用等其他原因，该原因一直占比较小，因此并不被金融机构所关注。

表7－8　　农户不良贷款原因统计

年份	顶冒名		经营不善		民间理财		恶意诈骗		其他		不良贷款	
	笔数	占比（%）	笔数	占比（%）	笔数	占比（%）	笔数	占比（%）	笔数	占比（%）	笔数	占比（%）
2006	35	47.95	7	9.59	8	10.96	17	23.29	6	8.22	73	15.34
2007	31	46.97	8	12.12	9	13.64	16	24.24	2	3.03	66	13.87
2008	29	47.54	10	16.39	8	13.11	12	19.67	2	3.28	61	12.82
2009	45	52.94	16	18.82	10	11.76	11	12.94	3	3.53	85	17.86
2010	14	30.43	11	23.91	11	23.91	7	15.22	3	6.52	46	9.66
2011	9	28.13	7	21.88	9	28.13	4	12.50	3	9.38	32	6.72
2012	7	23.33	8	26.67	7	23.33	3	10.00	5	16.67	30	6.30
2013	5	17.86	8	28.57	11	39.29	2	7.14	2	7.14	28	5.88
2014	3	13.04	7	30.43	8	34.78	2	8.70	3	13.04	23	4.83
2015	2	6.25	16	50.00	8	25.00	1	3.13	5	15.63	32	6.72
合计	180	37.82	98	20.59	89	18.70	75	15.76	34	7.14	476	100.00

资料来源：根据调查数据整理所得。

出现不良贷款的农户从事行业较多，为了便于区分，本书将其家庭主要成员所从事的行业视为农户所从事行业，主要分为涉农类：种植、养殖和林业；非涉农类：外出务工、非农经营和其他。由表7－9可以看出，不良贷款农户从事涉农行业户数不多，只有179户，占37.61%，而且种植业和林业不良贷款户数相对养殖业来说较低，这也就印证了相对于其他行业农户一般养殖业列为高风险行业；不良贷款农户从事非涉农行业户数较多，且集中在非农经营方面，仅此一项就有185户，占38.87%，已经超过涉农行业占比，农户从事非农行业，相比较而言并不比从事农业风险小，外出务工农户产生不良贷款户数并不低，占16.81%，究其原因多数是由于其在外接触面广，创业冲动或消费冲动较高，忽视了自己的基础和家庭实力。

表7－9　　　　不良贷款农户从事行业

年份	种植		养殖		林业		外出务工		非农经营		其他		不良贷款	
	笔数	占比（%）	笔数	占比（%）	笔数	占比（%）	笔数	占比（%）	笔数	占比（%）	笔数	占比（%）	笔数	占比（%）
2006	6	8.22	13	17.81	4	5.48	5	6.85	42	57.53	3	4.11	73	15.34
2007	8	12.12	15	22.73	6	9.09	8	12.12	24	36.36	5	7.58	66	13.87
2008	7	11.48	13	21.31	5	8.20	10	16.39	22	36.07	4	6.56	61	12.82
2009	9	10.59	12	14.12	8	9.41	14	16.47	38	44.71	4	4.71	85	17.86
2010	6	13.04	7	15.22	7	15.22	8	17.39	15	32.61	3	6.52	46	9.66
2011	4	12.50	5	15.63	4	12.50	6	18.75	12	37.50	1	3.13	32	6.72
2012	3	10.00	6	20.00	5	16.67	6	20.00	6	20.00	4	13.33	30	6.30
2013	2	7.14	7	25.00	0	0.00	8	28.57	8	28.57	3	10.71	28	5.88
2014	3	13.04	4	17.39	1	4.35	7	30.43	5	21.74	3	13.04	23	4.83
2015	2	6.25	6	18.75	1	3.13	8	25.00	13	40.63	2	6.25	32	6.72
合计	50	10.50	88	18.49	41	8.61	80	16.81	185	38.87	32	6.72	476	100.00

资料来源：根据调查数据整理所得。

农户信用等级评定是农村信用社根据人民银行相关文件规定以及结合农户自身情况制定出的信用等级评价标准，理论上AAA级农户应该优于 AA 级农户，AA 级农户应该优于 A 级农户，但从表 7－10 可以看出，AAA 级农户、AA 级农户和 A 级农户在不良贷款产生方面并没有明显区别，A 级农户本应产生最多不良贷款户数和占比，但与实际却恰恰相反，这说明现行信用等级评价标准已不能准确评价出农户信用等级，应当及时进行修改。在不良贷款用途方面，生产经营性用途一直占比较高，在 2006 年时曾达到 89.04%，但以后逐年降低，随着农户生活水平的提高，越来越多的贷款用于生活消费，如婚丧嫁娶、购置家庭轿车、旅游等，生活消费性贷款用途已由 2006 年的 10.96% 增长至 2015 年的 34.38%，这对于启动我国内需，满足农村市场需求，提高农民生活水平有着重要意义，但同时一定要合理引导其信贷需求，增加其相应消费贷款品种，把控其信贷风险。

表 7－10　　不良贷款农户信用等级及用途

年份	AAA 级农户		AA 级农户		A 级农户		生产经营性用途		生活消费性用途		不良贷款	
	笔数	占比（%）	笔数	占比（%）	笔数	占比（%）	笔数	占比（%）	笔数	占比（%）	笔数	占比（%）
2006	26	35.62	32	43.84	15	20.55	65	89.04	8	10.96	73	15.34
2007	28	42.42	25	37.88	13	19.70	54	81.82	12	18.18	66	13.87
2008	24	39.34	21	34.43	16	26.23	47	77.05	14	22.95	61	12.82
2009	31	36.47	43	50.59	11	12.94	68	80.00	17	20.00	85	17.86
2010	20	43.48	19	41.30	7	15.22	35	76.09	11	23.91	46	9.66
2011	12	37.50	15	46.88	5	15.63	24	75.00	8	25.00	32	6.72
2012	9	30.00	15	50.00	6	20.00	20	66.67	10	33.33	30	6.30
2013	8	28.57	14	50.00	6	21.43	19	67.86	9	32.14	28	5.88
2014	6	26.09	13	56.52	4	17.39	15	65.22	8	34.78	23	4.83
2015	7	21.88	18	56.25	7	21.88	21	65.63	11	34.38	32	6.72
合计	171	35.92	215	45.17	90	18.91	368	77.31	108	22.69	476	100.00

资料来源：根据调查数据整理所得。

2006—2015 年 10 年间农户不良贷款金额变化较为明显，详情如表 7－11 所示，基本上每年产生的不良贷款金额和平均每户不良贷款金额均有所下降，而且其所占总额比重逐年降低，说明近年来农户不良贷款增速有所下降；农户不良贷款余额与不良贷款金额有所相似，也是逐年降低，而且不良贷款平均归还金额逐渐增加，归还金额占贷款本金比例逐渐增加。2015 年已经达到 27.77%，说明即使农户产生不良贷款，其归还状况已经远远高于 2006 年 7.38% 的归还占比。由此可以看出，样本区域农户不良贷款每年新增金额正在快速下降，不良贷款产生后农户还贷环境远远好于 10 年之前，这与相关学者的建议、政府政策的扶持和农村金融机构的合规经营密不可分，同时也是支持农户贷款可持续发展并保持不良贷款率可容忍度的一个佐证。

表 7－11　　　　农户不良贷款金额变化情况

年份	农户不良贷款金额（万元）			2015 年不良贷款余额（万元）			不良贷款归还金额（万元）			不良贷款	
	金额	平均金额	占比（%）	金额	平均金额	占比（%）	金额	平均金额	归还占比（%）	笔数	占比（%）
2006	1147.56	15.72	16.76	1062.88	14.56	17.51	84.68	1.16	7.38	73	15.34
2007	1046.10	15.85	15.28	971.52	14.72	16.01	74.58	1.13	7.13	66	13.87
2008	1002.23	16.43	14.64	924.15	15.15	15.23	78.08	1.28	7.79	61	12.82
2009	1272.45	14.97	18.58	1156.85	13.61	19.06	115.60	1.36	9.08	85	17.86
2010	608.58	13.23	8.89	517.04	11.24	8.52	91.54	1.99	15.04	46	9.66
2011	411.84	12.87	6.01	357.76	11.18	5.89	54.08	1.69	13.13	32	6.72
2012	406.20	13.54	5.93	335.70	11.19	5.53	70.50	2.35	17.36	30	6.30
2013	345.80	12.35	5.05	287.56	10.27	4.74	58.24	2.08	16.84	28	5.88
2014	268.64	11.68	3.92	212.29	9.23	3.50	56.35	2.45	20.98	23	4.83
2015	337.60	10.55	4.93	243.84	7.62	4.02	93.76	2.93	27.77	32	6.72
合计	6847.00	14.38	100.00	6069.59	12.75	100.00	777.41	1.63	11.35	476	100.00

资料来源：根据调查数据整理所得。

二　农户不良贷款实证分析

（一）农户不良贷款影响因素的模型建立

考虑农户不良贷款产生的影响因素较为复杂，本书采用了 Logistic

模型。把农户不良贷款产生作为被解释变量，其是一个二分位的离散变量。Logistic 模型主要用来预测离散因变量与一组解释变量之间的关系，Logistic 计量模型可以具体表示为：

$$\ln\left(\frac{p}{1-p}\right)=\beta_0+\beta_1X_1+\beta_2X_2+\cdots+\beta_{17}X_{17}+u \qquad (7-1)$$

其中，p 代表农户产生不良贷款的概率，$1-p$ 代表农户没有产生不良贷款的概率。其中，β_0 为常数项；X 为解释变量；β 为回归系数，u 为随机误差项。本书在实地调研和借鉴以往学者的基础上，选取 17 个解释变量，模型变量的定义如表 7－5 所示，分别为：所在区域、户主年龄、受教育程度、家庭纯收入、家庭资产、家庭负债、家庭净资产、行业、贷款用途、信用等级、首贷年份、首贷授信额度、贷款不良年份、贷款金额、贷款余额、不良贷款种类和贷款不良原因。

（二）实证分析

本书按照上文建立的 Logistic 模型，运用 Stata 12.0 软件对农户不良贷款的影响因素进行分析。结果显示，17 个变量中有 7 个变量通过了显著性检验。区域、学历、行业、贷款用途、首贷授信额度、贷款不良年份、贷款金额、贷款余额和贷款不良原因 9 个因素对农户不良贷款有显著影响，而户主的年龄、收入和家庭资产等 8 个变量未通过显著性检验。具体说明如表 7－12 所示。

通过对表 7－12 的分析，可得出以下结论：

（1）农户所在区域对不良贷款的产生影响较为显著，说明不同区域农户不良贷款较为明显，尤其是在欠发达区域农户不良贷款较多，发生概率较高，因此许多金融机构不愿在贫困地区发放贷款；学历对农户不良贷款的产生影响显著，可能是由于学历越高的农户知识面越广，对自己的征信记录等方面更加看重，因此贷款违约相对较少。

（2）家庭收入、家庭资产、家庭负债和家庭净资产对农户不良贷款影响不显著，这与众多学者的直观感受相左，究其原因可能是农户即使有较高的收入、较高的总资产、较低的负债和较高的净资产，如果没有较好的还款意愿，其不良贷款也容易产生，目前社会上的许多“老赖”虽然有较高的收入和资产，但其仍然不愿归还贷款。

表 7 – 12　　　　农户不良贷款影响因素估计结果

变量	系数
所在区域（X_1）	0.2415** （3.36）
户主年龄（X_2）	0.3157（0.83）
受教育程度（X_3）	0.2550* （2.18）
家庭纯收入（X_4）	0.9364（5.79）
家庭资产（X_5）	1.9438（10.36）
家庭负债（X_6）	–0.3827（–0.31）
家庭净资产（X_7）	0.4126（0.74）
行业（X_8）	3.1547*** （0.83）
贷款用途（X_9）	0.4857** （1.24）
信用等级（X_{10}）	0.0061（0.64）
首贷年份（X_{11}）	0.6314（9.46）
首贷授信额度（X_{12}）	0.6374*** （7.22）
贷款不良年份（X_{13}）	1.2361*** （1.58）
贷款金额（X_{14}）	0.8953*** （2.43）
贷款余额（X_{15}）	0.5337** （0.54）
不良贷款种类（X_{16}）	4.6521（1.55）
贷款不良原因（X_{17}）	3.7312*** （0.97）
LR χ^2（17）	768.32
Log likelihood	–913.5156
Pseudo R^2	0.4832

注：括号内为 z 值，*、** 和 *** 分别表示 10%、5% 和 1% 的显著水平。

（3）农户所从事行业对不良贷款影响极为显著，主要是农民由于自身技能和知识所限制，从事非农产业和经营往往风险较大，而且在从事农业的农户中，养殖业风险远远高于种植业和林业；贷款用途对农户不良贷款影响较为显著，可能是由于农户对生产经营性贷款难以把握，但对生活消费性贷款认知明确，容易合理规划其还款来源。

（4）农户首贷授信额度和贷款金额对不良贷款影响因素极为显

著，主要是由于首贷授信额度和贷款金额较高的农户往往运用社会资源尽可能多地获得授信额，但其生产经营效益并不一定与之匹配，进而造成盲目投资；贷款不良年份对农户不良贷款影响极为显著，一是不同年份的宏观经济发展对农业有着不同的影响；二是在农村信用社早期粗放经营的年份产生较多不良贷款；贷款余额对农户不良贷款影响较为显著，主要是贷款余额越少的农户其还款意愿往往较强，其产生不良贷款并非其本意，只是迫于无奈而已，该类农户一旦经济条件好转，首先会把不良贷款还清；不良贷款成因对农户不良贷款影响因素极为显著，主要是由于顶冒名等原因，借款本人并未使用该笔贷款，不愿归还，而贷款真实使用人又因经营不善等原因无力归还贷款。

统计结果中各变量系数绝对值的大小反映了其对模型的影响程度，绝对值越大，说明改变变量时对农户不良贷款的影响程度越大。由表 7－12 可知，估计因素中按照影响程度由大及小依次是：贷款不良原因、行业、贷款不良年份、贷款金额、首贷授信额度、贷款余额、贷款用途、学历和区域。

第三节　农户不良贷款及内生性分析

不良贷款是银行的非期望产出，因此，对不良贷款的防范一直是金融界讨论的热点之一。作为农村金融市场主力军的农村信用社的不良贷款率却一直居高不下，直接影响农村信用社的效益。尤其是农户贷款不良率的高位运行，使其对农户放贷表现出“惜贷”趋势，离农化和脱农化日趋明显。长此以往，将直接导致涉农贷款资金供给不足，影响整个农村经济的发展。而城镇化与农业现代化的推进，恰恰需要农信社把更多资金投向农户，促使农民向城镇居民、家庭农场主的转化。据此农信社的惜贷现象与农户对贷款需求的日趋旺盛的矛盾将成为制约城镇化、农业现代化推进的障碍之一。如何有效防范农户不良贷款将是一个迫切需要解决的课题！

以往众多在农信社工作的研究者基于实践经验对不良贷款产生的原因进行归纳，并提出防控建议。其中，张锋（2013）认为，农户不良贷款产生的原因是历史包袱过重、内部管理不完善及缺乏有效的处置方式，陈书婷（2012）、刘国龙（2011）认为，农户不良贷款产生的原因主要是外部环境因素（政府干预等）和内部管理因素，还有学者认为农信社产生不良贷款的原因主要有国家政策、内部管理、信用环境及信用社员工素质等（李永生，2012；匡爱梅，2012；马国峰，2012；王仁杰等，2011）。郝勇超和陶田（2009）通过归纳众学者意见则认为农信社不良贷款产生的成因主要有历史因素、内部因素和外部环境因素。

目前对农信社不良贷款的原因及对策研究主要有如下缺点：（1）大多是一线工作人员基于工作经验的归纳总结，缺乏理论指导，因此难以揭示出表面原因背后的根本原因；（2）对农信社产生不良贷款的原因分析缺乏实证数据支撑，立论依据不足；（3）没有区分不同类型的不良贷款，只做总体推演，针对性不足。为克服以上不足，本书将基于中国社会特征的相关理论，以不良贷款的实证数据为依托，针对农户不良贷款的原因进行深入分析，以期找到产生不良贷款的根本原因，为农信社有效防范农户不良贷款及银行业的长远健康发展提供理论依据。

一 人情社会的特点及对农户贷款的影响

经济、政治与社会的三者关系构成了人类社会的内在联系，三者关系之间的变化与互动是解释人类社会发展演变的关键（陈国权、曹伟，2013）。综观不良贷款的研究，我们发现，众多研究者虽然关注到外部环境对不良贷款产生的影响，但大多指的是政府层面、微观信念、商业环境等，对社会环境的涉及少而窄。单纯从政治和经济的视角，难以俯瞰不良贷款产生的全貌，更难对其防范做出令人满意的回答。因此我们需要从全局系统思考中国社会的特点及其对金融领域的影响，从而揭示不良贷款产生的深层次原因。

（一）人情社会的特点

中国社会是一个典型的人情社会。所谓的人情，即人与人之间的私人感情，包括血缘、亲缘、地缘、学缘等形成的感情或情谊。中国社会中人情的构建“主要表现在有形和无形资源的交换上，显然，有交换关系或恩惠关系才有人情关系，没有交换关系就没有人情关系”（翟学伟，2004）。这种由情义相互勾连起来的社会关系根据与“己”的亲疏远近形成石子落水般荡漾开来的“差序格局”（费孝通，1998）。从社会学的视角来看，在一个典型的人情社会里，人情在社会交换中起到基础性的媒介作用，而且人情本身成为一种重要的交换物并在不断的交换过程中实现再生产（陈国权、曹伟，2013）。基于人情的交换和基于市场的交换发生着复杂的互动：我们一方面看到经济活动试图从社会关系中“脱嵌”出来，导致人情道德的淡漠；另一方面大量的政治与经济活动仍然“嵌入”在盘根错节的人情关系网络之中［波兰尼著，冯钢、刘阳（译），2007］。

（二）人情社会产生“人情贷款”的利与弊

中国社会的交换是以人情为纽带的，它不追求直接利益的最大化，而是恩惠的最优化，它的回报难以预期、无法计量，但这不表示人情交换中没有利益，其过程的委婉和迂回可能使人情的施予者获得的利益比直接的预计结果更大（翟学伟，2005）；而传统中国的社会结构可以概括为以亲缘与家族为中心的，形同同心圆的差序格局，人情、面子就像一根根蛛丝将这个同心圆有机地、永续地联系在一起，构成了一个复杂的蛛网结构（张崭、邵阳，2007），当我们将信贷契约嵌入这层蛛网结构中，我们就能理解掌握着宝贵金融资源的信贷经理为何选择“人情贷款”。这种选择有其背后理性的一面，从收益考虑，贷款给熟人既可以降低信息获取成本，又可以获得固定收益以外的“人情收益”，这里不单指收受贿赂，更多的是体现在未来有事时获得对方的帮助，或者两者兼而有之。

虽然学术界对“人情贷款”一直持排斥态度，但并非百无一利。尤其是在人情浓重的农村社会，人情贷款具有普通贷款难以比拟的促进还款优势。首先，将贷款发放给亲友往往可以无成本地获取对方的信息；其次，由于农村人重人情、讲面子，借款人出于声誉、面子、利益等因素的考量而绝不赖账。我们不禁要问：在“人情贷款”占大多数的农户贷款中，为什么不良贷款率如此之高？

“人情贷款”也有其致命短板。首先，“人情”的评判由于缺乏统一标准，极易泛滥。尤其是在农村社会中，朋友托朋友，亲戚托亲戚的现象极为普遍。经过几个人的周转后，对贷款人的信息掌握往往有失偏颇，带来众多不合规贷款。其次，农民往往重人情，轻法制，随意把自己的贷款证借给亲友使用，这给一些另有图谋的人以可乘之机，利用他人贷款证进行贷款欺骗，一旦资金链断开，将造成大量不良贷款。因此人情贷款一旦缺少相应的约束和科学管理就极易泛滥成灾，不良贷款居高不下。

二　农户不良贷款内生性分析

（一）农户不良贷款的区域差异

笔者因在一线从事农户贷款工作多年，根据山东省农信社公布的各地区农户不良贷款率由低到高，选取烟台、泰安、菏泽地区农户贷款为研究对象，且它们分别代表了山东省内经济高、中、低的发展水平，有较强的代表性。然后从三个地区2010年农户贷款数据中随机选取1000笔，并统计不良贷款率，具体见表7－13。经济发展水平比较低的菏泽地区农户不良贷款率最高，占总贷款金额的13.68%，其次为经济发展中等水平的泰安地区，农户不良贷款率为8.79%，经济发展水平较高的烟台地区农户不良贷款率为4.25%。表现出经济发展水平越低，农户不良贷款率越高的趋势。有研究表明，在宏观经济比较稳定的情况下，绝大多数世界排名前10家的商业银行的不良贷款率一般控制5%以内的区间，这部分不良贷款是商业银行所有人和银行监管者都可以接受的部分，可以被视为目前银行风险控制技术和能

表7－13　　各地区农户不良贷款率

地区	选取户数	选取金额（万元）	不良户数	不良金额（万元）	不良贷款率（%）
菏泽	1000	6675	58	913	13.68
泰安	1000	7376	39	648	8.79
烟台	1000	9263	25	394	4.25
合计	3000	23314	122	1955	8.39

注：数据为调查整理所得。

力的极限。那么高出5%的部分，需要深入分析其原因。因此本书将重点对泰安和菏泽地区的农户不良贷款进行分析。

对各地区农户不良贷款率进行差异检验，结果表明显著差异（$\chi^2=4.23$，$P=0.038$）。即菏泽、泰安和烟台地区农户不良贷款率存在显著差异。

（二）农户不良贷款的原因

本书对分布在三个地区122户农户不良贷款的原因进行归类分析，发现其中占比最高的是关系贷款，占41.35%，其次是因农户经营不善，导致无偿还能力的占23.05%，顶冒名贷款占22.89%，农户因道德败坏而赖账不还的占9.54%，因突发事件，如疾病或死亡而产生不良贷款的占3.17%（见表7－14）。其中关系贷款和顶冒名贷款都属于人情贷款的范畴，仅此两项的累计占64.24%，而且值得注意的是，人情贷款户数占48.3%，也就是说，人情贷款比普通贷款更容易获得较高额度的贷款，而且它们还有个共同特点是社会资源的拥有率达到了100%。由此我们可以推断，人情贷款是导致农户不良贷款居高不下的主因。如果把人情贷款导致的不良贷款率扣除掉，其剩余的不良贷款率便非常低，完全在国际可接受的范围之内。因此，如何更好地规范和控制人情贷款是降低农户不良贷款率的重中之重，也是优化农村信用社信贷质量的必由之路。

表7－14　　农户不良贷款的原因

原因	户数（%）	金额（%）	有社会资源率（%）
顶冒名贷款	22.1	22.89	100
关系贷款	26.2	41.35	100
疾病或死亡	6.6	3.17	28.57
无偿还能力	36.9	23.05	15.6
赖账不还	8.2	9.54	100

注：顶冒名贷款，是指借款人不是贷款使用人，是帮别人贷款，贷款真正使用人到期不还款则造成借款人也不还款。关系贷款，是指信用社领导或乡镇领导介绍贷款，信贷员的亲朋好友的贷款，有重要社会资源的人介绍的贷款。

（三）农户不良贷款的深层原因分析

经济生活终究难以超越它所处的社会约束，当我们把农户贷款嵌入人情社会中，重新审视农户不良贷款时，我们就可以透过现象看到本质，发现其产生的深层次原因。并以此为切入点进行相应治理，才能做到真正的标本兼治。

1. 政企关系的人情化使农信社始终“负重前行”

农村信用社作为合作性金融机构和当地政府有着千丝万缕的联系，很多政府官员的亲属在农信社任职。这既为农信社的发展带来了一些优惠政策又让农信社背上沉重包袱。农信社的任何改革和变化都要受到政府钳制，因此阻碍了科学管理的推进和合规经营的实施。当政府官员的亲朋需要贷款时，往往无原则发放，而这部分人当中有相当大的比例会成为不良贷款。

2. 管理方式的人情化使农信社游离在“大家庭”和“大企业”之间

农信社一般是具有县级独立法人的金融企业，但因其内部人事关系的复杂性和与政府关系的紧密性使其难以成为真正意义上的大企业。虽然最近几年农信社一直致力于商业化改革和现代企业制度的推进，但由于其内部盘根错节的复杂关系，在内部管理上很难真正实现权、责、利的对应，人事任免上也难以实现唯才是用的理想模式，“有关系、有背景”的人才可以节节高升，“有关系、有背景”的庸才也比比皆是，而“无关系、无背景”的人才上升空间非常有限，难以真正发挥作用。这种以关系为纽带的大企业很像古代的大家族，因此管理方式上人情化明显，而人情化管理又导致了企业运行效率的降低，不良贷款的攀升。

3. 贷款决策的人情化使“有关系，不合规贷款更易”，“无关系，合规贷款更难”

拥有重要贷款决策权的信贷经理在做出贷款决策时，因人情参与其中使贷款决策模型发生变化，具体如下：

我们假设在法制健全、规章明确、权责清晰的情况下，信贷决策者是理性的，在做出信贷决策时遵循期望效用的最大化。我们用 Kahneman 和 Tversky（1979）提出预期理论解释正常情况下，信贷决策者的信贷决策模型。

$$v = \sum_i \pi(p_i) \cdot v(x_i)$$

其中，v 表示预期的总效用，$\pi(p_i)$ 表示决策权重，是对农户是否按期还款的客观概率估计，$v(x_i)$ 表示贷给农户款后带来的效用函数。

但在法治不健全、规章不完善，权责不明确的情况下，信贷决策者可以利用手中职权进行“寻租”，只要“寻租”的成本不高于“寻租”收益，那么这种决策对信贷决策者而言就是最优的。因此信贷决策模型变成：

$$v = \sum_i \pi(p_i) \cdot v(x_i) + v(u_i) - C_i$$

其中，$v(u_i)$ 表示把资金贷给农户 i 后获得的人情收益，C_i 表示贷给农户 i 资金后可能遭受的惩罚成本。因法制不健全，规则不完善，人情获益往往远大于可能遭受的惩罚，所以信贷经理会选择人情贷款，更愿意把钱贷给有关系的人，哪怕这些人的贷款申请不合规，因监督机制不完善及权责不明晰，也为“暗箱操作”留下巨大空间，因为这种“暗箱操作”可为信贷经理带来更大的人情获益。而对合规却没有关系的贷款，因不能给自己带来额外人情收益而百般刁难，从而导致“有关系，不合规贷款更易”，“无关系，合规贷款更难”的现象。

4. “人情贷款”的极端化

有关系的农户不但容易得到高额贷款，甚至可以得到“人情送款”的特殊优待。如 2013 年河北深州农村信用联社一份 58 人核销不良贷款文件里，43 人“被死亡”，另有 15 人“失踪”，被核销人多数是公职人员或村基层干部，且都健在，多数人都有偿还能力，却被信用社主任以核销贷款送人情，有“人情贷款”升级为“人情送款”。这种现象在各地区农村信用社中时有发生，不得不让我们唏嘘“人情”的泛滥！

5. 不良贷款责任追究中的人情化使“罚不立威——帮亲不帮理，帮理则无亲”

人情社会的中国自古就有“帮亲不帮理”的传统。因相关法律法规不健全，及法规的落实不到位，不良贷款的责任追究往往因人而异。而这种差异的主要原因为是否有权高位重的亲属“帮忙”。据笔者了解，某信用社员工与农户勾结，骗取农信社贷款300万元，但因其亲戚身居要职，而免予相关法律责任，仅给予降级调离的处分，而另一员工同样勾结当地农民骗取农信社100万元贷款却被判刑3年。因此当前不良贷款的责任追究表现出明显的人情化，致使“罚不立威——帮亲不帮理，帮理则无亲”。

第四节　农户不良贷款及外生性分析

农户不良贷款产生的原因较多，除了其内生性原因以外，其外生性原因也不容忽视。一是农村信用社历史遗留问题较多，企业包袱较重；二是管理机制不健全，政策执行较难；三是员工素质参差不齐，违规发放贷款成本较低；四是过去农村市场信用环境较差，部分农户漠视贷款到期。

一　历史包袱沉重

农村信用社自20世纪90年代与农业银行分家以来，历史遗留问题较多。首先是企业改制“悬空”“逃废”信用社债权，形成永久性损失类不良贷款。过去在企业改制过程中，地方政府为减轻企业负担，安置员工，使企业轻装上阵，对农村信用社保全资产不管不问，甚至鼓励企业假破产，真逃债，致使农村信用社许多债券无法追回；其次是在农业银行管理农村信用社时期，将大量贷款风险转移到农村信用社，优质客户基本全被农行占有，而高风险客户均指派给农村信用社，这些高风险客户或投资效益低下，或即将倒闭，使农村信用社贷款形成永久性损失类贷款；最后是乡镇、村等集体组织造成较多永久性不良贷款。由于农村信用社网点多在乡镇，与当地村镇组织关系较为密切，甚至依附其开展存贷款业务，因此贷款总受其干扰，而当年乡镇和村委会兴修水利、修建学校和农电改造等项目，多数从农村信用社获得指令性贷款，贷款行为行政化、信贷资金财政化，随着国家税费改革、农民减负，取消摊派，乡村经济组织或亏损，或倒闭，多数贷款进入不良。

二 管理机制不健全

农村信用社法人治理结构不完善，造成贷款管理机制不健全。首先是贷款责任追究制度得不到落实，各地农村信用社在贷款方面均有详细的管理制度，从贷款发放到收回，细节和责任明确，但由于不良贷款较多，涉及责任人较广，要么全员处理，要么都不处理，加之员工在同一岗位任期不超过3年，人事变动较为频繁，特别是已退休、解除了劳动合同或被开除的人员，责任追究难度大，最后往往不了了之；其次是内控管理机制不完善，近年来虽然审计部门加大违规处理力度，但由于农村信用社员工内部关联密切，发放人情贷款、多头贷款、异地贷款、冒名贷款和大额信用贷款较多，而不良贷款主要从这些贷款中产生；最后是制度不完善，执行不到位，风险防范机制不力，部分信贷人员违规操作，贷款流程不完善，如最基础的双人调查都难以实现，即使有也多数流于形式，最终导致信贷员个人决策，风险较大。

三 员工素质参差不齐

农村信用社信贷人员素质参差不齐，尤其是老员工，对电脑等现代化工具接收较慢，往往不能完成网上资料录入、授信申请和贷款发放等业务。近年来，农村信用社虽然招来不少大学生，但由于信贷经验限制，尚未发挥出其优势。因此，当前农村信用社信贷人员素质参差不齐，难以进行科学决策和有效管理，违规贷款发生频繁。主要表现为贷款发放随意性大，以人情代替制度，以主观经验代替制度，面临即将产生的风险得过且过，不愿主动追缴和清收。另外，由于管理体制相对落后，缺乏对信贷人员相应的等级考核制度，使部分信贷人员缺乏能动意识，贷款基本上是等客户上门，满足于现状，很难做好本职工作，因而加大放贷风险。

四 农村信用环境较差

众所周知，农村信用环境受当地的经济、文化、历史等因素影响较多，虽然近年有较大的改善，但信用环境依然严峻。首先是农户贷款违规后执行难度较大，由于多数农户没有便于执行的动产或不动产，即使农村信用社起诉胜诉后也难以执行；其次是农民跟风现象严重，如果有一家农户贷款到期不还，其他农户容易跟风；最后是农户整体金融知识匮乏，对个人征信漠视，认为农村信用社贷款是公款，不还也无所谓。

第八章　优化农户贷款的政策建议

从农户贷款需求、贷款供给、贷款行为、贷款可得性和不良贷款分析中可以看到，农户贷款需求虽然旺盛，但有效贷款需求间差别较大；农户贷款供给约束虽然有所缓解，但其流程依然较为复杂；农户贷款随着农村经济的发展，其贷款行为已发生较大变化；农户贷款可得性受较多因素的影响，其一直是农村金融的重点、难点；农户不良贷款率依然较高，但近年增速下降较快。鉴于此，本章将主要从以上各方面提出相关优化政策建议，以期对农户贷款的健康可持续发展提出合理性建议。

第一节　农户贷款需求优化建议

随着农村经济的发展及国家政策向农村的倾斜，农村金融市场越来越大，农户贷款需求旺盛，但不同的贷款需求差异较大，且六年来差异明显，本书调研发现，农户生产经营性贷款需求、生活消费性贷款需求和混合性贷款需求差异较为明显，且呈现出一定规律性；农户有效贷款需求的满足度有较大提高。因此，合理引导农户贷款需求，有效识别农户贷款需求，大力增加农户贷款的有效供给对缓解农户贷款需求具有重要的作用。

一　引导农户贷款需求

（一）细分农户贷款需求，创新农户贷款产品

由于近年来农村经济的快速发展，农户贷款需求已有较大变化，并呈现出一定特征和规律性。为此，应细分不同用途的农户贷款需

求，了解农户的真实想法，分析农户贷款需求是生产经营性还是生活消费性，或者两者兼有。同时正规金融机构应与时俱进，时刻追踪农户贷款的不同需求，及时创新农户贷款产品，制定相关生活消费性农户贷款办法，以满足日益增长的需求。

（二）制定相应金融扶持政策，扩大农户贷款市场

面对国家大力推进农业现代化和城镇化的有利时机，人民银行、银监局等相关单位应针对农村金融机构出台相应扶持政策：一是鼓励农户贷款，对其进行一定的利率补贴，让农户和正规金融机构感到“有利可图”；二是对从事农户贷款的金融机构进行相应的税收减免措施，让其感到发放农户贷款可以得到政策的实惠；三是针对农户大额贷款，统筹农户、商家和金融机构三方渠道，建立方便有效的贷款需求体系、贷款担保体系及贷款供给体系，创建农户贷款供需渠道。

（三）做好贷款宣传，合理引导农户生产经营与生活消费性贷款需求

虽然农户有大量的贷款需求，而且银监局已经制定相应的农户贷款办法，但由于广大农户对此了解较少，因此应加大对农户贷款知识普及的推广力度。一是扩大农户贷款的宣传力度，让农户知晓哪些金融机构可以提供贷款，具体流程怎样，如果遇到困难可以向哪些部门反映。二是农户贷款有哪些实惠，它能帮助农户解决多少资金问题，国家的相关政策如何，让农户切实感受到贷款所能带来的收益。三是针对不同层次或类型的农户建议不同类别的贷款，逐渐培育和壮大农户正规金融信贷市场。

二　识别农户贷款的有效需求

由于信息不对称，农户贷款的有效需求较难识别，但只有分辨出其真实的贷款需求才能有效地提供供给，才能有效地防范贷款风险。一是政策部门要深入农村详细了解农户贷款需求，不仅需要直接向借款人调查询问，更需要向其周边了解该借款人的农户调查询问，直接调查和间接调查并用，得出农户真实有效的贷款需求数据。二是农村金融机构做好每年的贷款需求调查，由于其直接与农户接触，其贷款需求数据翔实可靠，然而农村金融机构把这些数据仅做一些简单的统

计，众多学者因数据保密原因又无法得到这些数据，因此急需金融机构与学者联合起来，共同分析农户贷款的有效需求。

三　增加农户贷款的有效供给

（一）增加正规农村金融机构数量，稳步推进农户贷款竞争市场发展

虽然近年来农村正规金融机构改革取得加快发展，但是农村金融市场正规金融机构数量依然不足。目前在农村市场，尤其是在欠发达地区，农户贷款主要靠信用社发放，垄断现象严重；邮政储蓄银行虽然发放农户贷款，但由于经营机制僵化、信贷人员经验不足等原因，惜贷现象严重；中国农业银行在广大乡镇已经不再设立网点，且贷款一般要求抵押，因此，为农户提供贷款显得力不从心；其他小额贷款公司等金融机构贷款利率较高，往往超出农户所承受的范围。因此，增加正规金融机构的数量显得刻不容缓，这对稳步推进农户贷款竞争市场的发展，满足农户贷款的不同需求起着关键性的作用。

（二）创新农户贷款金融产品，满足不同层次和类型农户贷款需求

经过多年的农村金融改革，农户贷款产品逐渐丰富，但与农户贷款需求依然有较大差距。目前发放农户贷款的金融机构主要有农村信用社和邮政储蓄银行，其贷款产品主要有农户保证贷款、抵押贷款、信用贷款和联户联保贷款，而且在贷款金额、期限、担保方式等方面与农户期望相去甚远。因此，农村金融机构应在产品创新上狠下功夫，一是要根据农户贷款的不同需求制定相应的贷款产品；二是要根据不同区域的农户制定不同的贷款产品，尤其是针对较贫困农户制定一些扶持贷款产品。

（三）金融政策部门制定相应扶持政策，鼓励金融机构发放农户贷款

农村金融机构之所以不愿发放农户贷款，其主要原因是该业务收益较小，工作量较大，成本较高。因此，相关金融政策制定部门要采取更有效的措施来扶持和激励金融机构发放农户贷款，一是对农户贷款进行利息补贴，尤其是农户小额贷款，额度越小补贴越高；二是建

立不良贷款处置及核销机构，帮助农村金融机构及时有效处置农户不良贷款，使农村金融机构轻装上阵；三是放开利率限制，使正规金融机构与非正规金融机构贷款利率接轨，这样既提高农村金融机构的盈利水平，又防止民间高利贷的泛滥。

第二节 农户贷款流程和种类优化建议

在农户贷款的过程中，贷款供给是其中一个重要因素。由于在以往的农户贷款流程中，申请环节较为复杂，手续较为麻烦，导致部分农户不愿申请贷款，而且贷款种类较少，农户选择性较差。因此，简化农户贷款流程，创新农户贷款种类，加强农户征信防范意识刻不容缓。

一 简化农户贷款流程

（一）以适用性和灵活性为原则简化农户贷款运作流程

简化贷款程序。在确保贷款风险防范的前提下，尽量简化贷款程序。一是大力推广“贷款证”贷款方式，与农户签订五年期最高额借款合同，有效期内农户随用随贷、周转使用，减少担保人调研程序、资产评估和登记等费用支出，有效节省农户办贷时间和手续。二是集中进行信用村和信用户评定，农村信用社信贷人员到村到户一次性集中办理，从申请到评定一次性办理。三是及时办理贷款证，授信集中批复完毕后，让农户一次性办理借款合同，然后发放贷款证，尽量一周内办理完毕所有贷款手续。四是下放和放大审批权限，要根据当地网点实际情况，授权基层信贷管理人员贷款审批权限，节约农户办理贷款时间。五是简化担保手续，对提供担保手续困难而信用又良好的农户，做好贷款调查，并给予一定额度的信用贷款。

（二）以风险收益最优为准则建立全新贷款保障体系

根据农村信贷环境，建立完善的风险管理体系。一是针对农户个人信息失真特别是信息不充分和信用记录缺失的实际情况，为其制定独立的信用评级体系和评分办法；二是运用科学化的定价措施，要坚持风险覆盖和成本最低的原则，运用科学化定价机制，差别定价农户贷款，合理覆盖风险和成本；三是实行差别化营销策略。针对各类种植业、养殖业、林业、外出打工及创业农户进行仔细梳理，为不同类的农户制订全方位金融服务方案，由经营“贷款”转向经营“客户”，大力发展全方位的农户理财服务。

（三）以灵活的还款方式为目标建立抵押补偿机制

根据不同的贷款产品，建立灵活的还款期限。农村信用社在办理贷款业务时，应充分考虑到农业的生产周期和涉农个体的经营周转周期，适当延长或缩短贷款期限，以适应农业和涉农个体生产的需要。建立抵押补偿机制，在贷款金额超过一定数额以上的农户将其借款数额的0.6%作为“风险补偿金”。“风险补偿金”具有保险的功能，即在农户违约、死亡或者残疾等情况下，将基金分给会员。

二　加快农户贷款创新

（一）理念创新

各级农村信用社要将农户贷款创新作为提升核心竞争力和履行社会责任的重要途径，不断创新和丰富服务“三农”和社区的经营理念。以专业化的经营、特色化的产品、差异化的服务、精细化的管理作为农村金融理念创新的基本原则，全力打造社区性零售银行。

（二）组织创新

按照“流程银行”要求构建以农村金融服务为核心的组织架构，鼓励成立特色网点、精品网点、专业化网点，或采取事业部管理方式，加强对区域支柱行业和特色产业的金融服务。

（三）产品创新

根据农村金融服务对象、行业特点、需求差异，细分客户群体，积极开发符合当地经济特点和农户消费习惯的金融产品。一是对信用度高、偿债能力强的客户发放信用贷款，逐步扩大客户范围、提高授信额度；继续推广联保贷款，有效解决农户担保难问题；稳步推进信用联盟贷款，充分发挥农民自治能力，强化互相监督、互相制约作用。二是有条件的单位可试行办理自助循环贷款，客户通过网上银行、POS、电话银行、自助终端等电子机具，进行发放、归还贷款，进一步提高办贷效率。三是加大对科技型农村企业、科技特派员下乡创业信贷支持力度，积极探索农业科技专利质押融资业务；加大对绿色信贷、农田水利建设的支持力度。四是县级联社要充分了解掌握当地县乡新农村建设规划，农村经济发展方向，当地支柱产业、集群产业和新兴产业，围绕主要产业链进行金融支持。五是引导、帮助农民成立专业合作社，根据“宜社则社，宜户则户”的原则，对合作社及社员提供信贷支持，促进农村经济产业化、规模化、集约化发展。六是积极创新消费贷款品种，支持农民日益增长的消费资金需求，促其改善生活方式，提高生活水平。七是加快结算产品创新，继续深入推进银行卡业务功能创新和服务升级，以银行卡为金融创新发展的重要载体，在农村地区大力普及应用银行卡，积极推广非现金结算，提高农村客户结算效率，降低资金在途成本。推动银行卡差异化分层管理，提升银行卡业务管理和营销水平；利用遍布城乡的渠道优势，将银行卡业务“做精”与“做量”相结合，在城区推出 VIP 高端卡，在农村地区尽快推行各类惠农补贴“折换卡”，附加对账簿；丰富借记卡储蓄结算功能，使其能够涵盖大部分储蓄结算业务；根据农村金融客户的融资特点，进一步完善“福农卡”功能，使其逐步向“存贷汇合一卡”方向发展；尽快推出金融 IC 卡、新农保社保卡，稳步开展生肖卡、联名卡的推进工作。同时，加快推进农村地区支付服务基础设施建设，在农村地区广泛布设 ATM、POS、农金通等金融电子机具，通过实现“电子机具村村通”，解决农村居民小额现金存取、转账、查询等方面的服务需求。

（四）担保方式创新

在有效防范信用风险的前提下，创新开办多种担保方式的涉农贷款业务。一是积极运用有价证券质押、房地产抵押、自然人保证、联保、组建信用联盟、产业链核心企业保证、专业担保机构保证等担保方式；因地制宜灵活运用应收账款质押、存货质押、仓单质押、商标使用权质押、集体土地承包经营权抵押、林权抵押、荒山荒坡及水面使用权抵押、景区门票收费权质押、其他收益权质押等担保方式。二是积极鼓励与政府资金为主体设立的各类担保机构合作，为涉农信贷业务提供融资担保。三是加强与保险机构合作，探索开展涉农贷款保证保险业务。四是结合当地实际，科学创新，以法律不禁止、产权归属清晰的各类资产作为贷款抵质押物。五是在全面调查农户信用状况等“软信息”基础上，对信用度高、贡献度大的优质客户适当降低担保门槛。

（五）商业模式创新

以全面满足“三农”客户需求、实现客户价值最大化为目标，整合内外部金融服务资源。有条件的单位可按农户、商户、小微企业划分，积极探索成立专门机构，将分散在各部门的职能集中到一个专门机构，实行集约管理、机构专营，制定规范化操作标准，打造“信贷工厂”“金融管家”，形成完整、高效、具有独特核心竞争力、可持续经营的运行系统。

（六）业务流程创新

一是逐步引入流程银行理念，按照“前、中、后”台管理要求，逐步搭建起“营销部门、管理部门、放款部门、检查部门”的组织管理体系，分别负责贷款各环节工作，并分别由法人经营单位不同班子成员分管，使组织和岗位相互制约。二是对法人经营单位的有权审批人合理设置审批权限；根据区域经济状况、辖内贷款结构、个人管理能力等因素对网点负责人实行差别化转授权，并动态管理。三是新一代信贷管理上线后实行动态管理授信额度、限时审批、在线审批。四是对专业市场商户、农民专业合作社社员等风险特征类似的客户群体实行集中评级授信。

（七）服务渠道创新

一是通过电话、邮箱等方式广泛受理客户申请。二是有条件的单位可推广“一站式”服务，客户经理为客户提供一对一的咨询、指导、办理业务。三是有条件的单位可试点开办个人自助循环贷款业务，进一步提高办贷效率。四是积极推广电话银行、手机银行、网上银行等业务，探索开发新的功能，延伸服务范围。

三　加强农户征信体系建设

（一）健全组织机构，完善工作机制

要积极发挥政府的组织领导作用，成立专门机构负责农村信用体系建设工作。坚持政府公共服务为主导，人民银行积极推动，其他部门配合的工作原则，建立农村信用体系制度，定期召开农村信用推广会议，研究部署辖区农村信用体系建设工作。同时，把农村信用体系建设工作纳入乡镇年度工作目标进行考核，实现一级抓一级，层层抓落实，使农村信用体系建设常态化、长效化。

（二）建立统一农村信用体系，方便数据采集与共享

农村金融机构应依托人民银行个人征信系统平台，加快农村信用体系建设系统开发，研发一套完善的农村信用信息采集模式，同时方便相关行业设置信息数据接入端口，使农户征信信息有效对接，运用大数据实现资源共享一体化。

（三）加大政策扶持力度，提高各方参与积极性

政府相关部门要加大对信用体系建设的政策扶持。一是建立信用贷款风险补偿机制，对银行向信用户发放的信用贷款出现风险时按一定比例给予补偿，降低银行信贷风险损失；二是建立信用体系建设奖励机制，制定考核奖励办法，对信用体系建设工作完成好的乡镇和部门给予一定的荣誉和奖励，提升各方参与的积极性。

（四）加大征信知识宣传力度，提高诚信意识

政府要利用其公共平台，通过新闻、广播、报纸、网络、宣传橱窗等形式加强对广大农民的诚信教育，大力宣扬诚信美德，夯实农村信用体系建设的思想基础。作为征信业监督管理机构的人民银行，要与当地金融办建立征信知识宣传长效机制，除组织金融机构集中宣传外，要开展征信知识进基层金融网点、进乡村、进农户活动，增强广大农民群众的信用意识，提高其自觉参与信用体系建设的自觉性，有效推动农村信用体系建设工作全面展开。

第三节 引导农户贷款行为建议

一 不同区域农户贷款行为的引导建议

不同区域的农户贷款行为差别较大，在经济发达的区域，农户城

镇化水平较高，整体较为富裕，多数农户收入靠非农业，典型的区域性特征是贷款行为与其他区域差别显著。因此，针对发达地区农户贷款，首先要增加其授信额度，满足农户大额贷款需求，其次是扶持农户向个体工商户、小微企业的转变，满足其非农贷款需求，最后是合理发放农户消费贷款，满足农户日益增加的购房、购车、装修等消费贷款需求；针对较发达地区农户贷款，首先要引导其进行农业专业化和现代化经营，确保专业农户的贷款需求，其次是扶持农户向经济作物多投入，如有机蔬菜、专业养殖、苗木花卉等，最后是鼓励农户进行实体投资与经营，形成相应产业链和龙头企业；针对贫困地区农户贷款，首先要通过政策贷款帮助农户解决生存问题，并使其接受良好的技能教育，具备相应的再生产能力，其次是大力推广农户生产经营性贷款，促使其完成生产经营资金的积累，最后是鼓励返乡农民工创业，并为其提供优厚的贷款政策。

二　不同富裕程度农户贷款行为的引导建议

不同富裕程度农户贷款行为差别较大，随着农户间经济差距的加大，贫困农户的贷款用途更多用于生存，其需求层次属于马斯洛的生理需求，是人类最基本的需求；而富裕农户的贷款用途更多用于生产，生活消费性贷款需求也比较旺盛，其需求层次属于马斯洛的尊重需求，需求层次较高，是在解决农户温饱和安全的基础上产生自尊、他尊和权力欲三类需求。因此，针对贫困农户贷款，首先要加大政策扶持力度，成立专门的金融机构或扶贫组织帮助其解决生存问题，如食物、医疗、简单农业生产投入，其次是建立相应社会福利和培训机构，针对无生产能力的农户，政府成立专门的社会福利机构，通过财政补贴和向社会募捐，赡养这些贫困农户，针对有生产能力的农户，通过政府或社会的培训机构对其进行生产技能培训，并给予一定的创业贷款扶持，使其早日脱贫，最后是建立相应的奖惩措施，对于有上进心、积极勤奋的贫困农户政府应对其进行一定的宣传和奖励，对于用了贷款不还，整日游手好闲的贫困农户应进行一定的处罚，防止贫困农户进入越救济越贫困的怪圈。针对富裕农户贷款，首先要增加其贷款授信额度，满足其生产和消费两旺盛的贷款需求，促使其在农业现代化和城镇化的发展过程中起到重要的推动作用，在农村改革的发展中起到重要的带头作用；其次是创新贷款产品，针对富裕农户在农业生产经营过程中投资大、期限长和收益低等特点，农村金融机构要创新相应的贷款产品，大力支持其生产和发展；最后是鼓励其消费，富裕农户购车、购房、装修等消费欲望较强，启动农村消费市场的关键因素是满足和引导富裕农户的消费需求，通过鼓励和创新其消费信贷，大力发展农村消费市场。

三　不同类型农户贷款行为的引导建议

不同类型农户贷款行为差别较大，随着农村经济的发展，越来越多的农户出现离农、脱农现象，其主要收入来源已不再靠农业，靠农农户虽然主要收入来源于农业，但是其兼业行为明显，扩大再生产欲望较强，非靠农农户主要是进城打工，从事加工经营等工作，与祖辈从事的农业生产已有很大区别。因此，针对靠农农户，首先，加大政策扶持力度，并向其提供大量金融支持，农业是我国的基础产业，在整个社会经济发展过程中起着决定性作用，只有对其加大政策投入，不断注入大量信贷资金，实现农业现代化，才能使整个社会得以持续快速发展。其次，注重土地流转，增加信贷支持，土地流转的本质，就是推进土地要素的市场化，必然会引发其他要素市场包括农村资本市场的发育，信贷支持是其发育的催化剂。最后，注重生态农业和高效农业的发展，农业食品安全是目前农业发展的难题，我国很多农产品因未达标而无法出口，或者由于生产经营落后而收益较低，因此，大力发展生态农业和高效农业是关键。针对非靠农农户，一是要努力解决农民工市民化的问题，国家统计局调查显示，2012 年我国农民工总数 2.6 亿人，其长期在城市中打工和生活，渴望成为市民的意愿强烈，对于有条件的农户可以通过置换家中的宅基地和田地来市区购房，以达到其成为市民的愿望，在此过程中需要建立相关的法律及规章制度，同时农村金融将起到重要的推动作用；二是要解决好农户非农生产经营方面的问题，由于农业的弱质性，越来越多的农户从事非农生产经营，既解决了农村劳动力剩余问题，又繁荣了社会经济的发展，尤其是在第二产业和第三产业方面作用巨大，因此加大农村金融对非农生产经营的支持是调整我国经济结构的关键。

四　合理引导农户贷款行为

农户贷款行为复杂，贷款用途也较多，综合起来，可以从三个方面对其进行引导：一是合理引导农户生产经营的投资行为，针对不同地区、不同时期的宏观经济政策，采取不同的贷款调节政策，优化农户投资结构，使农户投资于风险较小、收益较高的行业；二是合理引导农户的消费行为，针对目前农村市场，鼓励其进行建（购）房、购车、教育等消费行为，满足其日益增长的消费需求，但对婚丧嫁娶的铺张浪费行为要坚决制止，避免奢侈之风蔓延；三是合理引导和加强农户贷款风险防范意识，许多农户对贷款风险防范意识淡薄，碍于亲情、乡情、友情等因素随意将贷款资金借给他人使用，致使该笔贷款到期后无法归还，从而引起金融机构的惜贷行为，因此必须注重贷款风险的宣传和处罚力度。

第四节　解决农户贷款可得性建议

一　针对信贷约束的建议

从本书农户信贷约束的研究来看，一半以上农户申请授信并获得批准，且认为信用额度够用，但最终没有实施贷款，很难认定供给型信贷约束较为严重，受供给型约束较为严重的主要为富裕农户，而更为重要的问题是需求型信贷约束，由于大多数农户缺乏发展和获利的机会导致其有效需求不足，因此本书认为，解决农户信贷约束的方法主要应为农户创造更多的发展和获利机会。一是要加强、加快对“三农”的补助，给予更多的社会福利，让其平等享有我国经济快速发展所带来的社会红利，使其生活更加殷实，投资更有保障；二是要让农户拥有更多的投资和工作机会，目前农户的投资较为单一，这也是我国储蓄率高居不下的原因，因此增加农户投资理财机会迫在眉睫，同时要做好农民工在城市的就业保障工作，为其市民化提供政策法规支持，让其无后顾之忧，大力释放其消费信贷需求。

二　破解农户贷款“嫌贫爱富”的建议

农村信用社对农户贷款存在严重的“嫌贫爱富”现象，富裕农户贷款的可得性较高，而且金额较高，并逐渐形成典型的“马太效应”。造成这一现象的主要原因是：一是农村信用社信贷员为谋求个人效用最大化，存在典型的“寻租”行为，更愿意把贷款放给富裕农户；二是依据行为金融学相关理论，信贷员在放贷决策中认为放给富裕农户风险小，收益大。基于以上结论，要破解农村信用社“嫌贫爱富”问题，本书认为：

第一，加大政策的扶持力度。为农村金融机构对贫穷农户的贷款进行利息补贴，补贴资金主要来源于国家财政，专款专用；以农业龙头企业带动，成立农民专业合作社，吸引更多的贫穷农户加入进来，创造更多适合贫穷农户投资的机会，引导贫穷农户的贷款需求，增加金融机构的收益，使贫穷农户贷款不再受歧视。

第二，加强市场公平的环境建设。增强中国农业银行、中国邮政储蓄等金融机构对贫穷农户贷款的政策支持，消除民间资本顺利进入农村金融市场的障碍，破除农村信用社垄断地位，形成良好的市场竞争氛围，逐渐由卖方（金融机构）市场转向买方（农户）市场。

第三，加大农户贷款产品的创新力度。通过本次调查，富裕农户与贫穷农户在贷款金额、资金用途等方面有着明显的差别，因此针对不同富裕程度的农户应该开发不同的贷款产品；在扶持贫困农户方面出台更多的金融产品，可以适当提高贫困农户不良贷款占比的容忍度。

第四，加强农村金融机构信贷员的管控力度。信贷员既是农户贷款的一线人员，也是关键人员，通过合规建设，建立对信贷员长期有效的监督制度，降低信贷员的“寻租”行为，提高信贷员的“寻租”成本。加强对信贷员的培养和道德教育工作，改变目前员工年龄结构老化。综合素质普遍较低的现象，努力提高其信贷风险识别能力。

第五节　有效防范及化解农户不良贷款建议

一　积极做好农户不良贷款统计的建议

若要做好不良贷款的清收工作，必须做好不良贷款的统计思想工作。一是思想上高度重视，各农村金融机构管理人员要高度重视农户不良贷款的产生原因和防范化解工作，时时刻刻关注每一笔不良贷款的收回进展和采取的措施，认真传达上级部门清收不良贷款工作要求和工作思路，借鉴其他营业网点好的做法，分析农户不良贷款形成原因，制定相应的清收措施和办法，要求信贷人员提高思想认识，明确奖惩办法，提高信贷人员清收不良贷款的积极性和主动性。二是明确责任，在群策群力的基础上，明确辖区负责人的责任，做到不良贷款心中有数，清收经验共享，狠抓落实的良好格局，每笔不良的收回责任都落实到个人头上，并有上级主管负责指导、协调处理，做到人人有重担，个个有目标，月月有进展。

为切实加强信贷管理，有效盘活不良资产，必须准确掌握农户不良贷款真实状况。找准治理不良贷款清收难的“症结”，农村信用社信贷员要做到村不漏户，户不漏人，人不漏笔数，对农户不良贷款的借款人进行逐笔摸底调查，通过各种途径、多方打听借款人的行踪和现状；与此同时，委派内勤人员协同包片信贷经理认真翻阅每笔不良贷款历史档案、查找信贷资料，摸清不良贷款的形成原因及担保情况。在熟知每笔不良贷款的不同情况后，信贷人员要深入各家各户了解借款人和担保人的实际家庭生活情况和经营状况，调查该笔贷款是否适合盘活，是否还能收回，是否能部分收回，如果不能直接收回是否适合起诉，如果不能起诉是否可以让担保人垫付。

二　有效防范农户不良贷款的建议

（一）加大对农村信用社的扶持力度

近年来，国家加大对农业投入，既增加农民种植收入，又减少农民生产成本，一定程度提高农民生产积极性。但是，作为支持农村经济发展主力军的农村信用社，仍然存在对农民发放小额贷款利息倒挂以及部分小额贷款损失的问题，因此需要国家加大对农村信用社的扶持力度，如减免农村信用社支农贷款利息收入营业税，财政承担农村信用社股金分红支出，增加财政投入抵减信贷资金损失等，增强农村信用社抗御因农民生产经营风险影响还贷积极性的自然抵抗能力。

（二）翔实掌握辖区农户的基本情况

一是加强对信贷人员的管理，从制度上规范信贷人员每月必须下乡的天数，将每次下乡的工作情况详细记入工作日志，下乡工作业绩与当月绩效工资的一部分挂钩考核。二是规范建立健全农户经济档案，信贷人员应将农户的家庭人口、承包面积，劳力、家庭年收入、支出、资信状况等进行认真调查，掌握详细的第一手资料，载入农户经济档案。三是信用社要根据上年掌握的农户经济状况，在次年的第一季度对辖内农户统一评级授信，对农户经济档案实行年年更新，尽量做到农户经济档案内容与农户的生产经营变化情况一致，为简化放贷手续提供可靠的第一手资料。

（三）严格控制资金出口关，落实贷时审查

农户在农村信用社办理好贷款手续后，一般情况下要通过一定的渠道提取现金，将自己的贷款所得用到自己认为最该用的地方。所以在发放贷款时，要求所有放款手续必须由信贷人员在信用社的柜面办理，凭证传递实行内部传递，同时将信贷手续及借款人证件交会计、出纳人员审查无误后，由农村信用社的出纳、会计人员采取“三人对六面”的方式亲自将现金交给借款人，确保借贷行为的真实性，防止假名、顶名、冒名等贷款行为的发生，减少贷款风险。

（四）强化贷后管理，落实贷后检查责任

贷后检查是农村信用社贷款管理的非常重要的一个环节，更是农村信用社降低贷款风险的关键。农村信用社要按照银监会的要求，切实建立科学、完善的农户贷款贷后管理责任制，加强贷款的本息对账工作，实行交叉对账，将贷后管理责任落实到人，对农户贷款的管理和回收制定考核目标，提高对到期、逾期贷款的回收率。因为贷款一经发放，其使用权即转移给借款人。因此，贷后必须深入贷款农户进行检查，检查贷款资金是否用于农户生产，是否被挪作他用，一经发现应及时采取措施收回贷款，降低信用社的贷款风险。

（五）加强职工职业道德教育，防止职工的道德风险转化为贷款风险

农村信用社贷款风险的产生原因很多，但农村信用社一些员工不讲职业道德，不遵守职业纪律，自身素质差是形成贷款风险的根本原因。因此，农村信用社一定要培养和锻造一支作风过硬、业务精湛、道德高尚、纪律严明、积极上进的信合队伍，克服贷款投放过程中的道德风险，加强对到期、逾期贷款的清收力度，防止新增贷款风险。严格按照省联社制度的贷款操作规程办理贷款，要充分利用稽核和监察手段，对贷款“三查”制度不落实或落实不到位、贷款手续合规性差、违规发放假名、冒名、顶名贷款等行为的要加大处罚力度，对责任人该追究经济责任要从严追究其经济责任，该追究法律责任的坚决追究其法律责任，震慑违规、违纪、违法放贷人员，增强职工的工作责任心，防止贷款风险的发生，提高农村信用社的效益。

（六）加强公民的诚信意识教育，提高农民的还贷积极性

诚实守信是中华民族的传统美德，是五千年中华文明的重要组成部分。然而，部分农民钻贷款诉讼时效的空子，认为农村信用社的贷款只要到期后两年没有催收或催收凭据信用社就有可能诉讼失败，所以对信用社贷款既不主动还贷，又不配合信用社签收催收通知，对农村信用社的贷款催收采取不理不睬的态度，诚信意识缺失。为此，国家各职能部门在对全民进行普法教育的同时，要加强公民的诚信意识教育，让整个社会都树立一种“诚信光荣，失信可耻”观念。作为农村信用社来讲，对那些积极还贷、诚实守信的农户需要信贷支持的，要大张旗鼓地给予信贷扶持，手续上要简化，态度上要鲜明，行动上要积极，让这些人真正感受到诚信光荣，以带动更多的人讲诚信，为农村信用社的发展营造一个良好的信用环境。同时，农村信用社对那些有钱不还、故意拖逃贷款的行为要予以依法打击，运用经济的、法律的手段制裁借款人，并采用黑名单的办法限制借款人高档消费，敦促借款人主动还贷，以提高贷款农户的信用观念，防范贷款风险。对那些私贷公用贷款，要采取因地制宜，控制新增，逐年消化，保证时

效的办法，维护信用社的债权，减少贷款损失，提高贷款质量，防范贷款风险。

三 努力化解农户不良贷款的建议

农村信用社不良贷款清收化解工作是一项系统工程，不可能一蹴而就，因此必须借助内外力量形成合力，既要有方法，又要有力度，通过长期坚持不懈才能取得实效。

（一）清收化解的方式要放活

农户不良贷款成因较为复杂，借款人差别较大，收回难度较高，要想盘活清收不良贷款，必须因地制宜，因人而异，打破传统只收现金模式，采取多种方式灵活清收化解。为清收盘活不良信贷资产，只要能降低风险，账务合规，真实有效，可以采用借新还旧、先还后贷、循环贷款、接收抵债资产、收回部分现金、变换担保模式、分期还款和风险代理等模式，同时上级部门要给予基层农村信用社一定自主权，明确尽职免责，即收即审，解决信贷人员后顾之忧，让基层信用社放手放心清收盘活不良贷款。

（二）清收激励机制上要加强力度

奖励政策方面要解放思想，充分调动清收人员的工作积极性。一是根据不良贷款产生日期和清收难度对直接清收人员给予不同奖励，实行能者上，贤者让，庸者下的激励政策；二是根据农户不良贷款清收化解情况给予清收团队相应奖励，充分调动团队从下到上的积极性；三是根据间接清收单位或个人的贡献度给予一定奖励，间接清收单位包括政府和村级干部，或被委托清收人，而且对完成任务越好的单位，奖励力度要越大；四是根据地方政府法院在收回农户不良贷款的支持力度，除了按规定向法院应缴纳费用外，可以在法规允许的状况下给予一定报偿激励。

（三）清收运作机制要联动

农户不良贷款要盘活成正常或收回，短时间很难做到，往往需要长时间做工作，才能取得一定成效，因此必须动员各方力量，做好长期清收化解准备。从农村信用社内部角度来看要上下整体联动，县级联社和基层信用社要各司其职，基层信用社作为清收主体，县级联社要作为强大后盾，给予基层信用社财力、人力和智力支持。从农村信用社外部讲首先要争取政府支持，与政府营造良好的清收氛围，依靠地方村组干部人熟、地熟、情况熟的优势，做好信息收集工作；其次农村信用社要联合法院开展集中执行活动，加大不良贷款快审快结力度，提高执结率，打击逃废债和“老赖”行为，尽最大努力维护农村信用社债权利益。

第九章　结论与展望

第一节　结论

本书对农户贷款行为的特征及其规律进行了分析。首先，通过农村金融理论、行为金融学理论和信息不对称理论分析，对农户贷款行为进行一定的理论分析。其次，本书利用山东省农户贷款的调研数据，翔实分析了农户贷款需求、农户贷款流程、农户贷款行为特征及其规律、农户贷款可得性和农户不良贷款问题，并根据研究结果提出合理化建议。得到以下几点结论：

从理论上讲，我国农村金融市场是典型的二元经济结构市场，农村信用社对农户贷款的垄断现象严重，农户贷款所遇到的问题较多，其贷款行为表现出的“羊群现象”较为明显，由于存在严重的信息不对称现象，农户贷款成本较高。

从农户贷款需求的角度来看，农户贷款需求较为旺盛，需求数量和金额逐年增加，但生产经营性贷款需求、生活消费性贷款需求和混合性贷款需求差别较为明显；农户贷款需求影响因素较多，农户家庭纯收入、农户家庭资产、户主年龄等是影响农户贷款的重要因素；与以往学者研究的结论不同，农户贷款需求满足度较高。

从农户贷款流程来看，农户贷款流程较以前有所规范，但相对仍然复杂，一般整个流程下来需要 3 周时间；农户贷款种类可分为信用贷款和保证贷款。农户贷款利率的制定影响因素较多，执行比较混乱；农户信用评定是农户贷款的首要条件，因此做好农村信用户的评定意义重大。

从农户贷款行为的角度来看，不同区域、不同资产和不同类型的农户贷款存在较大差异，其影响因素较多；六年来农户贷款的四个核心要素（授信金额、贷款金额、贷款次数、平均贷款金额）变化明显，表现出按一定速率逐年上升的趋势，但初始值和发展速率的影响因素因不同区域、不同富裕程度和不同类型农户而不同。

从农户贷款可得性的角度来看，农户贷款可得性较高，受到的信贷约束程度较低，完全信贷约束主要约束的是相对贫穷农户，部分信贷约束主要约束的是相对富裕农户。农户贷款可得性具有“极化”现象，有明显的“嫌贫爱富”效应，富裕农户与贫穷农户在获得贷款金额上呈现出典型的“马太效应”。为提高农户贷款可得性，本书提出，一是从政策方面向贫穷农户倾斜；二是消除农村信用社的信贷垄断；三是增加农户的投资机会；四是区别对待贫困和富裕农户贷款。

从农户不良贷款的角度来看，农户不良贷款目前使用五级分类方法：正常、关注、次级、可疑和损失；农户不良贷款在山东省表现差异较大，农户不良贷款受年份、行业和用途等影响因素较大，并具备一定的典型特征；人情社会下的农户不良贷款率远高于国际警戒线，不良贷款率有明显的区域差异，农村信用社的历史包袱沉重、管理机制不健全、员工素质参差不齐和农村信用环境较差严重影响农户不良贷款的产生。

第二节　展望

农户贷款问题是一个迫在眉睫的问题。目前，由于农村金融市场竞争不充分，正规金融机构垄断性较强，致使许多农户不得不依靠民间借贷，甚至是高利息贷款，这正是目前农村金融市场中非正规金融发展迅猛的原因。毋庸置疑，如果没有充分竞争，没有公平公正的市场环境，农户贷款问题就不会得到较好的解决。因此，如何解决农村金融市场的竞争问题是未来需要深入研究的重要课题。

农村信用社的改革与发展问题是有待进一步深入研究的另一重要课题。本书主要从需求方——农户自身贷款的角度进行分析。但在中国，农村信用社作为农户贷款供给的主力军，其改革与发展备受关注，目前农村信用社的商业化趋势明显，离农现象越来越严重，虽然农户贷款总金额在增长，但贷款户数却变化不大，说明其客户群并没有相应增加；同时，农信社的内部管理与其他商业银行还有很大差距。因此，农村信用社的改革与发展将如何进行、如何深化是另一重要课题。

非正规农村金融机构问题有待进一步研究。非正规农村金融机构在学界被认为是正规金融机构的有益补充，近年来其提供的农户资金需求占比非但没有下降，反有上升趋势，说明其存在的合理性和重要性，如何将民间金融机构转为正规金融机构，如何消除民间高利贷现象，都将在深入研究中找到答案。

参考文献

[1] 白永秀、马小勇：《农户个体特征对信贷约束的影响：来自陕西的经验证据》，《中国软科学》2010 年第 9 期。

[2] [英] 波兰尼（K. Polany）：《大转型》，浙江人民出版社 2007 年版。

[3] 曹力群、庞丽华：《改革以来农户生活消费的变动特征及近期的发展趋势》，《中国农村经济》2000 年第 11 期。

[4] 曹力群：《农村金融改革与农户借贷行为研究》，《中国农村研究》2001 年第 2 期。

[5] 陈建新：《三种农户信贷技术的绩效比较研究》，《金融研究》2008 年第 6 期。

[6] 陈鹏、刘锡良：《中国农户融资选择意愿研究——来自 10 省 2 万家农户借贷调查的证据》，《金融研究》2011 年第 7 期。

[7] 陈硕：《社会资本视角下的我国民间金融发展问题研究》，博士学位论文，北京交通大学，2015 年。

[8] 陈熹：《小额贷款可持续发展模式分析》，《江西社会科学》2013 年第 10 期。

[9] 陈晓明：《青岛市农村信用社农户小额信贷业务发展研究》，硕士学位论文，中国海洋大学，2009 年。

[10] 成思危：《改革与发展：推进中国的农村金融》，经济科学出版社 2005 年版。

[11] 程恩江、刘西川：《小额信贷缓解农户正规信贷配给了吗？——来自三个非政府小额信贷项目区的经验证据》，《金融研究》2010 年第 12 期。

[12] 程讯、付明明：《商业银行信贷审批制度研究》，《技术经济》2005 年第 12 期。
[13] 程郁、韩俊、罗丹：《供给配给与需求压抑交互影响下的正规信贷约束：来自 1874 户农户金融需求行为考察》，《世界经济》2009 年第 5 期。
[14] 程郁、罗丹：《信贷约束下中国农户信贷缺口的估计》，《世界经济文汇》2010 年第 2 期。
[15] 褚保金、卢亚娟、张龙耀：《农户不同类型借贷需求的影响因素实证研究——以江苏省泗洪县为例》，《江海学刊》2008 年第 3 期。
[16] 褚保金、卢亚娟、张龙耀：《信贷配给下农户借贷的福利效果分析》，《中国农村经济》2009 年第 6 期。
[17] 褚保金、张兰、王娟：《中国农村信用社运行效率及其影响因素分析——以苏北地区为例》，《中国农村观察》2007 年第 1 期。
[18] 丁骋骋、邱瑾：《民间借贷利率期限结构之谜——基于温州民间借贷利率监测数据的解释》，《财贸经济》2012 年第 10 期。
[19] 丁俊峰：《中国小微金融演进机理与效率研究》，博士学位论文，江西财经大学，2014 年。
[20] 丁志国、谭伶俐、赵晶：《农村金融对减少贫困的作用研究》，《农业经济问题》2011 年第 11 期。
[21] 丁志国、朱欣乐、赵晶：《农户融资路径偏好及影响因素分析——基于吉林省样本》，《中国农村经济》2011 年第 8 期。
[22] 董晓林、杨小丽、胡睿：《经济欠发达地区农户信贷约束与农信社小额信贷——基于对江苏睢宁县的农户调查》，《南京农业大学学报》2010 年第 2 期。
[23] 段应碧：《发展公益性小额信贷组织，破解贫困农户贷款难题》，《农业经济问题》2011 年第 1 期。
[24] 范香梅、张晓云：《社会资本影响农户贷款可得性的理论与实证分析》，《管理世界》2012 年第 4 期。

[25] 冯旭芳：《贫困农户借贷特征及其影响因素分析——以世界银行某贫困项目监测区为例》，《中国农村观察》2007 年第 3 期。
[26] 弗兰克·艾利思：《农民经济学：农民家庭农业和农业发展》，上海人民出版社 2006 年版。
[27] 盖笑松、张向葵：《多层线性模型在纵向研究中的运用》，《心理科学》2005 年第 2 期。
[28] 高帆：《中国农村中的需求型金融抑制及其解除》，《中国农村经济》2002 年第 12 期。
[29] 宫建强、张兵：《农户借贷对其收入影响的实证分析——基于江苏农户调查的经验数据》，《江苏社会科学》2008 年第 3 期。
[30] 顾宁、范振宇：《农户信贷需求结构分析》，《农业经济问题》2012 年第 8 期。
[31] 关涛：《房地产经济周期的微观解释：行为经济学方法与实证研究》，博士学位论文，复旦大学，2005 年。
[32] 郭沛：《中国贫困农户小额信贷研究》，《社会科学》2001 年第 1 期。
[33] 韩俊、罗丹、程郁：《信贷约束下农户借贷需求行为的实证研究》，《农业经济问题》2007 年第 2 期。
[34] 韩骏：《当前农信社不良资产反弹及治理对策》，《华北金融》2008 年第 7 期。
[35] 郝勇超、陶田：《农村信用社不良贷款的综合应对》，《时代金融》2009 年第 8 期。
[36] 何德旭、饶明：《我国农村金融市场供求失衡的成因分析：金融排斥视角》，《社会经济体制比较》2008 年第 2 期。
[37] 何广文：《从农村居民资金借贷行为看农村金融抑制与金融深化》，《中国农村经济》1999 年第 10 期。
[38] 何广文、李莉莉：《正规金融机构小额信贷运行机制及其绩效评价》，中国财政经济出版社 2005 年版。
[39] 何广文、李树生：《农村金融学》，中国金融出版社 2008 年版。
[40] 何琳：《农户对农信社信贷可得性的计量分析——以广东 241 户

农户调查的截面数据为例》，《南方农村》2011 年第 2 期。
[41] 洪名勇、代则光：《贵州农户借贷行为影响因素研究——基于 5 县 393 户农户的调研数据》，《广东农业科学》2013 年第 6 期。
[42] 侯旭丹：《农户民间借贷行为研究——基于乐清市的实证分析》，硕士学位论文，浙江大学，2006 年。
[43] 侯英、陈希敏：《声誉、借贷可得性、经济及个体特征与农户借贷行为——基于结构方程模型（SEM）的实证研究》，《农业技术经济》2014 年第 9 期。
[44] 胡君晖：《行为金融理论视角下中小企业融资困境研究》，博士学位论文，华中科技大学，2011 年。
[45] 黄晓红：《农户借贷中的声誉作用机制研究》，博士学位论文，浙江大学，2009 年。
[46] 黄宗智：《长江三角洲小农家庭与乡村发展》，中华书局 2000 年版。
[47] 黄宗智：《华北的小农经济与社会变迁》，中华书局 1986 年版。
[48] 黄祖辉、刘西川、程恩江：《中国农户的信贷需求：生产性抑或消费性——方法比较与实证分析》，《管理世界》2007 年第 3 期。
[49] 黄祖辉、刘西川、程恩江：《贫困地区农户正规信贷市场低参与程度的经验解释》，《经济研究》2009 年第 4 期。
[50] 惠宪波：《农户土地承包经营权抵押贷款潜在需求及其影响因素研究——基于河南省四个试点县的实证分析》，《农业经济问题》2012 年第 7 期。
[51] 霍学喜、屈小博：《西部传统农业区域农户资金借贷需求与供给分析——对陕西渭北地区农户资金借贷的调查与思考》，《中国农村经济》2005 年第 8 期。
[52] 纪志耿：《效用函数修正视角下的农户借贷行为》，《社会科学辑刊》2008 年第 5 期。
[53] 金小琴：《新时期失地农民权益保障研究——基于 112 个农户的实地调查》，《农村经济与科技》2006 年第 11 期。

[54] 孔祥智、王志强：《我国城镇化进程中失地农民的补偿》，《经济理论与经济管理》2004 年第 5 期。
[55] 雷晓燕、周月刚：《中国家庭的资产组合选择：健康状况与风险偏好》，《金融研究》2010 年第 1 期。
[56] 黎翠梅、陈巧玲：《传统农区农户借贷行为影响因素的实证分析——基于湖南省华容县和安乡县农户借贷行为的调查》，《农业技术经济》2007 年第 5 期。
[57] 黎红梅、许洁：《湖南农户借贷行为的调查与剖析——以临澧县为例》，《湖湘论坛》2008 年第 3 期。
[58] 黎红梅、熊紫薇：《农户生产性融资需求满足度及影响因素研究——以湖南省环洞庭湖地区为例》，《湘潭大学学报》2013 年第 1 期。
[59] 李春：《农户借贷行为演变趋势比较研究——以 1986—2002 年浙江 10 村固定跟踪观察农户为例》，《农业经济问题》2005 年第 9 期。
[60] 李江：《中国农业文化特征与农户的融资次序》，《上海金融》2004 年第 10 期。
[61] 李恒：《中国农村家庭社会资本的结构与绩效——基于山东、河南、陕西三省调查》，《农业经济问题》2015 年第 9 期。
[62] 李晓明：《传统农区农户借贷行为的实证分析》，《农业经济问题》2006 年第 6 期。
[63] 李延敏、宋增芬：《当前农户借贷需求特征变化之分析》，《海南金融》2010 年第 4 期。
[64] 李延敏、罗剑朝：《农户借贷行为区域差异分析及金融对策》，《农村经济》2006 年第 11 期。
[65] 李延敏：《中国农户借贷行为研究》，博士学位论文，西北农林科技大学，2005 年。
[66] 李岩：《农户贷款行为研究》，博士学位论文，沈阳农业大学，2014 年。
[67] 李岩、赵翠霞、兰庆高：《农户正规供给型信贷约束现状及影

响因素——基于农村信用社实证数据分析》，《农业经济问题》2013 年第 10 期。
[68] 李颖、陈瑞燕、郭翔宇：《农户借贷行为调查研究》，《乡镇经济》2008 年第 24 期。
[69] 廖小军：《中国失地农民研究》，社会科学文献出版社 2005 年版。
[70] 林毅夫：《制度、技术与中国农业发展》，上海三联书店 1994 年版。
[71] 刘朝晖、徐丽：《解读中国农户金融需求的满足——农村外生金融与内生金融的比较》，《首都经济贸易大学学报》2005 年第 4 期。
[72] 刘大蓉：《对当前我国农村信用社不良贷款治理的研究》，《农村经济》2003 年第 3 期。
[73] 刘洁、秦富：《我国农户金融参与意愿及其影响因素分析——基于河北省 435 名农户的调研数据》，《技术经济》2009 年第 4 期。
[74] 刘景东：《社会网络与农户借贷行为——来自安徽的实证调查数据》，《江汉学术》2016 年第 6 期。
[75] 刘西川：《贫困地区农户的信贷需求与信贷约束》，博士学位论文，浙江大学，2007 年。
[76] 刘西川、杨奇明、陈立辉：《农户信贷市场的正规部门与非正规部门：替代还是互补?》，《经济研究》2014 年第 11 期。
[77] 刘艳华、王家传：《中国农村信贷配给效率的实证分析》，《农业经济问题》2009 年第 5 期。
[78] 卢国红：《农信社贷款不良率偏高原因探析》，《焦作大学学报》2011 年第 1 期。
[79] 卢现祥：《西方新制度经济学》，中国发展出版社 1996 年版。
[80] 陆岷峰、栾成凯：《高利贷盛行的机理分析与对策研究》，《南通大学学报》（社会科学版）2012 年第 3 期。
[81] 罗芳、李平：《新疆兵团农户借贷行为及其影响因素的实证分

析》,《技术经济》2009 年第 3 期。
[82] 罗俊勤:《富裕地区农户借贷需求的阶层差异研究——以浙江省为例》,《农村经济》2010 年第 7 期。
[83] 罗英杰:《完善需求导向的农户信贷制度体系的调查》,《经济纵横》2012 年第 12 期。
[84] 马国峰:《浅议农村信用社不良贷款》,《时代金融》2011 年第 1 期。
[85] 马红梅、陈柳钦:《农村社会资本理论及其分析框架》,《经济研究参考》2012 年第 22 期。
[86] 马晓青、朱喜、史清华:《信贷抑制与农户投资回报》,《上海经济研究》2010 年第 9 期。
[87] 马晓青、刘莉亚、胡乃红、王照飞:《信贷需求与融资渠道偏好影响因素的实证分析》,《中国农村经济》2012 年第 5 期。
[88] 马晓青、黄祖辉:《农户信贷需求与融资偏好差异化比较研究——基于江苏省 588 户农户调查问卷》,《南京农业大学学报》(社会科学版)2010 年第 1 期。
[89] 马晓青、刘莉亚、胡乃红、王照飞:《信贷需求与融资渠道偏好影响因素的实证分析》,《中国农村经济》2012 年第 5 期。
[90] 马艳艳、林乐芬、杨国涛:《生态移民区农户借贷行为及影响因素分析——以宁夏 576 户农户的调查数据为例》,《学术论坛》2015 年第 1 期。
[91] 麦金农、陈昕、卢骢:《经济发展中的货币与资本》,上海人民出版社 1997 年版。
[92] 牛荣、罗剑朝、张珩:《陕西省农户借贷行为研究》,《农业技术经济》2012 年第 4 期。
[93] 潘纬:《农户信用评价的指标设计与模型识别——基于安徽省金寨县的实践研究》,《征信》2014 年第 9 期。
[94] [俄] 恰亚诺夫:《农民经济组织》,萧正洪,中央译文出版社 1996 年版。
[95] 秦建军、武拉平:《财政支农投入的农村减贫效应研究——基于

中国改革开放 30 年的考察》,《财贸研究》2011 年第 3 期。

[96] 屈小博、钟学军、霍学喜:《传统农区农户借贷的需求与供给——基于陕西渭北地区农户借贷行为的调查》,《西北农林科技大学学报》(社会科学版)2005 年第 3 期。

[97] 阮华、翁贞林:《不同经营规模农户的借贷行为差异性及其影响因素分析——基于江西省 564 份农户调查数据》,《新疆农垦经济》2015 年第 11 期。

[98] 盛潇萌:《基于可持续生计的失地农民利益补偿问题研究》,硕士学位论文,大连理工大学,2007 年。

[99] 史代敏、宋艳:《居民家庭金融资产选择的实证研究》,《统计研究》2005 年第 10 期。

[100] 史清华、陈凯:《欠发达地区农民借贷行为的实证分析:山西 745 户农民家庭的借贷行为的调查》,《农业经济问题》2002 年第 10 期。

[101] 石龙静、王静:《土地流转背景下农户借贷行为分析——基于杨凌示范区农户的调查数据》,《 金融理论与实践》2014 年第 6 期。

[102] 舒尔茨:《改造传统农业》,商务印书馆 1987 年版。

[103] 斯科特:《农民的道义经济学》,程立显等,译林出版社 2001 年版。

[104] 宋康民:《试论农村信用社不良贷款的成因与对策》,《知识经济》2010 年第 4 期。

[105] 宋磊、李俊丽:《农户信贷需求与农村金融市场非均衡态势的实证分析——基于泰安市农户信贷供求现状的调查》,《农业经济问题》2006 年第 7 期。

[106] 宋磊:《农村信用社产权制度改革与运行成效研究》,博士学位论文,山东农业大学,2009 年。

[107] 隋艳颖、马晓河:《西部农牧户受金融排斥的影响因素分析——基于内蒙古自治区 7 个旗(县)338 户农牧户的调查数据》,《中国农村观察》2011 年第 3 期。

[108] 隋玉琴：《浅谈农户小额贷款的现状、问题与对策》，《贵州农村金融》2012 年第 6 期。
[109] 孙学敏、赵昕：《经济不发达地区农户借贷行为调查研究》，《财政与金融》2007 年第 8 期。
[110] 童馨乐、褚保金、杨向阳：《社会资本对农户借贷行为影响的实证研究》，《金融研究》2011 年第 12 期。
[111] 童馨乐、李扬、杨向阳：《基于交易成本视角的农户借贷渠道偏好研究——以全国六省农户调查数据为例》，《南京农业大学学报》（社会科学版）2015 年第 6 期。
[112] 万江红、张远芝：《农户借贷行为的调查与特征分析》，《农村经济》2006 年第 7 期。
[113] 汪婉莉、杨林娟：《甘肃农户借贷行为的实证研究》，《甘肃农业大学学报》2008 年第 3 期。
[114] 王定祥、田庆刚、李伶俐、王小华：《贫困型农户信贷需求与信贷行为实证研究》，《金融研究》2011 年第 5 期。
[115] 王芳：《中国农村金融需求与农村金融制度：一个理论框架》，《金融研究》2005 年第 4 期。
[116] 王冀宁、赵顺龙：《外部性约束、认知偏差、行为偏差与农户贷款困境——来自 716 户农户贷款调查问卷数据的实证检验》，《管理世界》2007 年第 9 期。
[117] 王静、贾丹花：《关中地区农户借贷行为及其影响因素分析》，《管理观察》2009 年第 35 期。
[118] 王立春：《农户联保贷款不良率高的成因分析——以吉林省德惠市农村信用社为例》，《吉林金融研究》2013 年第 7 期。
[119] 王丽泮、李平、霍学喜：《西部地区农户借贷行为分析——基于陕西 248 家农户的调查与思考》，《电子科技大学学报》（社会科学版）2007 年第 1 期。
[120] 王书华、杨有振：《信贷约束与我国农户收入差距的面板门限回归——基于微观面板数据的实证分析》，《山西财经大学学报》2012 年第 9 期。

[121] 王曙光、王东宾：《双重二元金融结构、农户信贷需求与农村金融改革——基于 11 省 14 县市的田野调查》，《财贸经济》2011 年第 5 期。
[122] 王晓波、郝洪斌：《我国民间高利贷现象探析》，《征信》2013 年第 7 期。
[123] 王振红、曹俊杰：《东部地区农户借贷行为影响因素的实证研究——基于山东省 1440 个农户的调查数据》，《金融理论与实践》2015 年第 10 期。
[124] 王振红、曹俊杰：《革命老区农户借贷行为及影响因素分析——基于山东省 961 户农户的调查数据》，《江苏农业科学》2016 年第 9 期。
[125] 王志军：《金融排斥：英国的经验》，《世界经济研究》2007 年第 2 期。
[126] 温铁军：《“三农问题”世纪反思》，《科学决策》2001 年第 1 期。
[127] 温晓亮、米健、朱立志：《1990—2007 年中国居民主观幸福感的影响因素研究》，《财贸研究》2011 年第 3 期。
[128] 吴东武：《抵押贷款、社会资本与农户贷款可得性的实证研究——基于电白县农户的调查数据》，《当代财经》2014 年第 7 期。
[129] 吴丽、杨保杰、吴次芳：《失地农民健康、幸福感与社会资本关系实证研究》，《农业经济问题》2009 年第 2 期。
[130] 吴卫星、齐天翔：《流动性，生命周期与投资组合相异性——中国投资者行为调查实证分析》，《经济研究》2007 年第 2 期。
[131] 谢平、徐忠、沈明高：《农村信用社改革绩效评价》，《金融研究》2006 年第 1 期。
[132] 邢占军：《我国居民收入与幸福感关系的研究》，《社会学研究》2011 年第 1 期。
[133] 徐会奇、李辉、李敬强：《有限理性视角下城镇居民消费决策综合模型的理论构建——基于 1979—2010 年省际动态面板数

据的分析》,《经济科学》2012 年第 3 期。
[134] 徐少君、金雪军:《农户金融排除的影响因素分析——以浙江省为例》,《中国农村经济》2009 年第 6 期。
[135] 许圣道、田霖:《我国农村地区金融排斥研究》,《金融研究》2008 年第 7 期。
[136] 严武、陈熹:《社会资本视角下农户借贷行为影响因素分析——基于江西 1294 个调查样本的实证》,《江西社会科学》2014 年第 8 期。
[137] 颜志杰、张林秀、张兵:《中国农户信贷特征及其影响因素分析》,《农业技术经济》2005 年第 4 期。
[138] 杨爱文:《我国农户小额信用贷款的供求状况分析》,《经济问题》2006 年第 4 期。
[139] 杨林娟、张军、汪婉莉、柴洪:《甘肃省农户资金借贷实证分析》,《华东经济管理》2008 年第 10 期。
[140] 杨汝岱、陈斌开、朱诗娥:《基于社会网络视角的农户民间借贷需求行为研究》,《经济研究》2011 年第 11 期。
[141] 杨伟坤、刘洁、闫贵娟:《农民贷款需求意愿及其影响因素分析——河北省农户贷款需求状况调查》,《金融教学与研究》2009 年第 4 期。
[142] 杨文:《共享发展成果构建和谐社会——当议失地农民生计的可持续保障》,《安徽农学通报》2006 年第 13 期。
[143] 叶初升、罗连发:《社会资本、扶贫政策与贫困家庭福利——基于贵州贫困地区农村家户调查的分层线性回归分析》,《财经科学》2011 年第 11 期。
[144] 叶继红:《生存与适应——南京城郊失地农民生活考察》,中国经济出版社 2008 年版。
[145] 叶静忠、朱炎洁、杨洪萍:《社会学视角的农户金融需求与农村金融供给》,《中国农村经济》2004 年第 8 期。
[146] 衣明卉:《农户正规融资需求满足度及其影响因素研究——以山东省为例》,硕士学位论文,西北农林科技大学,2011 年。

[147] 易小兰：《农户正规借贷需求及其正规贷款可获性的影响因素分析》，《中国农村经济》2012 年第 2 期。
[148] 易小兰、宋玮楠：《我国农户借贷需求及其满足程度的调查研究》，《经济纵横》2013 年第 4 期。
[149] 易小兰、钟甫宁：《农户贷款利率改革的福利分析——以江苏、河南与甘肃农村信用社为例》，《农业经济问题》2011 年第 4 期。
[150] 易小兰：《农户贷款利率改革的福利分析》，博士学位论文，南京农业大学，2011 年。
[151] 于丽红：《中国农村二元金融结构研究》，博士学位论文，沈阳农业大学，2008 年。
[152] 袁步英：《住房公积金消费信贷的问题与对策研究》，《南开学报》1997 年第 4 期。
[153] 张爱莲、黄希庭：《从国内有关研究看经济状况对个体幸福感的影响》，《心理科学进展》2010 年第 18 期。
[154] 张兵、陈涝：《民间借贷市场上农户资金供给行为研究——基于江苏省农户的调查》，《南京农业大学学报》（社会科学版）2014 年第 2 期。
[155] 张兵、张宁：《农村非正规金融是否提高了农户的信贷可获性——基于江苏 1202 户农户的调查》，《中国农村经济》2012 年第 10 期。
[156] 张广胜、周娟：《农民外出务工影响因素的实证研究——基于沈阳村级层面的调查》，《农业经济问题》2009 年第 3 期。
[157] 张建杰：《农户社会资本及对其信贷行为的影响——基于河南省 397 户农户调查的实证分析》，《农业经济问题》2008 年第 9 期。
[158] 张鸣鸣、杜鹃：《贫困地区农户借贷行为初探》，《农村经济》2005 年第 11 期。
[159] 张晓山、何安耐：《农村金融转型与创新——关于合作基金会的思考》，山西经济出版社 2002 年版。

[160] 张晓艳、罗剑朝:《西部农区农户民间借贷现状与对策——基于陕西省大荔县128户农户的调查》,《经济纵横》2007年第4期。
[161] 张鑫、谢家智、张明:《社会资本、借贷特征与农民创业模式选择》,《财经问题研究》2015年第3期。
[162] 张雪春、徐忠、秦朵:《民间借贷利率与民间资本的出路:温州案例》,《金融研究》2013年第3期。
[163] 张元红、李静、张军、李勤:《农户民间借贷的利率及其影响因素分析》,《农村经济》2012年第9期。
[164] 赵峦、孙文凯:《农信社改革对改善金融支农的政策效应评估——基于全国农户调查面板数据的倍差法分析》,《金融研究》2010年第3期。
[165] 赵锡斌、温兴琦、龙长会:《城市化进程中失地农民权益保障问题研究》,《中国软科学》2003年第8期。
[166] 赵兴玲、骆华松、黄帮梅:《可持续生计视角下失地农民长远生计问题探究》,《云南地理环境研究》2009年第1期。
[167] 赵允迪:《农户农村信用社借贷需求的影响因素分析——基于河北省农户调查》,《农业技术经济》2012年第9期。
[168] 钟春平、孙焕民、徐长生:《信贷约束、信贷需求与农户借贷行为:安徽的经验证据》,《金融研究》2010年第11期。
[169] 周天芸、李杰:《农户借贷行为与中国农村二元金融结构的经验研究》,《世界经济》2005年第11期。
[170] 周宗安:《农户信贷需求的调查与评析:以山东省为例》,《金融研究》2010年第2期。
[171] 周治富:《二重结构、社会资本与中国农村金融的产业组织》,《产业经济评论》2014年第7期。
[172] 朱青:《我国农户小额信贷需求决策行为及影响因素研究》,硕士学位论文,西北大学,2010年。
[173] 朱守银、张照新、张海阳、汪承先:《中国农村金融市场供给和需求——以传统农区为例》,《管理世界》2003年第3期。

[174] 朱喜：《农户借贷的福利影响》，《统计与决策》2006 年第 10 期。

[175] 朱喜、李子奈：《农户借贷的经济影响：基于 IVQR 模型的实证研究》，《系统工程理论与实践》2006 年第 3 期。

[176] A. V. Chayanov, *The Theory of Peasant Economy*, 1986.

[177] Adams, R. and Vogel, R. E., Nonresponse – A Crippling Bias in Mail Survey Research, *International Journal of Comparative and Applied Criminal Justice*, Vol. 8, 1984.

[178] Ahmed, A. and Kennedy, J., "The effect on the viability of Bangladeshi farm households of permitting multipurpose institutional credit", *Savings and Development*, 1994.

[179] Affuso, A., 2006, Credit rationing and asset value, Department of Business, Economics, Statistics and Informatics, http://ideas.repec.org/p/par/dipeco/2006 – 04. Html.

[180] Akram, W., Hussain, Z., Sial, M. H. and Hussain, I., Agricultural Credit Constraints and Borrowing Behavior of Farmers in Rural Punjab, *European Journal of Scientific Research*, Vol. 23, 2008.

[181] Alberto F. Alesina, Francesca Lotti, Paolo Emilio Mistrulli, Do Women Pay More for Credit? Evidence from Italy, *Journal of the European Economic Association*, 2013.

[182] Alejandro Portes, Social Capital, Its Origins and Applications in Modern Sociology, *Annual Review of Sociology*, 1998.

[183] Amos Tversky, Daniel Kahneman. Availability, A Heuristic for Judging Frequency and Probability, *Cognitive Psychology*, 1973.

[184] Baydas, M. M., Meyer, R. L. and Aguilera – Alfred, N., Credit Rationing in Small – Scale Enterprises: Special Micro – enterprise Programmes in Ecuador, *The Journal of Development Studies*, Vol. 31, 1994.

[185] Baydas, M., Meyers, R. and Aguilera – Alfred, N., "Discrimi-

nation against Women in Formal Credit Markets: Reality orRhetoric?", *World Development*, Vol. 22, 1994.

[186] Boucher, S., Guirkinger, C. and C. Trivelli, Direct Elicitation of Credit Constraints: Conceptual and Practical Issues with an Empirical Application to Peruvian Agriculture, *Selected Paper Presented at the American Agricultural Economics Association Annual Meeting, Providence*, Vol. 7, 2005.

[187] Boucher, S., Carter, R. M. and Guirkinger, C., "Risk Rationing and Wealth Effects in Credit Markets: Theory and Implications for Agricu - ltural Development", *American Journal of Agricultural Economics*, Vol. 90, 2008.

[188] Braverman, A., Guasch, J. L., Rural Credit Markets and Institutions in Developing Countries: Lessons for Policy Analysis from Practice and Modern Theory, *World Development*, Vol. 14, 1986.

[189] Brett E. Coleman, Microfinance in Northeast Thailand: Who Benefits and How Much? *World Development*, Vol. 9, 2006.

[190] Carter, M. R., Equilibrium Credit Rationing of Small Farm Agriculture, *Journal of Developing Economics*, Vol. 28, 1988.

[191] Carter, M. R. and Weibe, K. D., Access to Capital and its Impact on Agrarian Structure and Productivity in Kenya, *American Journal of Agricultural Economics*, Vol. 72, 1990.

[192] Coleman, J. S., Social Capital in the Creation of Human Capital, *The American Journal of Sociology*, 1988.

[193] Conning, J. and Udry, C., Rural financial markets in developing countries. In R. Evenson, P. Pingali and T. Schultz (eds.), *The Handbook of Agricultural Economics*, Vol. 3, 2005.

[194] Cuevas, C. E. and Graham, D. H., Agricultural Lending Costs in Honduras, *Undermining Rural Development with Cheap Credit*, 1984.

[195] Daniel Kahneman, Alan B. Krueger, Developments in the Meas-

urement of Subjective Well – Being, *The Journal of Economic Perspectives*, *2006*.

[196] Daniel Kahneman, Amos Tversky, Advances in Prospect Theory: Cumulative Representation of Uncertainty, *The Journal of Risk*, 1992.

[197] David Laibson, Life – cycle Consumption and Hyperbolic Discount functions, *European Economic Review*, Vol. 3, 1998.

[198] Feder, G., Lau, L. J., Lin, Justin, Y. and Luo, Xiaopeng, "Agricultural Credit and Farm Performance in China", *Journal of-Comparative Economics*, Vol. 13 (4), 1989.

[199] Gina Lai, Odalia Wong, The Tie effect on Information Dissemination: The Spread of a Commercial Rumor in Hong Kong, *Social Networks*, Vol. 1, 2002.

[200] Gonzalez – Vega, C., Credit – rationing behavior of Agricultural Lenders: The Iron – law of Interest – rate Restrictions, In W. Dale, D. H. G. Adams and J. V. Pischke (eds.), Undermining Rural Development with Cheap Credit. Boulder and London: West View Press, 1984.

[201] Guirkinger, C., Understanding the Coexistence of Formal and Informal Credit Markets in Piura, Peru, *World Development*, Vol. 36, 2008.

[202] Hoff, K. and Stiglitz, J., Imperfect Information and Rural Credit Markets: Puzzles and Policy Perspectives, *World Bank Economic Review*, 1990, 5: 235 –250.

[203] Kochar, A., An Empirical Investigation of Rationing Constraints in Rural Credit Markets in India, *Journal of Development Economics*, 1997.

[204] Kon, Y. and Storey, D. J., "A Theory of Discouraged Borrowers", *Small Business Economics*, Vol. 21, 2003.

[205] Laffont Jean – Jacques and N' Guinssan, Group Lending with Ad-

verse Seleetion, *European Eeonomic Review*, Vol. 44, 2000.

[206] M. Ghatak, Sereening by the Company You Keep: Joint Liability Lending and the Peer Selection Effect, *Economic Journal*, Vol. 110, 2000.

[207] M. Ghatak, Group Lending, Local Information and Peer Selection, *Journal of Development Economics*, Vol. 60, 1999.

[208] Marcel Fafchamps, Development and Social Capital, *Journal of Development Studies*, Vol. 7, 2006.

[209] Michael Woolcock, Social Capital and Economic Development: Toward a Theoretical Synthesis and Policy Framework, *Theory and Society*, Vol. 2, 1998.

[210] Mohield in Mahmoud, S., Wright, Peter W., Formaland Infor – mal Credit Markets in Egypt, *Economic Development and Cultural Change*, Vol. 48, 2000.

[211] Paulson, Townsend and Karaivanov, "Distinguishing limited Liability from Moral Hazard in a Model of Entrepre – neurship", *The Journal of Political Economy*, Vol. 114, 2006.

[212] Martin Petrick, Empirical Measurement of Credit Rationing in Agriculture: A Methodological Survey, *Agricultural Economics*, Vol. 33, 2005.

[213] Petrick, M., "A Microeconometric Analysis of Credit Rationing in the Polish Farm Sector", *European Review of Agricultural Economics*, Vol. 31, 2004.

[214] Pham Bao Duong, Yoichi Izumida, Rural Development Finance in Vietnam: A Microeconometric Analysis of Household Surveys, *World Development*, Vol. 2, 2002.

[215] Qureshi, S. A, Ijaz Nabi, Rashidur R. Faruqee, *Rural Finance for Growth and Poverty Alleviation in Pakistan*, Washington D. C.: World Bank Policy Research Working Paper, 1996.

[216] Ravi, S., Borrowing Behaviour of Rural Households, October 7,

2003.

[217] Ross Levine, Norman Loayza, Thorsten Beck, Financial intermediation and growth: Causality and causes, *Journal of Monetary Economics*, Vol. 1, 2000.

[218] S. Popkin, *The Rational Peasant*, University of California Press, California, USA, 1979.

[219] Sarmistha Pal, Household Sectoral Choice and Effective Demand for Rural Credit in India, *Applied Economics*, Vol. 14, 2002.

[220] Singer, J. D., Willett, J. B., *Applied Longitudinal Data Analysis: Modeling Change and Event Occurrence*, New York: Oxford University Press, 2003.

[221] Swain R. Bali, Credit Rationing in Rural India, *Journal of Economic Development*, Vol. 27, 2002.

[222] T. Besley and S. Coate, Group Lending, Repayment Schemes and Social Collateral, *Journal of Development Economics*, Vol. 46, 1995.

[223] Tversky, A., Fox, C. R., Weighing Risk and Uncertainty, *Psychological Review*, 1995.

[224] Udry, C., Credit markets in Northern Nigeria: Credit as Insurance in a Rural Economy, *World Bank Economic Review*, 1990.

[225] Von Pischke, J., Adams, D. and Donald, G. (eds.), *Rural Financial Markets in Developing Countries*, Baltimore: The Johns Hopkins University Press, 1983.

[226] Yuan K. Chou, Three Simple Models of Social Capital and Economic Growth, *Journal of Socio – Economics*, Vol. 5, 2006.

[227] Zeller, M., Determinants of Credit Rationing: A Study of Informal Lenders and Formal Credit Groups in Madagascar, *World Development*, *Elsevier*, Vol. 22, 1994.

后　　记

本书是在我同名博士学位论文基础上进一步修改而成。

逝者如斯夫，不舍昼夜，三年博士研究生阶段的学习和生活已经完成，回首朝夕，历历在目。在工作多年之后，承蒙导师兰庆高教授不弃，有幸进入沈阳农业大学攻读管理学博士学位。攻读博士学位是一个更高层次的学习与积累过程，也是人生发展过程中所经历的重要历史阶段之一，它不仅有助于个人学术科研水平的提高，而且对人生观的建立与形成起到积极的促进作用。求学和成长道路中，得到了众多人的关怀、支持与帮助，在此向所有伴我走过这段难忘人生历程的人们表示衷心的感谢，致以诚挚的敬意！

感谢导师兰庆高教授，导师理论功底深厚，实践经验丰富，为人谦和，平易近人，在科研和实践方面给予我很多无私的指导和帮助！从入学一直到现在都包含着兰老师的学术智慧和殷殷心血！同时兰老师在指导之外，又给予我充分的信任和自由，鼓励我在学术上不断求索，不断创新！能拜师兰老师门下实属三生有幸。

特别感谢山东财经大学王家传教授，王老师是我的第二导师，在论文开题和写作过程中都得到王老师的真传，让我少走了很多弯路。而且王老师不仅在学术上给予我重要指导，在工作上也给予我重要帮助。真诚地对王老师说声“谢谢！认识您真好！”

感谢经济管理学院张广胜教授、吕杰教授、周静教授、翟印礼教授、戴蓬军教授、王春平教授、刘钟钦教授、陈立双副教授、呼应副教授等，是你们为我讲授了经济学前沿、管理学前沿、资本运营、高级经济计量分析、博弈论以及农业保险等课程，使我对农业经济有了更为深刻的理解与全面的掌握。另外，要感谢农经博士班的同学，他们是王振华、柳延恒、惠献波、王志刚、牛亚丽、王积田等同学。还有同门师兄弟姐妹们：于丽红、武翔宇、王婷睿、宁国强、尹克鑫、陈晋丽、李辰未等。特别是于丽红师姐，给予了我很多帮助！在此一并表示衷心的谢意！路上有你们的陪伴，让我不再孤单，不再孤军奋战！

感谢山东社会科学院为我提供科研平台。博士毕业后能够来到山东社科院工作，是我“心之所向，身之所往”的选择。山东省社会科学院以优良的科研风气、严谨的科研氛围为我开启了一盏明灯。感谢所在部门农村发展研究所的同事，不管领导还是同事，都像一家人一样，自由、平等、谦让和团结的平台一直促使我奋发向上，多出精品，多出成果。本书的出版得到山东社会科学院科研基金资助，感谢院学术委员会的各位评审专家以及科研处的各位老师。

感谢中国社会科学院出版社的编辑老师为本书出版付出的辛苦与努力。

最后，要深深地感谢我的家人。一要感谢父母多年默默地支持，他们是我精神的动力；二要感谢我的内人赵翠霞，她不仅要工作，还要照顾父母、孩子，而且还在北京求学，她既是内子，又是我的良师益友！有了她的支持和帮助，才使我无后顾之忧，勇往直前，一个个梦想得以实现。

在本书写作过程中，参考和借鉴了一些专家学者的研究成果，并且得到山东省农村信用社王宝城主任及相关部门的大力支持，在此一并表示诚挚的感谢。由于作者水平有限，书中表述或观点难免有错误或不到之处，敬请专家和读者批评指正。

我将始终怀着一颗进取和感恩的心，努力前进，回报关心我的人和这个美丽的社会！

李岩

2017 年 1 月于济南